Bernhard Grom

Große Frauen und was sie bewegten

17 Porträts

Für Monika
mit den besten Wünschen

B. Grom

topos premium
Eine Produktion des Verlags Friedrich Pustet

Bernhard Grom

Große Frauen und was sie bewegten

17 Porträts

topos premium

Verlagsgemeinschaft topos plus
Butzon & Bercker, Kevelaer
Don Bosco, München
Echter, Würzburg
Lahn-Verlag, Kevelaer
Matthias Grünewald Verlag, Ostfildern
Paulusverlag, Freiburg (Schweiz)
Verlag Friedrich Pustet, Regensburg
Tyrolia, Innsbruck

**Eine Initiative der
Verlagsgruppe engagement**

www.topos-taschenbuecher.de

Bibliografische Information der Deutschen Nationalbibliothek
Die Deutsche Nationalbibliothek verzeichnet diese Publikation in der
Deutschen Nationalbibliografie; detaillierte bibliografische Daten
sind im Internet über http://dnb.d-nb.de abrufbar.

ISBN: 978-3-8367-0014-6
E-Book (PDF): ISBN 978-3-8367-5042-4
E-Pub: ISBN 978-3-8367-6042-3

2016 Verlagsgemeinschaft topos plus, Kevelaer
Das © und die inhaltliche Verantwortung liegen beim
Verlag Friedrich Pustet, Regensburg.
Umschlagbilder: *Oben:* Cicely Saunders , Shirin Ebadi, Gertrud Luckner, Rosi Gollmann.
Mitte: Mutter Teresa, Lea Ackermann, Rigoberta Menchú Tum.
Unten: Helene Weber, Ruth Pfau, Wangari Muta Maathai.
© KNA-Bild (außer Bild oben links und Bild unten links).
Einband- und Reihengestaltung: Finken & Bumiller, Stuttgart
Satz: SATZstudio Josef Pieper, Bedburg-Hau
Herstellung: Friedrich Pustet, Regensburg
Printed in Germany

Inhalt

Vorwort

Frauen, die Größe bewiesen und etwas bewegt haben, gibt es viele, in unterschiedlichen Bereichen: Künstlerinnen, Wissenschaftlerinnen, Politikerinnen. Dieses Buch stellt 17 Frauenpersönlichkeiten vor, die sich auf herausragende Weise für ihre Mitmenschen eingesetzt und für ein Leben in Würde, Gerechtigkeit, Freiheit und Frieden gekämpft haben. Es sind Frauen, deren Initiativen bis in die Gegenwart hinein nachwirken.

Von den mit Hungerlöhnen abgespeisten Heimarbeiterinnen im Deutschland und Österreich des beginnenden 20. Jahrhunderts über die ausgebeuteten Indios Guatemalas und die Straßenkinder Indiens bis zur umwelt- und korruptionsgeschädigten Landbevölkerung Kenias und den Opfern von Zwangsprostitution in Europa zeigen diese Biografien ein breites, düsteres Panorama menschlicher Not und schreienden Unrechts. Aber auch Frauen, die sich dagegen erhoben haben – sei es durch politischen und zivilgesellschaftlichen Einsatz für eine gerechtere Gesellschaft, sei es durch humanitär-karitative Hilfe.

Hedwig Dransfeld und *Helene Weber* in Deutschland sowie *Hildegard Burjan* in Österreich haben mit bewundernswertem persönlichem Einsatz und politischem Weitblick Pionierarbeit bei der Entwicklung der Frauenbewegung in Richtung auf eine breite staatsbürgerliche Bildung, beim Aufbau eines Sozialstaats und bei der privaten Fürsorge für Notleidende geleistet. Gewiss, sie agierten in den Grenzen ihrer Zeit, doch schufen sie Grundlagen, auf denen die Generationen nach ihnen aufbauen konnten. Indes kämpfte *Dorothy Day* in den Vereinigten Staaten im außerparlamentarischen Raum mit den Waffen der Journalistin und mit Demonstrationen gegen die Ausbeutung von Arbeitern, lenkte durch ihre Suppenküchen und Zufluchtsstätten für die Ärmsten die Aufmerksamkeit vieler Amerikaner auf die Verlierer in der Gesellschaft und setzte sich mit zivilem Ungehorsam für bedingungslosen Frieden ein.

Geistigen, zivilen Widerstand gegen Unrecht leistete auch *Freya von Moltke,* die innerhalb des Kreisauer Kreises mit überlegte, wie nach dem Zusammenbruch der braunen Gewaltherrschaft ein Rechtsstaat aufgebaut werden kann – in einem friedlichen Europa, das sie durch Aufklärung über die erlebte Diktatur und ihren Einsatz für die deutsch-polnische Verständigung fördern wollte. In einer unmittelbar praktischen Form widersetzte sich *Gertrud Luckner* dem menschenverachtenden NS-Regime: Sie verhalf verfolgten Juden zur Flucht und nahm dafür 18 Monate KZ-Haft auf sich. Nach dem Zweiten Weltkrieg hat sie wesentlich zum Dialog zwischen Christen und Juden, Deutschen und Israelis beigetragen.

Auf dem Höhepunkt des Terrors und Gegenterrors im Nordirland der 1970er Jahre riefen *Betty Williams* und *Mairead Corrigan* eine Friedensbewegung ins Leben, die dem aufgestauten Hass mit dem Ideal der Verständigung und Gewaltlosigkeit entgegentrat und einen gewaltfreien Weg aus einer langjährigen Unterdrückungspolitik wies. Einen Gang in die Freiheit unterstützte auch *Csilla von Boeselager,* als sie im Wendejahr 1989 in Budapest die friedliche Ausreise von Tausenden DDR-Bürgern in den Westen mit ermöglichte.

Fast im selben Jahr wurde in Guatemala die junge Maya-Frau *Rigoberta Menchú Tum* zum Symbol des Widerstands gegen die Ausbeutung der Landarbeiter und die Unterdrückung indigener Völker. Unterdessen kämpfte im Iran, wo 1979 die Diktatur des Schahs von der Herrschaft der Mullahs abgelöst wurde, *Shirin Ebadi* mit den Mitteln der gebildeten Juristin gegen die Benachteiligung von Frauen, Kindern und Minderheiten durch die Gesetze der Islamischen Republik und setzte sich für eine Versöhnung des Islam mit den Grundsätzen der Demokratie und der Menschenrechte, aber auch für die Freilassung politischer Gefangener ein – um den Preis ihrer eigenen Inhaftierung und des Gangs ins Exil.

Mit Kerkerhaft, Gesundheitsschäden und Schlägen bezahlte auch *Wangari Muta Maathai* in Kenia ihren Widerstand gegen das Regime von Daniel arap Moi. Ab 1977 hat sie mit ihrer Grüngürtel-Bewegung nicht nur die Wiederaufforstung des infolge von Korruption vernichteten Waldes gefördert, sondern auch die soziale Situation der Frauen verbessert und die demokratischen Kräfte gestärkt.

Auch humanitär-karitative Hilfe ist Menschenrechtsarbeit

Die britische Ärztin *Cicely Saunders* führt in dieser Vorstellungsrunde eine Reihe von Frauen an, die sich vor allem durch humanitär-karitative Initiativen für das Recht auf ein Leben in Würde eingesetzt haben. Cicely Saunders gab den Anstoß zu einer breiten Bewegung, die durch moderne Palliativversorgung und Hospizarbeit ein Sterben ohne Schmerzen, in Geborgenheit und Würde gewährleisten will. In der gleichen Absicht, aber unter ganz anderen Bedingungen ging *Mutter Teresa* zu den Ärmsten und Verlassensten in den Straßen und unter den Brücken Kalkuttas, „um ihnen das Gefühl zu geben, dass sie erwünscht sind".

Ruth Pfau spürte bis in die Gebirgstäler Pakistans und Afghanistans hinein die aus der Gesellschaft ausgestoßenen Leprakranken auf, um ihnen mit einem flächendeckenden Leprakontrollprogramm Heilung und durch „soziale Nachsorge" die Wiedereingliederung ins soziale Leben zu ermöglichen. *Rosi Gollmann* suchte die durch drückende Armut Entwürdigten in indischen Waisenhäusern und in Dörfern auf, wo materielles Elend Eltern dazu zwingt, neugeborene Mädchen zu töten. Sie hat Tausende

Frauenselbsthilfegruppen angeregt, die mit Kleinkrediten und in Zusammenarbeit mit einheimischen Partnerorganisationen sowie mit Unterstützung von Regierungsstellen eine deutliche Verbesserung ihrer Lage erzielen konnten – ein Beispiel für kluge, nachhaltige Entwicklungszusammenarbeit. Ihr Hilfswerk, das derzeit über 200 Projekte fördert, hat in Bangladesch mehr als einer Million Blinden und Sehbehinderten zu einer Augenoperation verholfen.

Sœur Emmanuelle hat sich noch mit 62 Jahren bei den verachteten Müllsammlern von drei Slums um Kairo einquartiert und – mithilfe von einheimischen Kräften und europäischen Helfern – deren Lebensbedingungen verbessert: von der Säuglingspflege über die Schulbildung der Kinder bis zur Schaffung von Arbeitsplätzen für Frauen und Männer. Armuts- und Zwangsprostitution verletzen die Würde von Frauen mit oft traumatischen Folgen. *Lea Ackermann* hat darum ein Netz von Beratungsstellen aufgebaut, das betroffenen Mädchen und Frauen in Kenia und Europa durch psychosozialen und juristischen Beistand sowie eine Berufsausbildung zu einem selbstbestimmten Leben verhelfen will, und die Öffentlichkeit und Politik für dieses Problem sensibilisiert.

Leuchttürme mit Licht auf viele Unbekannte

Die hier geschilderten Frauenleben zeigen am Beispiel außergewöhnlicher Persönlichkeiten, wie sich in den letzten 120 Jahren Frauen zunehmend ihrer Rechte, Fähigkeiten und ihrer Verantwortung im öffentlichen Leben bewusst wurden und eine aktive Rolle übernahmen. Sie offenbaren auch, wie viel eine einzelne Person zu bewegen vermag. Nicht umsonst wurden sechs von ihnen mit dem Friedensnobelpreis ausgezeichnet. Allerdings sollte man die 17 vorgestellten Frauen nicht als „einsame Größen" und Stars betrachten. Denn bei praktisch allen wird deutlich, wie sehr sich ihr Erfolg auch der Fähigkeit verdankt, Gleichgesinnte für eine

Sache zu begeistern und sie in einem Mitarbeiterteam, einem Verband, einer Hilfsorganisation, einer Spendergemeinde und in Ehrenamtlichengruppen um sich zu scharen. So fällt von diesen Leuchttürmen auch Licht auf viele Frauen (und Männer), die nicht durch Biografien, Straßennamen, Bundesverdienstkreuze oder Nobelpreise geehrt wurden, jedoch zusammen mit den Großen dazu beigetragen haben, dass wir an das Gute im Menschen glauben können.

Unübersehbar ist bei diesen Wegbereiterinnen, Gründerinnen und Kämpferinnen auch, wie sehr ihr soziales Engagement von einem lebendigen religiösen Glauben getragen und inspiriert war – aber auch, mit welcher Hochachtung sie Menschen mit anderen weltanschaulichen Überzeugungen begegnet sind. Jede von ihnen könnte mit Sœur Emmanuelle sagen: „Ich habe die Religion der anderen immer zutiefst respektiert."

Ich danke Herrn Burkhard Menke und anderen, mit denen ich mich bei den ersten Überlegungen zu diesem Buchprojekt und den damit verbundenen Selbstzweifeln beraten habe, für ihre Ermutigung. Frau Karin Daffner half mir mit wertvollen Hinweisen. Zu meinen grundsätzlichen Bedenken, ob ein Mann Frauen vorstellen kann, meinte Frau Heike Helmchen-Menke, ein diesbezügliches Schreibverbot wäre doch glatt geschlechterdiffamierend. Richtig. Niemand kann Männern untersagen, Frauen zu bewundern. Zumal Frauen wie die hier Porträtierten.

Bernhard Grom

Hedwig Dransfeld
(1871–1925)

Pionierin der Frauenbewegung und der Sozialpolitik

Sie war eine der glänzendsten Rednerinnen ihrer Zeit und eine prägende Gestalt der bürgerlich-katholischen Frauenbewegung. Als *Hedwig Dransfeld* im Januar 1912 beim ersten Deutschen Frauenkongress im Berliner Reichstag vor den Vertreterinnen verschiedener Richtungen über „Die Frau im kirchlichen und religiösen Leben" spricht, wird sie als die beste Referentin bewundert, und das Zentralorgan der SPD, *Vorwärts*, scheut sich nicht, sie als „die bedeutendste Frau der Gegenwart" zu bezeichnen. Noch im selben Jahr wird sie zur Vorsitzenden des Katholischen Frauenbundes gewählt. Dessen Bundesversammlung hält sie 1916, zu einer Zeit, als die Frauen noch kein Stimmrecht haben, ebenfalls im Reichstag ab. Diese Demonstration des politischen Mitgestaltungsanspruchs der Frauen findet in der Öffentlichkeit eine starke Resonanz. Im *Vorwärts* schreibt ein Redakteur: „Der Präsident des Reichstags mag sonderbare Gefühle gehabt haben, dass eine Frau – man denke: eine Frau! – von seinem Platze mit soviel Schwung und Begeisterung die Versammelten anredete."

Da hat Hedwig Dransfeld ihre Berufung als Frauenrechtsaktivistin und Volkserzieherin schon gefunden. Mit 34 Jahren fängt sie an, in diese Rolle hineinzuwachsen, und ihr Weg ist von der frühen Kindheit bis zu ihrem Tod ein Kampf gegen Hindernisse. Sie wird am 24. Februar 1871 in einem abgelegenen Forsthaus nahe Hacheney, das heute zu Dortmund gehört, als Kind einer rheinischen Arzttochter und eines preußischen Oberförsters geboren. Als sie vier Jahre alt ist, stirbt ihr Vater; wie sie acht wird, verliert sie ihre Mutter. Die Vollwaise kommt, zusammen mit ihren drei Geschwistern, bei ihrer fast mittellosen Großmutter unter, besucht die Volksschule und wird, als die Oma stirbt, mit 16 Jahren in ein Waisenhaus aufgenommen. Glücklicherweise wird man dort auf ihre Begabung aufmerksam. Sie muss Kinder beaufsichtigen und darf sich auf die Aufnahme ins Lehrerinnenseminar in Paderborn vorbereiten und dort studieren.

Lehrerin – der Weg zu einem beruflichen Leben aus eigener Kraft ist beschritten. Doch schon im zweiten Ausbildungsjahr erkrankt Hedwig Dransfeld an Knochentuberkulose. Das ganze letzte Ausbildungsjahr muss sie im Krankenzimmer verbringen. Dort bereitet sie sich mit eiserner Disziplin allein auf das Schlussexamen vor. Der Prüfungskommissar nimmt es dort ab und bescheinigt ihr: „sehr gut". Danach muss sie noch zwei Jahre im Krankenhaus liegen. An einer öffentlichen Schule würde sie mit ihrer immer wiederkehrenden Krankheit kaum eine Stelle bekommen, doch findet sie 1890 in Werl bei den Ursulinen, einer Ordensgemeinschaft, die in zahlreichen Ländern Mädchenschulen unterhält, eine Anstellung als Lehrerin.

Für Hedwig Dransfeld, die als strebsam, ja ehrgeizig geschildert wird, ist dies nur ein erster Schritt. Um weiterzukommen, erwirbt sie bereits nach zwei Jahren in Münster die Befähigung zum Unterricht an mittleren und höheren Mädchenschulen. Es folgt ein Examen, das sie zur Leitung von Schulen berechtigt, und von 1904 bis 1911 leitet sie das Mädchengymnasium (Lyzeum) der Ursulinen in Werl.

Das ist ein erster Etappensieg, und er musste hart erkämpft werden. Im Jahr 1899 war ihre Knochentuberkulose so weit fortgeschritten, dass man der 28-Jährigen den linken Arm in der Mitte des Oberarms sowie die linke Ferse amputieren musste. Wie kleidet man sich mit nur einem Arm an? Wie hält man ein Blatt Papier fest, auf das man etwas schreiben will? Wie faltet man es und steckt es in einen Briefumschlag? Die junge Lehrerin und Schulleiterin lässt sich durch ihre Behinderung nicht entmutigen, sondern sucht das Handicap auszugleichen, so gut es geht. Eine Werler Schwester berichtet:

> „Es ist erstaunlich, was sie mit der einen Hand konnte: Äpfel schälen, Bindfaden aufwickeln, Pakete packen und verschnüren, Flaschen aufziehen, die Uhr nachdrehen. Man merkte später nicht, dass ihr der Arm fehlte. Ihre Kleider waren so gemacht, dass beide Ärmel durch einen Kragen oder Ähnliches verdeckt waren."[1]

Die Knochentuberkulose zwingt sie immer wieder aufs Krankenlager. Mehrere Drüsenoperationen an Hals und Armen sind nötig, im Jahr 1907 eine Magenoperation und 1920 eine Bauchoperation. 1902 schreibt sie einer Freundin, sie sei bereits sechzehn Mal operiert worden – „und seltsamerweise hat mir ein Leid noch niemals zur Veredelung gedient". Ein chronischer Magen-Darm-Katarrh wird ihr düsterer Begleiter und trägt wohl dazu bei, dass sie stets etwas Ernstes, fast Melancholisches an sich hat. Doch zum Glück gibt es auch Zeiten, in denen sie uneingeschränkt leistungsfähig ist.

Dichten oder unterrichten?

Hedwig Dransfeld unterrichtet ihre Schülerinnen mit großem Pflichtbewusstsein und vollem Einsatz. Aber die Tätigkeit als Lehrerin ist nicht ihr Traumberuf. Da sie sehr sprachbegabt ist, schwankt sie einige Zeit, ob sie an der Schule bleiben oder Berufsschriftstellerin werden soll. Neben ihrer Arbeit am Lyzeum übt sie schon mal sozusagen „Dichterin", indem sie eine Reihe von Büchern schreibt, die sie bekannt machen. Sie verpackt pädagogische Anliegen in Geschichten für Mädchen, mit Titeln wie *Prinzessin Goldhaar* (1900) oder *Das Grafendorli. Erzählung für junge Mädchen* (1897). Letztere erzählt mit autobiografischen Zügen von einer jungen Waisen voll Ungestüm, Trotz und Herbheit und erlebt elf Auflagen.

Später wird sie diese Mädchenbücher, die etwas konventionell und alles andere als Krimis sind, als Jugendsünden betrachten. Sie verkehrt in Münster in einem Kreis junger Schriftstellerinnen und veröffentlicht auch lyrische Texte mit literarischem Anspruch. In ihnen berührt sie Erfahrungen wie Einsamkeit („Mich dürstet nach Menschen"), Krankheit, Suche nach Liebe und Naturstimmungen. „Eins sein mit der Natur heißt", so schreibt sie einmal, „nie vollkommen unglücklich sein."

In einem längeren Gedicht, das alle Romantik hinter sich lässt und für die damalige Lyrik eher ungewöhnlich ist, schildert sie die Arbeit als Sklavendienst des schlecht bezahlten Industrieproletariats. Sie verdichtet dessen Situation im Bild einer Fabrik, die sie zunächst als polypengleiches „schwarzes Ungeheuer" und als „Herrn" schildert, dem die Arbeiter als Knechte dienen müssen. Dann spricht sie von der Not, die die arbeitenden Menschen zu „Vasallen" macht, und personifiziert sie in der Gestalt eines Weibes, das sich als „Herrin des Weltalls ich – die graue Not!" offenbart. Die drei wichtigsten Strophen lauten:

In der Fabrik

Im Schlund der Esse loht es purpurbraun ...
Und wo die Räder hart und stählern blitzen,
Seh' ich ein Weib mit heißen Augen sitzen
Und fest und saugend mir ins Antlitz schaun.
[...]

Sie springt empor, sie bebt – ihr Auge lacht ...
Die Achsen kreischen, und die Hebel krümmen
Sich von der Last, die roten Essen glimmen,
Durch Rad und Riemen tobt die wilde Jagd.

Die Menschen keuchen: „Arbeit nur und Brot!"
Und durch das Wutgeheul, Schleifen und Krachen
Hör' ich ein leises, sieggewohntes Lachen:
„Herrin des Weltalls ich – die graue Not!"[2]

Hedwig Dransfeld, die einmal ein Gedicht mit der Zeile schließt: „Und meine junge Kraft verzischt in bleichen Liedraketen", zweifelt wahrscheinlich, ob ihre lyrische Begabung zu bedeutenden Werken reichen würde. Jedenfalls führt sie ihre dichterischen Versuche nach 1903 nicht mehr weiter, sondern stellt ihr schriftstellerisches Talent in den Dienst der Frauenförderung und Sozialpolitik. In diesem Jahr formuliert sie ein Anliegen, das sich wie ein Motto für ihr weiteres Wirken ausnimmt: „Wenn man Pädagogik ins Große, Soziale geben könnte!"

„Pädagogik ins Große, Soziale geben"

Schon als Lehrerin war sie nicht nur Mitglied im Verein katholischer deutscher Lehrerinnen, sondern auch im Caritasverband. Beide Organisationen standen 1903 Pate bei der Gründung des Katholischen Deutschen Frauenbundes. Als sie nun der Gründer und Vorsitzende des Caritasverbandes, Prälat Lorenz Werthmann, bittet, die Redaktion der ersten katholischen Frauenzeitschrift *Die christliche Frau* zu übernehmen, sagt sie nach anfänglichem Zögern zu. Sie leitet das Blatt von Ende 1904 bis 1920. Nun hat sie ein Sprachrohr, mit dem sie weit über den Kreis ihrer Schule hinaus Menschen erreicht, und kann sich einer Herausforderung stellen, die ihren Geist und ihr Herz gleichermaßen fasziniert. Denn der Katholische Frauenbund, der die Zeitschrift übernimmt und in dessen Organ Dransfeld sie umwandelt, hatte im Gründungsaufruf von 1903 erklärt:

> „Es ist an der Zeit, mit der uns vorgeworfenen Rückständigkeit zu brechen und die Stelle in der großen Frauenbewegung einzunehmen, welche der katholischen Frau zukommt."

„Rückständigkeit"? Tatsächlich hatte sich als späte Frucht von Aufklärung und Französischer sowie 1848er Revolution in der zweiten Hälfte des 19. Jahrhunderts in Deutschland eine Bewegung entwickelt, die eine Verbesserung der rechtlichen und sozialen Lage der Frauen anstrebte, aber gespalten war. Von der bürgerlich-liberalen Frauenbewegung, die sich 1865 im Allgemeinen Deutschen Frauenverein organisiert hatte, spaltete sich 1892 unter der Führung von Clara Zetkin die proletarische Richtung ab, die die „Geschlechtssklaverei der Frau" schlicht marxistisch als Folge des Privateigentums erklärte, eine Befreiung nur durch Klassenkampf und sozialistische Revolution für möglich hielt und das Recht auf Erwerbstätigkeit der Frau als Grundlage für ihre Unabhängigkeit vom Mann forderte. Die bürgerlichen Frauenrechtsaktivistinnen stritten sich in den 1890er Jahren darüber, wie eine bessere Mädchenbildung zu erreichen sei, ob das Frauenstimmrecht sofort oder schrittweise einzuführen sei sowie um die „Neue Ethik", das heißt um eine Erleichterung der Ehescheidung und um Veränderung oder Abschaffung des Abtreibungsverbots.

Wie sollten sich die Frauen, die sich den beiden großen Kirchen verbunden fühlten, die über ein starkes, einheitsstiftendes Motivationspotenzial verfügten, positionieren? Es entstand eine konfessionelle Frauenbewegung, die sich als Teil der „großen Frauenbewegung" verstand, einen Teil von deren Forderungen übernahm, aber auch eigene Schwerpunkte setzte und durch die Gründung von Sozialen Frauenschulen international bahnbrechend wirkte.

Vorreiter war der Deutsch-Evangelische Frauenbund (DEF), der 1899 von der Lehrerin und Sozialwissenschaftlerin Elisabeth Gnauck-Kühne initiiert wurde und 1905 in Hannover die erste Soziale Frauenschule gründete, der weitere folgten. Dieselbe Elisabeth Gnauck-Kühne regte nach ihrem Übertritt zur katholischen Kirche die Gründung eines ähnlichen Dachverbandes an. So wurde 1903 in Köln der Katholische Frauenbund (seit 1921 Katholischer Deutscher Frauenbund) aus der Taufe gehoben, der sich der „Förderung der Frauenbewegung nach den Grundsätzen der katholischen Kirche" verschrieb.

Frauenbewegung auf Katholisch? Was das konkret bedeuten konnte, musste schrittweise herausgefunden werden. Hedwig Dransfeld stellt sich dieser Aufgabe ohne Scheuklappen, indem sie kluge Buchbesprechungen zu allen Fragen der Frauenbewegung veröffentlicht und vielbeachtete Aufsätze zur geistigen und sozialen Förderung der Frau sowie zur Sozialpolitik schreibt. Ihr Interessenspektrum reicht von Themen wie „Organisationsprobleme der katholischen Frauenwelt" (1913) bis zu „Bevölkerungsfrage und Frauenfrage" (1917) und „Frauenberuf und Frauenarbeit" (1918). Als ab 1908 die Frauen in Preußen zum regulären Hochschulstudium zugelassen werden, besucht sie sogleich in den beiden folgenden Jahren in Münster und Bonn Vorlesungen über „Kulturwissenschaften".

Wie denkt sie über Gleichberechtigung und Frauenstimmrecht?

Welches Frauenbild vertritt Hedwig Dransfeld? Sie will, dass Frauen als den Männern „gleichwertig" geachtet werden, stellt aber die herkömmliche Rollenverteilung der Geschlechter nicht grundsätzlich in Frage. Gleichwertigkeit bedeutet für sie Gleichstellung im Staatsrecht, aber nicht, dass Frau und Mann in der Ehe völlig gleichberechtigte Partner sein müssen. Damit folgt sie weitgehend den Vorstellungen der gemäßigten bürgerlichen Frauenbewegung und der damaligen Mehrheitsmeinung der Frauen in Deutschland. So hat denn auch die Weimarer Verfassung von 1919 das vom Bürgerlichen Gesetzbuch (1900) verbriefte Letztentscheidungsrecht (Stichentscheid) des Ehemanns in ehelichen und familiären Angelegenheiten nicht angetastet; es fiel erst 1957. Dransfeld sieht den eigentlichen, naturgemäßen Beruf der Frau in der Ehe und Familie und warnt vor einer Doppelbelastung als Mutter und Erwerbstätige, fördert aber auch entschieden die Ausbildung von Mädchen in Frauenberufen. 1910 schreibt sie in *Die christliche*

Frau, man solle nicht einfach auf die wirtschaftliche Versorgung der Töchter in der Ehe vertrauen und sie nicht nur für das Haus erziehen, sondern ihnen den Weg zu einem Beruf ebnen, der möglichst ihren Neigungen entspricht. Denn:

> „Das Persönlichkeitsstreben unserer Zeit verlangt mehr, verlangt einen Lebensinhalt, der, über die Bestreitung der eigenen kleinen Bedürfnisse hinaus, wahrhaft sittliche Werte entwickeln kann."

Die erfahrene Schulleiterin nahm dabei Mütter und Väter in die Pflicht:

> „Es ist grundfalsch, ohne Einschränkung zu sagen: die Erziehung ist Sache der Mutter; [...] der Vater ist in der Mädchenerziehung ebenso notwendig wie die Mutter. [...] Unsere Schulen müssen Elternabende einrichten, Zusammenkünfte mit Müttern und Vätern."[3]

Als die Weimarer Verfassung die Gleichberechtigung von Mann und Frau einführte – „Männer und Frauen haben grundsätzlich dieselben staatsbürgerlichen Rechte und Pflichten" (Art. 109) –, hat sie dies sicher als Besserstellung der Frau begrüßt, aber eine völlige Gleichstellung nur als Möglichkeit, nicht als zwingend gebotenes Ziel betrachtet. Für eine Frau, die in einem traditionellen Milieu und einem autoritären Kaiserreich groß geworden ist, sind ihre frauenrechtlichen Ansichten „fortschrittlich" – in der Sicht der heutigen Frauenbewegung, die auf immer noch bestehende Mängel in der Umsetzung der Gleichberechtigung aufmerksam macht, erscheinen sie freilich als zu wenig entschieden.[4] Doch hat Dransfeld zweifellos mit der übrigen „großen Frauenbewegung" ihrer Zeit erste Schritte zu einer Frauenemanzipation ermöglicht.

Bezüglich des Frauenstimmrechts, das ab 1900 von der sozialistischen wie auch von der bürgerlichen Frauenbewegung immer häufiger gefordert wird, äußert sie sich zurückhaltend, neutral. Denn sie meint, die Frauen, denen ja nach dem Preußischen Vereinsgesetz bis 1908 jede politische Tätigkeit untersagt war, müssten – um nicht von Demagogen manipuliert zu werden – erst noch staatsbürgerlich besser geschult werden. Als jedoch 1918 die Frauen erstmals wählen dürfen, sieht sie in deren Mitwirkung am politischen Leben eine große Chance und „tiefernste Pflicht" und wirbt mit außergewöhnlichem Einsatz für ein politisches Engagement der bisher weitgehend unpolitischen Frauen.

Vorsitzende des Katholischen Frauenbundes

Durch ihre Veröffentlichungen und Reden wird sie zum führenden Kopf der katholischen Frauenbewegung. 1912 wird sie an die Spitze des Katholischen Frauenbundes gewählt. Die Vordenkerin wird zur Vorsitzenden. Wie versteht sie die Aufgabe dieser Vereinigung? Bald nach Übernahme des Vorsitzes schreibt sie dazu:

> „Unser Bund ist die Organisation der katholischen Frauenbewegung, deren Eigenwerte und Eigenziel in unserem religiösen Bekenntnis liegen. Die dogmatische Richtschnur, die sittliche Kraft, die pädagogische Weisheit und der Reichtum der Tradition in unserer Kirche – das sind die ganz besonderen Werte, die wir in unsere Bewegung mitbringen. Und sie setzen uns das ganz spezielle Ziel, sie auszunutzen für die Allgemeinheit, mit anderen Worten: wir sollen bei der Lösung der das Frauenleben irgendwie berührenden Probleme, wie sie fast jeden Tag neu auftauchen, die katholische Weltanschauung zur Geltung bringen."[5]

Damit fasst sie den Frauenbund als Teil der „großen Frauenbewegung" auf, mit der Besonderheit, dass er sich aufgrund seiner religiös-kirchlichen Ressourcen für Frauenprobleme aller Art und damit für die „Allgemeinheit" einsetzen soll. Ein konfessioneller Verband ist ihrer Meinung nach erforderlich, denn „die allgemeine Frauenbewegung schaltete den anerkannt wichtigen Faktor jeder Volkskultur, die Religion als solche, aus der Bewegung aus". Allerdings ist ihr und dem Katholischen Frauenbund konfessionelle Enge fremd. Ab 1918 trifft man sich regelmäßig mit dem

Evangelischen Frauenbund, um bei Behörden gemeinsame Interessen gemeinsam zu vertreten. Auch eine klerikale Bevormundung soll es nicht geben: Die Organisation wird von den Frauen in eigener Verantwortung geführt; Geistliche haben im Vorstand weder Sitz noch Stimme, sondern sind nur als Beiräte vorgesehen – und von den Frauen gewählt.

Die eher scheue Lehrerin, Schriftstellerin und Journalistin, die meint, in der Öffentlichkeit nicht reden zu können, muss nun immer häufiger vor kleinen und großen Versammlungen das Wort ergreifen. Sie hat diese Auftritte oft einer starken Arbeitsüberlastung und einer prekären Gesundheit abgerungen – in einer Zeit, als es noch keine marktreifen Lautsprecher gab. Eine Mitarbeiterin berichtet:

> „Wie oft sehen wir sie mit Bangen kurz vor einer wichtigen Sitzung, einer großen Rede oder Versammlung, schwach, elend, mit fiebernden Backen, kaum fähig, auch nur den Kopf zu heben. Aber dann riss sie mit eisernem Willen ihre Kräfte zusammen und stand plötzlich wieder neben uns, und keiner der Fernstehenden ahnte, dass diese Rednerin eine Stunde nachher kaum noch Stimme hatte vor lauter Schwäche und Hinfälligkeit."[6]

Der Frauenbund wird für sie, die Unverheiratete, zur Familie. In den zwölf Jahren, in denen sie ihn führt, setzt sie kraftvolle Akzente:

- Der Bund soll nicht nur gebildete Damen der gehobenen Mittelschicht ansprechen, sondern Frauen aller Stände gewinnen und die „Konzentrationsmitte" für alle bestehenden katholischen Frauenorganisationen bilden. Mit Erfolg wirbt sie neue Mitglieder an. Zählte der Frauenbund zu Beginn ihrer Amtszeit etwa 50 000 Mitglieder, so sind es an deren Ende (1924) über 200 000.
- Der Frauenbund fordert und fördert eine vielfältige Frauenvolksbildung: Mütterabende, aber auch einen stärkeren Einsatz für eine solide Schulbildung von Mädchen als Voraussetzung für eine zukunftsträchtige Berufsausbildung.

- Hedwig Dransfeld fördert die damals entstehenden sozialen Frauenberufe durch Gründung einer Sozialen Frauenschule 1916 in Köln (mit Helene Weber). Frauen sollen nicht nur Kindergärtnerinnen, Krankenschwestern und Lehrerinnen werden können, sondern auch „Sozialbeamtinnen", das heißt Fürsorgerinnen (heute: Sozialarbeiterinnen). Für sie ruft sie auch den Verein katholischer Sozialbeamtinnen ins Leben.
- Während des Ersten Weltkriegs ermutigt sie Frauen zu Hilfsdiensten in Lazaretten, Krankenhäusern und an anderen Stellen, wo die Männer fehlen. Zur Linderung der Not regt sie Näh-, Koch- und Flickkurse an. „Kriegsrezepte" zum klugen Umgang mit den knappen Lebensmitteln waren wichtig. „Gründet Kinderhorte! Richtet Volksküchen ein! Unsere Kinder sollen aus der Zeit der vaterländischen Not weder körperlich noch geistig geschädigt hervorgehen." Sie gibt in diesen Jahren den Anstoß zu 20 Beratungsstellen, neun Wöchnerinnenfürsorgestellen, vier Müttererholungseinrichtungen, zwei Säuglingsheimen und 49 Nähstuben.[7]
- 1917 ruft sie zum Bau einer Frauenfriedenskirche auf, die

> ein „Gedächtnismal für die Gefallenen des Weltkrieges", ein „Ausdruck des Dankes, dass die deutsche Heimat von den Verheerungen des Weltkrieges im Wesentlichen verschont blieb", und ein „Votivmal der Friedensgesinnung' sein (soll): gleichsam ein steingewordenes Friedensgebet, das einen starken, dauernden Frieden für unser deutsches Vaterland erfleht und das feierliche Gelöbnis der deutschen Katholikinnen darstellt, am geistigen Friedensbau in Europa für sich selbst und ihre Kinder mitzuwirken"[8].

Das Gotteshaus wird vier Jahre nach ihrem Tod 1929 in Frankfurt-Bockenheim eingeweiht. Die Dichterin Gertrud von le Fort nannte es in einer Hymne „Frauendom des Friedens". Die Mosaiken an der Altarwand zeigen Frauen der Kirchengeschichte – darunter die heilige Hedwig mit den Gesichtszügen von Hedwig Dransfeld.

Was Frauen von der Politik fordern

Am 9. November 1918 wird in Berlin die Republik ausgerufen, und es soll eine Verfassunggebende Nationalversammlung gewählt werden. Am 12. November wird den Frauen das aktive und passive Wahlrecht zugesprochen. Schon zehn Tage danach lädt Dransfeld die Vertreterinnen aller katholischen Frauenorganisationen nach Köln ein und berät mit ihnen politische Leitsätze. Die Runde einigt sich im Hinblick auf die anstehende Wahl zur Verfassunggebenden Nationalversammlung auf Forderungen wie diese:

„Aktives und passives Frauenwahlrecht im Reich, in den Bundesstaaten und in der Gemeinde. Vermehrte Mitarbeit der Frauen in der Verwaltung, auch an leitenden Stellen [...] Eingliederung der weiblichen Kraft in alle Gebiete des Gemeinschaftslebens entsprechend ihren Anlagen und den beruflichen Voraussetzungen der einzelnen.

Gleichmäßige Förderung aller Erwerbsstände und der freien Berufe. [...] Schonung der Schwachen, Heranziehung der Leistungsfähigen bei Verteilung der Steuerlasten.

Wirtschaftlich gerechte und ausreichende Entlohnung der weiblichen Arbeit. Möglichkeit des Aufstieges im Beruf für Frauen.

Verfassungsrechtliche Sicherung der Kirche in ihrem Verhältnis zum Staat.

Freiheit der kirchlichen Caritas und der privaten Wohlfahrtspflege.

Ausbau des Wöchnerinnenschutzes und Durchführung einer systematischen Säuglingsfürsorge. Ausbau der bürgerlich-rechtlichen Stellung der Frau in der Familie.

Zulassung der Frauen zu allen staatlichen Prüfungen. [...] Sicherung des weiblichen Einflusses an allen weiblichen Lehranstalten."[9]

Wie konnte man diese Zielvorgaben möglichst wirksam durchsetzen? Als politischer Partner bot sich fraglos die Zentrumspartei (kurz: Zentrum) an, weil deren Grundsätze mit den ihren am ehesten übereinstimmten. 1870 von Katholiken, die unter Bismarck als Bürger zweiter Klasse benachteiligt waren, zur Wahrung ihrer Interessen gegründet, umfasste das Zentrum als Volkspartei verschiedene Stände und hatte bei der Einführung der Sozialversicherung ein klares soziales Profil gewonnen. Obwohl Dransfeld den Frauenbund nicht als Teil einer politischen Partei versteht, ruft sie die katholischen Frauen dazu auf, sich eine politische Meinung zu bilden – und bei der Wahl zur Verfassunggebenden Nationalversammlung 1919 wie auch zum Reichstag 1920 für das Zentrum zu stimmen. Für beide Wahlen lässt sie sich als Kandidatin aufstellen und wird gewählt.

Die 180 Zweigvereine des Frauenbundes verteilen vor der Wahl zur Verfassunggebenden Nationalversammlung am 19. Januar 1919 achteinhalb Millionen Flugblätter. So können sie viele Frauen, die sonst nie ein Wahllokal betreten würden, mobilisieren und dazu beitragen, dass in der Nationalversammlung und später im Reichstag das Zentrum und mit ihm die Parteien der Mitte gestärkt und die extreme Linke wie auch die extreme Rechte zurückgedrängt werden. Von den 91 Abgeordneten, die für das Zentrum/Christliche Volkspartei in die Nationalversammlung einziehen, sind sechs Frauen.

Ihr letzter Kampf: für eine frauenfreundliche Sozialpolitik

Die Lehrerin, Frauenrechtsaktivistin und Verbandsvorsitzende wächst nun in eine neue Rolle hinein: in die einer Kämpferin für eine frauenfreundliche Sozialpolitik. Sie bestimmt ihren letzten Lebensabschnitt. Schon die sechsmonatige Arbeit in der Verfassunggebenden Nationalversammlung ist kräftezehrend. Einen Arbeitstag schildert sie einmal so: Vier Uhr aufstehen, um mindestens 20 Briefe zu schreiben. Zehn Uhr Sitzung des Fraktionsvorstands. Elf Uhr Sitzung der Fraktion. 14 bis 19 Uhr Plenarsitzung. 20 Uhr Kommissionssitzung.

Dem Zentrum dient sie als Vizepräsidentin. Dem Reichstag gehört sie von 1920 bis zu ihrem Tod 1925 an. Die Strapazen dieser Jahre mit Hyperinflation, geringem Rückhalt der parlamentarischen Demokratie in der Bevölkerung und zerstörerischem Parteienstreit müssen sie sehr belastet haben. So beklagt sie einmal die „stets gewitterschwere Atmosphäre des Parteikampfes, die in ewigem Gezänk und sogar in Tätlichkeiten zur Entladung drängt, die vielen vom krassesten Agitationswillen diktierten Reden, die klassen- und berufsegoistische Zielsetzung". Sie selbst vermeidet es in ihren Wortmeldungen, politische Gegner zu verletzen.

Die Bevölkerung ist nach Kriegsende ähnlich stark verelendet, wie wir es heute von gescheiterten Staaten her kennen. Ein Memorandum von 1923 nennt Unterversorgung der Bevölkerung, Arbeitslosigkeit, inflationäre Preise, hohe Säuglingssterblichkeit, erhöhte Sterberate der Alten und sich ausbreitende Tuberkulose.[10] Immer wieder fallen Frauen vor Hunger auf offener Straße ohnmächtig um. Viele Kinder können wegen Unternährung nicht in die Schule aufgenommen, Schulabgänger kaum in eine Lehre geschickt werden. Allmählich werden ausländische Hilfswerke aktiv. Nordamerikaner deutscher Herkunft helfen besonders großzügig.

Auf Einladung von Freunden unternehmen Hedwig Dransfeld und ihre Fraktionskollegin Helene Weber 1923 eine Informations- und Bettelreise in die USA. Sie sprechen in mehreren großen Städten, vor allem vor Vereinigungen der katholischen Deutschamerikaner, aber auch vor Lutheranern, über die Lage im Nachkriegsdeutschland. Man gründet ein Einheitshilfswerk aller deutschsprachigen Hilfsvereinigungen, und Dransfeld wirbt für eine Revision des Versailler Vertrags, weil wegen dessen unerfüllbaren Reparationsforderungen „ein wahrer Friede niemals seinen Einzug in Europa halten kann"[11]. Helene Weber schildert die wirtschaftliche Not. Eine Zeitung schreibt, selten habe ein Besucher aus Deutschland „ein so interessiertes Publikum gefunden wie Frau Dransfeld und Frau Weber". Nach ihrer Rückkehr läuft die Geldentwertung in vollem Galopp. Mit den gesammelten Dollar können sie manche Not von Kindern und Rentnern lindern.

Hedwig Dransfeld hält im Reichstagsplenum nur selten Reden, wird dann aber wegen ihrer sachlichen Argumentation beachtet. Besonders setzt sie sich ein für Jugendschutz, Schulreform, Rechte des unehelichen Kindes in der Militärhinterbliebenenfürsorge, Unterstützung der Kleinrentner und die Fürsorge für psychisch Kranke. Auf gemeinsamen Antrag von SPD und Zentrum wird das „Gesetz über Wochenhilfe und Wochenfürsorge" beschlossen, das finanzielle Hilfe für erwerbstätige Mütter sowie Kündigungsschutz während und nach der Schwangerschaft gewährt – ein erster Schritt zum heutigen Mutterschutz. Als Hedwig Dransfeld am 13. März 1925 mit 54 Jahren völlig geschwächt in Werl stirbt, sagt der sozialdemokratische Parlamentspräsident Paul Löbe im Reichstag:

> „Sie brachte in dieses Haus einen ungewöhnlichen Fonds von Wissen, von Kenntnissen und eine versöhnende Lebensauffassung. Sie gehörte zu den stillen, bescheidenen Naturen, die nur selten auf die Bühne des Hauses treten. Ihr Wirkungskreis lag in den engeren Konferenzen, Sachausschüssen, Fraktionen. Wir wissen [...], wie sie trotz schwerer körperlicher Leiden eine Gewissenhaftigkeit bei der Ausübung ihres Ehrenamtes entfaltete, die allen ein Vorbild sein kann."[12]

Als Pionierin der Frauenbewegung und Sozialpolitik hat Hedwig Dransfeld viel bewegt. Was hat sie dabei motiviert, bewegt? Dass sie tief im christlichen Glauben verwurzelt war, zeigt sich unaufdringlich in vielen Stellungnahmen von ihr. Wichtige Vorbilder waren für sie die heilige Elisabeth von Thüringen als „die große Heilige der dienenden, schenkenden Liebe" sowie die Landesmutter Hedwig von Schlesien. Bei einem Eucharistischen Kongress erinnerte sie auch an die Frauenmystik des Mittelalters. In ihren frühen Jahren war sie sicher stark von dem Bestreben geleitet, die Stigmatisierung als Waise und Behinderte auszugleichen und durch Leistung ihre Vollwertigkeit zu beweisen. Doch dieser Antrieb hat sich mit einem starken Mitgefühl mit allen Notleidenden verbunden. So stellte sie ihre intellektuelle und organisatorische Begabung in deren Dienst – getragen von der Gemeinschaft mit dem, den sie in ihrem Gedicht *Bitten* als „Du Ewiger" anspricht und dem sie nach einer Reihe von Anliegen auch folgenden Wunsch vorträgt:

> „O mach mich mild! Gib mir für fremden Schmerz
> Ein göttlich Neigen und ein warm Erkennen,
> Und lass um ein zertretenes Menschenherz
> In meiner Seele tausend Wunden brennen.
>
> Gib meinem Ringen nur das fromme Glück,
> In jedem Dunkel deinen Stern zu sehn,
> Und lass mich still mit weichem Kindesblick
> Durch eine Welt der Nacht und Sünde gehn."[13]

Der Katholische Deutsche Frauenbund, für den sie sich 20 Jahre lang eingesetzt hat, zählte im Jahr 2015 rund 200 000 Mitglieder in etwa 2000 Zweigvereinen.

Helene Weber
(1881–1962)

Sozialarbeiterin mit Leib und Seele und eine
der „Mütter des Grundgesetzes"

Helene Weber kümmerte sich um die Nöte der Kleinen und verkehrte in der Politik mit den Großen. Als Konrad Adenauer, damals Präsident des Parlamentarischen Rates, am 23. Mai 1949 das Grundgesetz der Bundesrepublik Deutschland verkündete, stand sie als Angehörige des Präsidiums mit dem Vizepräsidenten Hermann Schäfer neben ihm. Zu ihrem 80. Geburtstag schrieb Adenauer als Bundeskanzler: „Wie sehr ich Sie schätze und verehre, wissen Sie." Mit Theodor Heuss, dem ersten Bundespräsidenten, hat sie schon in den 1920er Jahren in mehreren Ausschüssen des Reichstags und später wieder im Parlamentarischen Rat zusammengearbeitet. Er mochte ihre uneitle Art und ihre frotzelnden Bemerkungen über wichtigtuerische Parlamentskollegen. „Wir wussten, wir ‚konnten' miteinander", schrieb er ihr später einmal. Über Parteigrenzen hinweg wurden sie Freunde. Zu ihrem 80. Geburtstag verriet er: „In den mannigfachen Briefen, die zwischen uns hin und her gingen, gab es einige, bei denen die Zeilen sich hinten reimten! Ich will noch manche solcher Art bekommen. Denn dann weiß ich, die Freundin bleibt dem

Pflichtenkreis, dem sie sich zugewandt, im Segen erhalten."[1] Auch Winston Churchill ist sie begegnet, als er in Straßburg einige Mitglieder der deutschen Delegation beim Europarat in seine Villa einlud.

Die Nöte der Kleinen kennt sie seit Kindertagen. Die stürmische Industrialisierung ihrer Heimatstadt (Wuppertal-)Elberfeld hat gegen Ende des 19. Jahrhunderts ein für die Zeit typisches Proletariat hervorgebracht. Dort wird Helene Weber am 17. März 1881 geboren und bekommt von ihrer Mutter wohl viel von ihrem niederländischen Realitätssinn und vom Vater, der Volksschullehrer und Vorsitzender der örtlichen Zentrumspartei ist, ebenso viel Sinn für sozialpolitische Anliegen mit auf den Lebensweg. Nach dem Besuch der höheren Töchterschule und des Lehrerinnenseminars arbeitet sie in der Nähe von Aachen sowie in Elberfeld fünf Jahre als Volksschullehrerin. Ihre Elberfelder Schüler kommen aus Verhältnissen, die man heute als sozialen Brennpunkt bezeichnen würde. Sie studiert 1905, sobald der Staat dies Frauen erlaubt, in Bonn und Grenoble Geschichte, Philosophie, Romanistik und Sozialpolitik. Von 1909 bis 1916 unterrichtet sie als Studienrätin (Oberlehrerin) an Mädchen-Lyzeen in Bochum und Köln. Nun hat sie einen Beruf, der ihr ein gutbürgerliches, finanziell gesichertes Leben ermöglicht, aber ihre Berufung ist das noch nicht.

Diese zeigt sich bei „Fräulein Weber" schon bald in der Art ihres Schulunterrichts. Obwohl sie Leistung fordert und über Autorität verfügt, strahlt sie eine menschliche Wärme aus, „die weit über die schulische Beziehung hinausging", und gewinnt damit das besondere Vertrauen der Schülerinnen. Sie bezieht Rundfunknachrichten und Artikel aus ausländischen Zeitungen in den Unterricht ein und versucht, ihre höheren Töchter im Geschichtsunterricht in das Funktionieren der staatlichen Institutionen einzuführen.

> „Sie konnte es nicht begreifen, dass unser Interesse dafür nur lau und eine politische und soziale Tatbereitschaft kaum vorhanden war. Diese aber zu wecken, war ihr geduldig und zäh verfolgtes Ziel."[2]

Als der Erste Weltkrieg ausbricht, ruft sie die Gymnasiastinnen dazu auf, bei der Verpflegung der durchreisenden Truppen im Kölner Hauptbahnhof zu helfen und später die kinderreichen Familien von eingezogenen Soldaten zu unterstützen. Die Arbeit organisiert und verteilt sie selbst. Noch überraschender ist aber, dass sich die junge Oberlehrerin mit der Situation der Heimarbeiterinnen befasst. Dies sind Frauen, die sich mit ihrem kärglichen Lohn nur mühsam über Wasser halten können und – trotz des Kinderschutzgesetzes von 1907 – immer wieder auch Kinder unter 14 Jahren zur Arbeit heranziehen müssen. Heimarbeit zur Herstellung von Textilien, Schirmen, Spielzeug und dergleichen ist damals die am schlechtesten bezahlte weibliche Erwerbstätigkeit.

Helene Weber informiert sich – und in Vorträgen auch andere – über ihre Lage. Sie kennt genau den Stücklohn und die Arbeitszeiten, und als diese Geringverdienerinnen mit Kriegsausbruch ihre Arbeit zu verlieren drohen, sucht sie als erste Frau das VIII. Armeekommando in Koblenz auf, das für Uniformen und ähnlichen Bedarf zu sorgen hat, und besorgt ihnen einen ersten großen Auftrag. Daraufhin gründet sie in Zusammenarbeit mit Gewerkschaften und Frauenverbänden die Kriegszentralstelle für Heimarbeit.

Nach 1910 hat eine Reihe junger Frauen das Universitätsstudium begonnen und sich in Köln, Essen, Düsseldorf und anderen Städten der Jugendabteilung des Katholischen Frauenbundes angeschlossen. Studienrätin Weber führt sie in die Grundgedanken der Frauenbewegung und in die soziale Frage ein:

„Sie kam wie ein Sturm über die junge Frauengeneration, der die Dächer des Wohlbehagens und der Selbstzufriedenheit abhob und sie in das gefährdete Innere unseres Volkskörpers schauen ließ. Helene Weber rüttelte an vielen vorgefassten Meinungen, indem sie die Notlage des Arbeiters und die Gefährdung des Arbeiterinnenstandes aufdeckte. [...] So gab sie den rheinischen Jugendabteilungen die Wende, die Ausrichtung auf die soziale Frage. Von nun an gab es Besichtigungen sozialer Einrichtungen, es gab Kurse über die Arbeiterfrage, es gab soziale Betätigung in Gruppen von Hausangestellten und Heimarbeiterinnen, in Kindergärten und -horten."[3]

Eine Soziale Frauenschule zur Professionalisierung der Fürsorge

1916 lässt sie sich vom Schuldienst beurlauben, um sich ganz der sozialen Arbeit zu widmen. Der Katholische Frauenbund, dem sie nun beitritt und in dessen Vorstand sie mitwirkt, hat seit seiner Gründung 1903 in Vorträgen und Kursen Frauen für den ehrenamtlichen Dienst an Notleidenden vorbereitet. Während des Ersten Weltkriegs und danach wächst aber der Bedarf an gut geschulten, professionellen Fürsorgekräften, und nach Kriegsende, als sich der Staat endlich der Fürsorge annimmt, entstehen neue soziale Berufe für die Kinder- und Jugendfürsorge, die Wohlfahrts- und Gesundheitsämter. Zu deren Ausbildung sind bereits erste Soziale Frauenschulen (heute: Fachhochschulen) ins Leben gerufen worden. Eine solche Soziale Frauenschule gründet Helene Weber, gemeinsam mit Hedwig Dransfeld, der Vorsitzenden des Katholischen Frauenbundes, 1916 in Köln. Zwei Jahre lang leitet sie diese und bezeichnet sie später als das Ergebnis ihrer „Sturm-und-Drang-Zeit". Der Prospekt nennt als Ziel,

> „zu vollwertigen Arbeitsleistungen auf den Gebieten der öffentlichen und privaten Wohlfahrtspflege zu befähigen und Persönlichkeiten heranzubilden, die mit klarem Verständnis für den gesamten Aufbau unseres öffentlichen Lebens den Geist edelster Caritas verbinden".

Also das Gegenteil von seelenlosen Funktionärinnen bürokratischer Wohlfahrtsbehörden. Um den Fürsorgerinnen (Sozialarbeiterinnen), die in der älteren Bevölkerung noch manchem Unver-

ständnis begegnen, den Rücken zu stärken und den motivieren-
den „Geist edelster Caritas" lebendig zu erhalten, gründet der
Katholische Frauenbund bereits drei Tage später den Verein der
katholischen Sozialbeamtinnen (Fürsorgerinnen, Sozialarbeiterinnen). Es ist der erste Berufsverband ausgebildeter Sozialarbeiterinnen in Deutschland. Er wählt Helene Weber zur Vorsitzenden, die auch die Redaktion seiner Zeitschrift *Mitteilungen* übernimmt. Die Leitung dieser Vereinigung ist für sie Herzenssache,
der sie sich bis zu ihrem Lebensende widmet.

Als die Nationalsozialisten 1933 die Macht übernehmen und
alles gleichschalten wollen, wird der Verein zwar mit Rücksicht
auf das Konkordat mit dem Heiligen Stuhl nicht offiziell verboten, wohl aber stranguliert. Allen Beamtinnen im Reich ist ja die
Zugehörigkeit zu konfessionellen Berufsorganisationen untersagt.
Die Vereinsmitglieder, die keine Beamtinnen sind, schüchtern die
Nazis durch Verhöre und Hausdurchsuchungen ein. Fürsorgerinnen, die in Behörden angestellt sind, werden wiederholt durch Fra-
gebögen auf ihre Haltung zum Regime geprüft. Sie leiden unter
Gewissenskonflikten, wenn sie entscheiden müssen, ob sie geistig
behinderte Menschen zur Einweisung in eine Anstalt oder zur Ste-
rilisation melden sollen.

Um den Verband nicht weiter zu gefährden, beschränkt man
sich auf religiöse und weltanschauliche Themen und nennt sich
1936 Hedwigbund. Viele müssen die äußere Mitgliedschaft auflösen, aber man trifft sich in „Freundeskreisen" in Privatwohnun-
gen. Helene Weber nimmt – oft nachts und mit Migräne – stra-
paziöse Bahnfahrten in ungeheizten Zügen auf sich, um möglichst
jede Ortsgruppe des Hedwigbundes, auch wenn sie nur aus drei
Mitgliedern besteht, zu besuchen und ihr Mut zuzusprechen. In
dieser Zeit spürt sie „den Alpdruck der Spionage und der unauf-
hörlichen Beobachtung" durch die Geheime Staatspolizei und die
Diffamierung durch die NS-Propaganda. Ihre ermunternden Briefe enthalten oft einen Zuspruch in selbstformulierten Versen.

Es gelingt ihr trotz aller Widrigkeiten, den Zusammenhalt ihrer Gesinnungsgenossinnen zu bewahren. Nach Kriegsende kann

sie den Verein wieder aufbauen, indem sie erneut zu den Getreuen reist. Sie nennt ihn nun Berufsverband katholischer Fürsorgerinnen.

„Mehr Politik im kleinen Finger als mancher Mann in der ganzen Hand"

Die Fürsorgerin mit Leib und Seele ist aber auch ein politischer Kopf. Konrad Adenauer sagt einmal über sie: „Diese Frau hat mehr Politik im kleinen Finger als mancher Mann in der ganzen Hand." Ihre politische Karriere entwickelt sich aus ihrem sozialarbeiterischen Engagement heraus und bleibt stets mit ihm verbunden. Als 1918 den Frauen das Wahlrecht zugestanden wird und ein neues Staatswesen aufgebaut werden soll, ist ihr klar, dass dies nur mit aktiver Beteiligung der Frauen gelingen wird. Doch wie kann man die traditionelle politische Passivität der Frauen überwinden und sie zur „zweiten Säule des Staates" ertüchtigen, wo es doch in Preußen noch bis 1908 politischen Vereinen verboten war, „Frauenspersonen, Schüler und Lehrlinge" als Mitglieder aufzunehmen? Sie fordert die Fürsorgerinnen zu politischen Schulungskursen für die Frauen auf und hält selber unzählige Vorträge dazu: „Für uns Frauen muss Politik Kultur, d. h. innere Anteilnahme und daraus erwachsender Gestaltungswille werden." Mit ihren Referaten und Schriften will sie die Frauen gegen linken wie auch gegen rechten Extremismus immunisieren, und sicher haben sie – zusammen mit der ganzen Aufklärungsarbeit des Frauenbundes – dazu beigetragen, dass die Wählerinnen in der Weimarer Republik die Parteien der Mitte bevorzugten.

Vielleicht ist Helene Weber schon bald nach der Katastrophe des Ersten Weltkriegs zu der Überzeugung gekommen, die sie 1949 in einer Bundestagsrede so formuliert: „Der reine Männerstaat ist das Verderben der Völker." Jedenfalls lässt sie sich mit 38 Jahren auf der Liste der Zentrumspartei als Kandidatin für die Verfassunggebende Nationalversammlung aufstellen und wird 1919 gewählt – als eine von sechs weiblichen Zentrumsabgeordneten. Ihr Wissen und Können bleiben nicht verborgen. Im selben Jahr wird sie als Referentin in das Preußische Ministerium für Volkswohlfahrt berufen und steigt dort 1920 zur Ministerialrätin und Leiterin des Dezernats Soziale Ausbildung und Jugendfragen auf. Damit ist sie die erste Frau, die in der Weimarer Republik diese Stufe in der ministeriellen Hierarchie erreicht. Die jüngeren Mitglieder im Katholischen Frauenbund blicken nun mit Stolz zu ihr auf, doch bleibt ihr Star in Kleidung und Auftreten schlicht wie einst als Volksschullehrerin.

Die Hilfsorganisationen, die in der Zeit entstanden sind, als sich der Staat noch kaum um die notleidenden Bevölkerungsschichten kümmerte, befürchten zunächst, dass die nach 1918 initiierte staatliche Fürsorge die mit viel Idealismus aufgebaute „freie Wohlfahrtspflege" verdrängen und benachteiligen würde. Doch Helene Weber trägt innerhalb des größten der deutschen Länder, Preußen, dazu bei, dass sich private Träger und öffentliche Einrichtungen frei entfalten können. Damit stellt sie die Weichen für ein gedeihliches Zusammenwirken von Staat und Zivilgesellschaft. Sie besucht alle privaten Sozialen Schulen und hört ihre Bedenken an.

„Nach Helene Webers Besuch aber atmeten alle auf. Es war sofort klar, dass kein von der Bürokratie berauschter Mensch tätig sein würde, sondern jemand, der nicht nur ein Herz für das freie Strömen der sozialen Arbeit und also auch deren Ausbildung hatte, ja, der beinahe dieses Herz selber genannt werden konnte, der es darstellte. Helene Weber verneinte den Staat nicht, den sie vertrat [...]. Sie hat aber nie den bürokratischen Staat bejaht – geschweige denn [...] den totalitären. Sie hat immer in der aktiven Mitarbeit aller am Wohle des Ganzen die beste Gewähr für die Erfüllung der staatlichen Aufgabe gesehen. [...] Immer wieder hat sie gerade dies leidenschaftlich und glühend gesagt [...]: dass das Herz bis in die letzte Faser lebendig sein muss, wenn geschehen soll, was Hilfe genannt werden darf."[4]

Dieser Sicht sucht sie auch als Abgeordnete Geltung zu verschaffen. Von 1921 bis 1924 sitzt sie für das Zentrum im Preußischen Landtag und von 1924 bis 1933 im Reichstag. Sowohl vom Ministerium als auch vom Parlament aus trägt sie zum Zustandekommen der Reichsfürsorgepflichtverordnung bei, schafft Vorschriften über die staatliche Prüfung der Wohlfahrtspflegerinnen sowie die Ausbildungspläne für Soziale Frauenschulen und setzt sich für Jugendschutz und Jugendfürsorge ein. So fördert sie die Professionalisierung und institutionelle Absicherung der Sozialarbeit. Um das berufliche Fortkommen der Frau zu gewährleisten, ergreift sie die Initiative zur Verabschiedung entsprechender Rechtsgrundlagen. Frauen sollen ihrer Meinung nach jede Art von Berufsausbildung erhalten und auch politische Ämter übernehmen können. Allerdings kann sie sich in einer Zeit, als die Haushaltsarbeit weder durch Halbfertiggerichte noch durch Kühlschrank oder Mikrowelle erleichtert wird, nicht vorstellen, dass Mütter die Doppelbelastung von Familie und anspruchsvollem Beruf schadlos bewältigen können.

Die Abgeordnete Weber vertritt, wie ein Parteifreund berichtet, ihre Positionen „ohne Härte und Rechthaberei mit politischer Klugheit. In vielen Situationen haben ihre persönliche Güte und ihr rheinisch-bergischer Humor die politisch gespannte Lage bei gestrengen Zentrumsmännern entladen und gelockert." Um sie versammeln sich auch Parlamentskolleginnen anderer Parteien, um in einer Art „weiblicher Fraktion" (Reichstagspräsident Paul Löbe, SPD) über Fragen wie Kinder- und Mutterschutz zu sprechen. So entschieden sie sich für einen gesetzlichen Mutterschutz einsetzt, so entschlossen verteidigt sie auch das Lebensrecht der Ungeborenen, als man über eine Lockerung des Abtreibungsparagraphen diskutiert.

Ihre Arbeit findet Anerkennung. Im Juni 1930 verleiht die Universität Münster „der erfolgreichen Vorkämpferin auf den Gebieten der Frauenbewegung und der sozialen Arbeit, der unermüdlichen Förderin sozialwissenschaftlicher Forschung und Schulung" den Titel eines Doktors der wirtschaftlichen Staatswissenschaften ehrenhalber. Als Reichstagsabgeordnete Dr. rer. pol. h. c. darf sie im selben Jahr als erste Frau in dieser Rolle auf der jährlichen Verfassungsfeier reden und ruft zu Freiheit und Frieden in Europa auf. Schließlich hat sie sich, als dies noch als höchst unpatriotisch galt, um eine Verständigung mit dem angeblichen „Erbfeind" Frankreich bemüht. Aber die Wirtschaftsmisere mit Millionen Arbeitslosen und die Lähmung der Regierung durch Linke und Rechte führen zu einer Staatskrise. 1932, dem Jahr, in dem das Wahlvolk fünf Mal zu den Urnen gerufen wird, warnt Helene Weber sowohl vor den totalitären Ideen der Kommunisten wie der Nationalsozialisten:

> „Man ruft die Frauen auf, sich in jene politische Front der Männer zu stellen, die einen positiven, aktiven Anteil der Frau in der Politik nicht wünschen. Es gibt resignierte Bürgerschichten, die mit milder Stimme fragen: Was hat das Frauenstimmrecht uns genützt? Hat es uns vor dem wirtschaftlichen Zusammenbruch, vor der politischen Enttäuschung bewahrt? Es gibt Arbeitermassen, die heute von den leuchtenden Schlagwörtern des ‚Dritten Reiches' angezogen werden, weil man ihnen dort Arbeit, Brot und Lebensraum verspricht. [...]
>
> Heute steigt die Revolution wieder flammend am Horizont der deutschen Geschichte auf; in der kommunistischen Partei in Verbindung mit den Kräften Russlands; in der ‚revolutionären Rechten' mit dem lauten Programm der unerfüllbaren Versprechungen auf wirtschaftlichem und sozialem Gebiet. Irrlichter wollen uns auf falsche Wege locken; Truggesänge sollen uns betören."[5]

Fristlos entlassen wegen „politischer Unzuverlässigkeit"

Nachdem die Nationalsozialisten 1933 die Macht ergriffen haben, schaffen sie, wovor Helene Weber gewarnt hatte, das passive Frauenwahlrecht ab. Sie wollen keine Frauen in gehobenen Stellungen sehen, schon gar nicht eine wie sie. Sie wird bereits am 30. Juli 1933 innerhalb von 24 Stunden als Ministerialrätin fristlos entlassen – wegen „politischer Unzuverlässigkeit". Auch eine Fortführung ihrer Parteiarbeit ist ihr verwehrt, denn es kommt das Ermächtigungsgesetz. Helene Weber votiert in der fraktionsinternen Probeabstimmung dagegen, muss sich aber dem Fraktionszwang fügen und im Plenum zustimmen. Die Hoffnung ihrer Fraktion, dadurch Schlimmeres verhüten zu können, hat getrogen. Die Parteien werden verboten oder lösen sich selber auf.

Helene Weber lebt innerhalb der Grenzen, die ihr gesetzt sind, weiterhin ihre Berufung. Von 1933 bis 1944 sorgt sie sich als Vorsitzende des Katholischen Fürsorgevereins in Berlin um Kinder, Mädchen und Frauen in Not. „Ob es sich um Verwahrloste oder Gefährdete handelte oder um uneheliche Mütter und Kinder; es gab vieles zu schaffen, zu umsorgen und zu gestalten. Das Dritte Reich überließ der freien Liebestätigkeit gern die Gefährdeten. Es wollte aber unseren Einfluss nicht bei den Starken und Gesunden."[6] Hermann Josef Schmitt, Geistlicher Beirat ihres Fürsorgerinnenverbandes, erinnert sich:

„Die Nationalsozialisten hielt Frau Weber für Kulturbarbaren. Sie war zu keiner Konzession bereit, musste ihr Amt quittieren und war zunächst mittellos den Unbilden des Systems ausgesetzt, bis es gelang, ihre Pensionierung zu erreichen. Ihre Wohnung in Berlin-Schöneberg war für einen Kreis von Vertrauten und Widerstandswilligen eine gern aufgesuchte Zufluchtsstätte, wo noch ein Gespräch, unabhängig vom überhörbaren Telefon, möglich war. Hier verkehrten Männer des Widerstandes, auch solche, die ganz im Geheimen den Plänen dienten, die [...] dem Unheil steuern wollten. Frau Dr. Weber war nicht nur ihre Vertraute, sie übermittelte auch notwendige Nachrichten; auf ihren gelegentlichen Reisen spornte sie in der ihr eigenen Art zum Widerstand an."[7]

Von den Besuchen bei den Gruppen des als Hedwigbund getarnten Vereins katholischer Sozialbeamtinnen war schon die Rede. Für Helene Weber sind die Jahre des NS-Regimes eine Herausforderung, sich über die tragenden Prinzipien politischen Lebens Klarheit zu verschaffen. Man habe viel über „den Wert des Menschenlebens, über die Freiheit des Gewissens, über die Verantwortung vor Gott und den Menschen, über Heilige, die uns Grundsätzliches zu sagen hatten", gesprochen. Sie betet mit Frauen in der Frauenfriedenskirche des Frauenbundes in Frankfurt um die Befreiung von der NS-Gewaltherrschaft und um die Möglichkeit, wieder ein Zusammenleben in Freiheit und Menschenwürde aufbauen zu können.

Eine der vier „Mütter des Grundgesetzes"

Sobald sich nach 1945 diese Chance bietet, ergreift sie Helene Weber mit ungebrochener Kraft. Sie war, nachdem ihre Wohnung in Berlin durch Bomben zerstört worden war, 1943 zu ihrer Schwester nach Marburg und von dort 1945 in das einst von ihr angeregte Frauenbundhaus in Essen gezogen. Von dort aus baut sie den Verein katholischer Fürsorgerinnen/Hedwigbund als Berufsverband katholischer Fürsorgerinnen wieder auf. Als Konrad Adenauer die überkonfessionelle CDU gründet, tritt sie ihr sogleich bei und geht für sie 1947 in den Landtag von Nordrhein-Westfalen. 1948 wird sie in den Parlamentarischen Rat berufen, der im Gebäude der Pädagogischen Akademie in Bonn das Grundgesetz der Bundesrepublik Deutschland erarbeitet. So wird sie neben den 61 männlichen Delegierten eine der vier „Mütter des Grundgesetzes" und gehört als Schriftführerin dem Präsidium an.

Sie fordert die verfassungsrechtliche Verankerung der Lohngleichheit von Mann und Frau („Verrichten sie gleiche Arbeit, so haben sie Anspruch auf gleiche Entlohnung"). Diesen Vorstoß lehnt die Mehrheit allerdings ab, weil Regelungen der Sozialordnung nicht Aufgabe des Grundgesetzes seien. Obwohl sie den im Bürgerlichen Gesetzbuch von 1900 formulierten sogenannten Stichentscheid des Mannes bei Streitfällen in Ehe und Familie guthieß, stimmt sie dem Artikel 3 Absatz 2: „Männer und Frauen sind gleichberechtigt" zu und setzt sogar den Zusatz durch, der bis heute die rechtliche Grundlage für eine aktive Frauenförderung durch den Staat bildet: „Der Staat fördert die tatsächliche Durchsetzung der Gleichberechtigung von Frauen und Männern und wirkt auf die Beseitigung bestehender Nachteile hin." Sie kämpft auch für die Verankerung des Schutzes von Ehe und Familie („... stehen unter dem besonderen Schutz der staatlichen Ordnung"), des Elternrechts („... Pflege und Erziehung der Kinder sind das natürliche Recht der Eltern ...") und den Mutterschutz („... Jede Mutter hat Anspruch auf den Schutz und die Fürsorge der Gemeinschaft"). Das Bekenntnis zur unantastbaren Würde des Menschen und zu seinen Grundrechten ist für sie naturrechtlich und letztlich religiös begründet:

> „Nachdem wir die Kämpfe des Dritten Reiches hinter uns haben und all das Grausige, das an Würdelosigkeit über uns gekommen ist, müssen diese unverletzlichen und unveräußerlichen Rechte gefestigt werden; deshalb sind sie für uns Rechte, die von Gott gegeben werden. Andere, die nicht an Gott glauben, werden sie metaphysisch verankern; aber irgendwie müssen sie verwurzelt sein."[8]

1949 wird Helene Weber in den Deutschen Bundestag gewählt und vertritt dort bis zu ihrem Tod 1962 den Wahlkreis Aachen-Stadt. Schon in der 20. Sitzung im Dezember 1949 eröffnet sie – sie spricht gewöhnlich frei, mit wenigen Notizen – ihren Kampf für die Gleichberechtigung der Frau in Staat und Beruf:

> „Wir wollen kein Frauenreferat, sondern eine Mitarbeit der Frau in allen Ministerien; nicht nur die Frau in den unteren Beschäftigungszweigen, sondern ihre Förderung bis in höchste Ämter, wenn die Bewerberin dafür die Qualifizierung mitbringt. [...] Gleichberechtigung ist nicht Gleichschaltung und Gleichsetzung, Gleichberechtigung berücksichtigt die Verschiedenheit von Männern und Frauen, berücksichtigt den eigenen Wert und die Persönlichkeitswürde beider Geschlechter."

Heute, wo man über Frauenquoten diskutiert, klingt das immer noch recht aktuell. Um ihren frauenpolitischen Forderungen Nachdruck verleihen zu können, übernimmt sie den Vorsitz der Frauenvereinigung der CDU (heute: Frauen Union). Sie erreicht auch, dass 1961 mit der Oberkirchenrätin Elisabeth Schwarzhaupt erstmals eine Frau als Bundesministerin berufen wird.

Helene Weber braucht sich nicht um Posten zu bewerben – die Posten kommen zu ihr: Sie ist Mitglied in der Katholischen Internationalen Vereinigung für Sozialdienst (Union Catholique Internationale de Service Social), der deutschen Delegation des Europarates, der Versammlung der Westeuropäischen Union, des Zentralausschusses des Caritasverbandes und stellvertretende Vorsitzende des Katholischen Deutschen Frauenbundes sowie Vorsitzende des Kuratoriums des Deutschen Müttergenesungswerks. Viel Politmanagement? Gewiss, aber stets mit Herzblut, Humor und Schlagfertigkeit. Selbst anspruchsvolle Grundsatzreden trägt sie mit einer Heiterkeit und einem Humor vor, dass das Protokoll des Bundestages immer wieder notiert: „Große Heiterkeit", „Lachen in der Mitte", „Allseitiger Beifall". Das folgende Echo aus einem ihrer vielen Gremien mag stellvertretend für andere gelten:

> „Wir schätzten ihren Weitblick und ihr Urteil in allen Fragen der Wohlfahrtspflege und der sozialen Frauenarbeit, wir liebten ihr Herz, freuten uns an ihrem Humor und fürchteten wohl auch ihre Kritik."[9]

„... wir liebten ihr Herz"

Als nach 1945 die Wohnungsnot groß und die Ernährungslage katastrophal ist, nutzt Helene Weber ihre Verbindungen zur Union Catholique Internationale de Service Social, um Lebensmittelspenden zu sammeln – so wie sie 1923 mit Hedwig Dransfeld in die USA gereist war, um Dollar für notleidende Familien zusammenzubetteln. Hunderte von Bittstellern sowie politische Freunde und

Gegner suchen bei ihr Rat und Hilfe. Eine Wegbegleiterin erinnert sich:

> „Berühmt sind ihre herzlichen Grußkarten mit ein paar schnell gedichteten Zeilen voll Lebensweisheit, berühmt ihre große Tasche, aus der Zigaretten und Schokolade nicht nur einem kämpfenden Adenauer, sondern auch manch abgekämpfter Fürsorgerin zugeschoben werden. Aber in der Tiefe lebt eine noch viel tiefere Sorge für jeden einzelnen Menschen, der ihr begegnet, und deshalb öffneten sich ihr die Herzen [...], weil das Herz der mütterlichen Frau gespürt wird."[10]

In einer ihrer gereimten Ermutigungen aus dem Jahr 1947 – damals durfte sich Herz noch auf Schmerz reimen – schreibt diese mütterliche Frau:

> „Nur eines heilet die Wunden der Zeit,
> nur eines – geduldig – ist immer bereit!
> Das weite, große, liebende Herz,
> das Herz, das glühet in Freude und Schmerz;
> das Herz, das alle in Stille trägt;
> das niemals erkaltet,
> das liebt und nicht wägt."

Politik als Herzenssache, nicht als Karriere und Bühne. Mit dieser Einstellung engagiert sie sich bei den Themen Jugendfürsorge, Familienrechtsreform, Lastenausgleich, Mutterschutz und gleicher Lohn für gleiche Leistung. Vor wichtigen Entscheidungen des Bundestages will sie „das Urteil der schlichten und einfachen Frau des Volkes hören" und führt zahlreiche Gespräche mit solchen Menschen. Beim Europarat in Straßburg kämpft sie für die Charta der Menschenrechte und eine Sozialcharta. Man kann sich heute kaum noch vorstellen, wie beschwerlich damals das Reisen für eine termingeplagte Politikerin war. Ein Straßburger Kollege berichtet, sie habe manchmal nachts um zwei Uhr noch umsteigen müssen. Was sie aber nicht gehindert hat, vor Beginn der Sitzungen noch den Gottesdienst in St-Pierre zu besuchen. Gottesdienst

und Gebet müssen Kraftquellen für sie gewesen sein. Eine Zeitzeugin berichtet:

> „Es war in den Jahren nach dem Krieg, als alle Aktivität für den
> Aufbau des neuen Staates gesammelt wurde und Helene Weber ein
> überreiches Maß an Verantwortung und Ämtern zuwuchs. Damals
> hat sie zu uns das Wort gesprochen: ‚Es ist falsch, wenn man glaubt,
> das Handeln könne vor Gott als Beten gelten. Beten ist etwas ande-
> res. Für das Gebet muss man sich immer Zeit und Stille schaffen.'"[11]

Nannte man sie früher schon die „Mutter der Fürsorgerinnen", so
erweitert sich ihr mütterliches Wirken noch einmal, als sie 1953
den Vorsitz der „Elly Heuss-Knapp Stiftung. Deutsches Müttergе-
nesungswerk" übernimmt. Als Elly Heuss-Knapp, die Ehefrau von
Bundespräsident Heuss, die eine Geburt mit lebensbedrohlichen
Komplikationen erlebt hat, 1950 dieses Werk mitbegründet, lässt
sie sich von Helene Weber beraten. Helene Weber, obwohl unver-
heiratet und kinderlos, kennt aus ihrer Sozialarbeit die Nöte von
überlasteten Müttern sehr wohl. Als Mitglied in den zuständigen
Bundestagsausschüssen kann sie Bundesmittel für geplante Müt-
tergenesungsheime vermitteln. Das Vertrauen zwischen den beiden Frauen muss beachtlich gewesen sein – über Partei- und Kon-
fessionsgrenzen hinweg. Als die herzkranke Elly Heuss-Knapp im
Sterben liegt, verfügt sie in einer Art Vermächtnis, man möge Helene Weber als Nachfolgerin einsetzen. Unter ihrer Leitung können zahlreiche neue Erholungsheime eröffnet werden. Die Mitbe-
gründerin und Geschäftsführerin des Müttergenesungswerks
schreibt zum 80. Geburtstag der Vorsitzenden (1961):

> „Alles, was das Mütter-Genesungswerk Helene Weber zu danken
> hat, hat zu tun mit ihrer Antwort auf das ihr von Frau Heuss zuteil
> gewordene Vermächtnis: es ist aber auch eingeschlossen in die gro-
> ße Lebensverpflichtung, in die sich Helene Weber von Gott hat
> nehmen lassen."[12]

Helene Weber stirbt nach längerer Krankheit am 25. Juli 1962 in
Bonn. Vieles, was sie gefördert hat, wirkt weiter. Der Beruf der So-

zialarbeiterinnen und ihre kompetente Ausbildung sind gefestigt. Die staatliche Frauenförderung ist etabliert. Der Katholische Deutsche Frauenbund, dem ihr Einsatz über Jahre hinweg galt, ist weiterhin in der Frauenbildung aktiv. Und das Deutsche Müttergenesungswerk unterhält heute etwa 1300 Beratungsstellen für Frauen, fünf Mütterkliniken sowie 72 Mutter-Kind-Kliniken und ermöglicht jährlich circa 50 000 Müttern Kurmaßnahmen.

Hildegard Burjan
(1883–1933)

„Ein Genie im Entdecken von Not und der
Entwicklung von Abhilfsmaßnahmen"

Zürich 1903. An der Universität der Wirtschaftsmetropole haben sich die ersten jungen Frauen zum Studium eingeschrieben, darunter auch die 20-jährige Hildegard Lea, die damals Freund und später Burjan heißt. Die Tochter des Generalvertreters einer deutschen Textilfirma interessiert sich für Germanistik und findet mit ihrem Charme leicht Kontakt mit anderen Studierenden. Bald bemerkt sie, dass einige von ihnen die Studiengebühren kaum bezahlen können und sich durch das Semester hungern müssen. Kurzerhand gründet sie einen Hilfsfonds für mittellose Studierende, in den die bessergestellten Kommilitonen Spenden einzahlen können. Sie selbst zweigt von ihrem nicht besonders üppigen Taschengeld etwas dafür ab und geht nun viel zu Fuß, um das ersparte Fahrgeld diesem Nottopf zuzuführen. Was ist das für eine Frau, die später ähnliche Initiativen in großem Maßstab ergreifen wird und von sich sagt: „Ich fühle mich jeden Augenblick irgendwie für das viele Traurige verantwortlich, das auf der Welt geschieht"?

Hildegard Burjan wird am 30. Januar 1883 in Görlitz an der Neiße, im ehemaligen Preußisch-Schlesien, geboren.[1] Die jüdischen Eltern erziehen ihre beiden Töchter areligiös, aber nach den Grundsätzen eines liberalen Humanismus. 1895 übersiedelt die Familie nach Berlin, wo Hildegard ein Mädchengymnasium (Lyzeum) besucht. Als der Vater die Generalvertretung einer deutschen Textilfirma in der Schweiz übernimmt, folgen ihm die Seinen nach Zürich. Hildegard legt 1903 in Basel – mit Auszeichnung – die Maturitätsprüfung ab und beginnt in Zürich ein Germanistikstudium. Soll sie mit ihrer intellektuellen Begabung nicht eine akademische Laufbahn einschlagen?

Es kommt anders. Während ihres Studiums lernt sie bei einer Aufführung von Beethovens neunter Symphonie in Zürich den Ungarn Alexander Burjan kennen, der dort ein Ingenieurstudium absolviert und ebenfalls nichtgläubiger Jude ist. Er ist nicht nur von ihren leuchtenden Augen, sondern auch von ihren hohen Idealen beeindruckt, und sie findet in ihm einen Gesprächspartner, der sich, wie sie, noch auf der Suche nach einem erfüllenden Ziel und Sinn befindet. Die beiden heiraten zwei Jahre später in Berlin, wo Alexander bei der Firma AEG seine erste Anstellung bekommt. Hildegard belegt dort noch Vorlesungen über Sozialökonomie und Sozialpolitik, schließt aber 1908 in Zürich ihr Studium mit einer Doktorarbeit ab.

Schon während des Studiums leidet sie an Schmerzen in der Blinddarmgegend. Am 2. Oktober 1908 befällt sie eine heftige Kolik. Sie wird ins St.-Hedwigs-Spital in Berlin eingeliefert, wo man einen erbsengroßen Stein im Harnleiter feststellt. Sie bestand darauf, in ein katholisches Krankenhaus gebracht zu werden. Warum nicht ins berühmte Jüdische Krankenhaus?

Weil sie seit Jahren auf der Suche nach etwas ist, das sie im katholischen Christentum vermutet. Begonnen hat dieses Sehnen und Tasten, so sagt sie später, als sie mit sechs Jahren spätabends von ihrem Kinderzimmer aus im benachbarten Frauenkloster „schöne weiße Frauen" sieht und ein leises Murmeln hört. Auf ihre Frage, was die tun, antwortet die Mutter: „Das sind Nonnen, sie beten." – „Was ist das, Nonnen? Was ist beten?" – „Sie beten zu ihrem Gott." – „Wo ist Gott? Warum beten sie, statt zu schlafen?"

Das Kind geht mit dem Wunsch ins Bett: „Gott, ich möchte auch beten!"

In Zürich schreibt sie später in ihr Tagebuch: „Gott, wenn du bist, zeige dich mir!" Mit ihrem scharfen Verstand allein kann sie ihn nicht finden, und die Zürcher Intellektuellenwelt orientiert sich an Arthur Schopenhauers Pessimismus und Friedrich Nietzsches Nihilismus. Doch zwei akademische Lehrer denken anders und beeindrucken die Studentin: der Moralpädagoge Friedrich Wilhelm Foerster und der Kulturphilosoph Robert Saitschik, den auch Alexander Burjan schätzt. Beide Professoren sind evangelische Christen ohne kirchliche Bindung. Foerster lehrt, dass wahre Reformen der sozialen Verhältnisse eine innere Reform und Einstellung der Menschen voraussetzen und dass gerade die Religion dazu motiviert, befreit. Und Saitschik, der der katholischen Kirche nahesteht, ist auf der Linie der sogenannten Lebensphilosophie überzeugt:

> „Gott offenbart sich nicht denen, die ihn durch mühsame Klügelei ergründen wollen; nur Herzensreinheit, Einfachheit der Seele finden den Zugang zum Unerforschlichen. [...] Unser Verstand soll von dem schauenden Herzen seine Weisung bekommen."[2]

In Berlin studiert Hildegard mit großem Eifer christliche Glaubenslehre und Kirchengeschichte, kommt aber noch nicht zu einer Entscheidung. Bis sie ein tiefgreifendes Erlebnis dazu befähigt. Am Tag nach ihrer Aufnahme ins Krankenhaus wird sie operiert – mit Komplikationen, die einen siebenmonatigen Aufenthalt mit vier großen und mehreren kleinen Eingriffen nötig machen. Die Wunde eitert ständig, der Harnleiter hält nicht dicht, und zwischen Harnleiter und Darm bildet sich eine Fistel. Dreimal täglich braucht sie Morphium. Am Karsamstag 1909 eröffnen die Ärzte dem jungen Ehemann, dass er mit dem Schlimmsten rechnen müsse. Doch da, am nächsten Morgen ist das Fieber plötzlich gesunken und der offene Einschnitt im Harnleiter zugeheilt. Zwei Wochen später wird sie als geheilt entlassen.

„... von dem schauenden Herzen seine Weisung bekommen"

Die Dankbarkeit darüber, dass sie wie durch ein Wunder dem Leben wiedergeschenkt ist, und vor allem die Erfahrung, dass die Barmherzigen Schwestern vom heiligen Karl Borromäus sie so hingebungsvoll gepflegt haben, bewegt sie zutiefst. Zu einer Freundin sagt sie:

> „So etwas wie diese Schwestern kann der natürliche, sich selbst überlassene Mensch nicht vollbringen. Foerster und Saitschik konnten mich nicht überzeugen, aber da habe ich die Wirkung der Gnade erlebt, so kann mich auch nichts mehr zurückhalten."[3]

Noch im selben Jahr lässt sie sich taufen und in die katholische Kirche aufnehmen. Der Arzt hat der 26-Jährigen noch „mindestens zehn Jahre" Lebenszeit in Aussicht gestellt. Denn die Operationen lassen am Unterleib fingertiefe Narben und zahlreiche innere Verwachsungen zurück, die sich manchmal entzünden. Es bleibt ein chronisches Nierenleiden, zu dem später noch Bluthochdruck und Diabetes kommen: Ihr Leben ist nie mehr schmerzfrei. Doch so oder so will sie es nun dem Dienst an Gott und ihren Mitmenschen widmen. Aber wie?

Im selben Jahr 1909 steigt ihr Mann zum Oberingenieur der Österreichischen Telephonfabrik A.G. auf (später zum Generaldirektor), und so wechselt sie mit ihm nach Wien. Die beiden wollen Kinder. Die Ärzte raten entschieden davon ab, und als Hildegard schwanger wird, empfiehlt ihr ein Frauenarzt dringend, das Kind abzutreiben. Ihre Antwort: „Das wäre ja Mord! Das Kind soll leben." Im August 1910 bringt sie ihre Tochter Lisa zur Welt. Sie ist ein schwieriges Kind. Ihre Mutter sagt später auf dem Sterbebett: „An Lisa habe ich versagt." Sie hat ihr in der Kindheit wohl zu wenig Zuwendung und später zu wenig Freiheit gewährt. Merkwürdigerweise drängt sie sie sogar zu einer „standesgemäßen" Ehe, die schon nach wenigen Monaten scheitert.

Ihr Mann Alexander muss von dem Glauben, der seine Frau so offensichtlich glücklich macht und sie so vieles durchstehen ließ, beeindruckt sein: Er tritt vier Tage vor ihrer Entbindung in die katholische Kirche ein. Was ist das für ein Glaube? Hildegard Burjan sagt dazu einmal:

> „Ich habe mich entschlossen zu glauben, so wie Gott es durch seine Kirche lehrt, darum will ich eben glauben und nicht wissen. Mit dem Wissen wird das Verdienst des Glaubens hinfällig."[4]

Das klingt erstaunlich bei einer Akademikerin, an deren Eigenständigkeit kein Zweifel besteht und deren Begabung zu analytischem Denken manche Zeitgenossen mit dem Kompliment anerkennen, sie sei „die gescheiteste Frau von Wien". Wenn Hildegard Burjan Glauben und Wissen als Gegensatz darstellt, unterschätzt sie vermutlich die Bedeutung, welche die gedankliche Vergewisserung, die ihrer Konversion vorausging, für sie hat. Jedenfalls hat der Jesuitenpater, der sie auf ihre Aufnahme in die Kirche vorbereiten sollte, bei ihr ein solches Maß an theologischem Wissen festgestellt, dass er seine Unterweisung auf praktische Hinweise zum Sakramentenempfang beschränkte. Sie glaubt auch nicht blind, sagt sie doch einmal einer Vertrauten: „Alles glaube ich der Kirche, nur nicht, dass die Geburtenbeschränkung verboten sein soll."

Trotzdem bleibt der Eindruck, dass sie in ihrem Glauben der Devise des verehrten Robert Saitschik folgt: „Unser Verstand soll von dem schauenden Herzen seine Weisung bekommen." Also nicht umgekehrt. Ja, sie lebt eine „fast kindliche Gläubigkeit" (Ingeborg Schödl), spricht unbefangen vom „lieben Gott" (ihr Wahlspruch: „Der liebe Gott wird mir schon helfen"), von der „Vorsehung und Führung Gottes" und hat keine Probleme mit traditionellen Frömmigkeitsformen wie Gebets- und Opfertagen, Sühneandachten und Wallfahrten.

Mit ihrer Konversion hat sie wohl das gefunden, worauf es ihr ankam: Ihre Sehnsucht nach einer lebendigen Beziehung zu Gott ist gestillt, und ihr idealistischer Humanismus sowie ihr Mitgefühl mit Benachteiligten erhalten eine höchste Bestätigung, einen unbedingten Sinn. Geleitet von den Intuitionen des „schauenden

Herzens", will sie „von Jesus Christus selbst auf ein bestimmtes Elend hingewiesen werden, um in seinem Auftrag und an seiner Hand hinzugehen, es zu lindern, und um seine Liebe dadurch aufscheinen zu lassen".

Mit den kirchlichen Autoritäten kommt sie – außer mit Kardinal Innitzer – gut zurecht: Der sozial aufgeschlossene Wiener Kardinal Friedrich Gustav Pfiffl schätzt sie als „Genie im Entdecken von Not und der Entwicklung von Abhilfsmaßnahmen", und Prälat Ignaz Seipel, Parteiführer und Bundeskanzler, sagt auf seinem Sterbebett zu ihr: „Ich habe keinen Schritt in meinem Leben getan ohne Ihren Rat und habe mir auch stets raten lassen."

„Heimarbeiterinnenmutter Wiens"

Ihr schlichter Glaube wird zum Motor eines erstaunlichen karitativen und sozialpolitischen Einsatzes. Als Dame der gehobenen Gesellschaft könnte sie ihre Tage mit Empfängen und Theaterbesuchen ausfüllen. Das Privileg, sich Hausangestellte leisten zu können, nutzt sie jedoch als Chance, Benachteiligten zu helfen. Diese erkennt sie schon bald in den Wiener Frauen des „vierten Standes", den Arbeiterinnen, zumal den Heimarbeiterinnen. Letztere arbeiten vor allem als Krawatten- und Wäschenäherinnen oder als Stickerinnen. Wegen des Mangels an bezahlbaren Wohnungen ist ihr Arbeitsraum meistens auch Schlaf- und Essraum für die ganze Familie. Die Löhne, nach Stückzahl, werden gedrückt. „Um auf einen Wochenverdienst von ungefähr zwölf Kronen zu kommen, der gerade zum Leben reichte, musste eine Heimarbeiterin täglich 15 Stunden arbeiten."[5] Oft müssen darum die Kinder mithelfen, was ihre Mitarbeit in der Schule stark beeinträchtigt und die Aussichten auf eine Berufsausbildung vermindert. Im Jahr 1908 arbeitet in Wien ein Drittel aller Kinder zwischen 6 und 14 Jahren gewerblich.

Hildegard Burjan besucht Anfang 1910 eine Vortragsreihe, bei der sie mit der Katholischen Frauenorganisation in Berührung kommt, in deren erweitertem Vorstand sie dann ab 1913 aktiv wird. Die österreichische katholische Frauenbewegung, die in früheren Jahrzehnten fast ausschließlich religiös und karitativ ausgerichtet war, beginnt damals, sich im Sinne der Sozialenzyklika *Rerum novarum* von Papst Leo XIII. (1891) und des Publizisten Karl Freiherr von Vogelsang sozialpolitisch für eine Verbesserung der Lebens- und Arbeitsbedingungen von Frauen zu engagieren. Darin erkennt Burjan eine Lebensaufgabe. Sie besucht mit anderen Damen Heimarbeiterinnen, um deren Nöte kennenzulernen, und sinnt auf Abhilfe.

Einerseits, so ihr Fazit, müssen die katholischen Frauen ein Heimarbeitsgesetz, zu dem sie schon vor Jahren einen Entwurf vorgelegt haben, ohne dass der Staat etwas unternahm, erneut einfordern. Andererseits müssen aber die betroffenen Heimarbeiterinnen selbst befähigt werden, eine einflussreiche Organisation aufzubauen und die Frauen über ihre Rechte und Pflichten aufzuklären. Im Sinne einer solchen Hilfe zur Selbsthilfe initiiert sie 1912 den Verein der christlichen Heimarbeiterinnen, in deren Vorstand sie gewählt wird. In einem Artikel stellt sie fest, dass

> „... die Heimarbeit im heutigen Zustand die denkbar schlechteste Erwerbsquelle ist. Hungerlöhne und unnatürlich lange Arbeitszeit, dann wieder Arbeitslosigkeit und daraus folgende Unsittlichkeit (Armutsprostitution, B. G.), ungesunde Wohnungen und ansteckende Krankheiten, Kinderarbeit und Kinderelend – das sind so die Hauptcharakteristika der Heimarbeit. Jeder, der ernst denkt, muss deshalb in der Heimarbeit von heute eine bedenkliche Krankheit unserer modernen Kultur sehen, ein krasses Beispiel, wie sehr es uns noch an Menschenliebe und gegenseitiger Förderung fehlt, wie mit der äußeren Entwicklung die Verwirklichung christlicher Ideale nicht immer Hand in Hand gegangen ist."[6]

Die begüterten Frauen ruft sie dazu auf, in Geschäften zu kaufen, von denen sie wissen, dass sie „ihre Arbeiter anständig bezahlen". Auf dem 2. Österreichischen Katholischen Frauentag 1914 weist sie auf den Zusammenhang zwischen unterbezahlter Heimarbeit und „Kinderelend" hin und fordert ein gesetzliches Verbot jeder Art von Kinderarbeit. Es ist eine aufrüttelnde Rede, nach der sie von einer Diskussionsteilnehmerin unter Beifall als „Heimarbeiterinnenmutter Wiens" bezeichnet wird.

Für den Verein der christlichen Heimarbeiterinnen kann sie erreichen, dass Mindestlöhne eingeführt werden und dass die Wöchnerinnen nicht mehr ihre Arbeitsaufträge verlieren. Bessere Löhne verschafft sie ihnen dadurch, dass sie von Krankenhäusern und Militärbehörden Großaufträge besorgt und damit den Zwischenhandel umgeht.

Ihr Organisationstalent bewährt sich auch in den Jahren der Kriegsnot 1914–1918. Zusammen mit anderen sozial engagierten Damen verhilft sie Frauen, die wegen des Kriegsdienstes ihrer Männer kein Einkommen mehr haben, zu Arbeit und Lohn, denn „nicht durch Almosen sollte geholfen werden, sondern durch angemessene Verdienstmöglichkeiten". Sie gründet eine der ersten Kriegsnähstuben Wiens, denen sogleich elf weitere folgen. In ihnen finden schon im ersten Kriegswinter 1500 Näherinnen und 1000 Strickerinnen Arbeit. Sie werden für andere Frauenorganisationen zum Vorbild. Die Nähstubeninitiative wird 1915 in den Verein Soziale Fürsorge für erwerbslose Frauen und Mädchen umgewandelt und ein Jahr später, mit mehreren Frauenvereinigungen vereint, zum Verein Soziale Hilfe erweitert – mit Frau Dr. Burjan und Gräfin Lola Marschall-Alemann als Präsidentinnen.

Der Verein kann vielen Frauen Nähmaschinen zu reduzierten Preisen verschaffen und Beiträge zur Miete gewähren. Über ihn organisiert Burjan den Großeinkauf von Lebensmitteln und deren Abgabe an die Mitglieder. Als im Winter 1916/17 bekannt wird, dass die traditionell einkommensarme Bevölkerung im Erzgebirge von einer schweren Hungersnot bedroht ist, ruft Burjan innerhalb des Vereins eine Hilfsaktion ins Leben. Sie richtet in dem Notstandsgebiet Nähstuben und Heimarbeiterinnenstellen ein und kann mit Vereinsmitteln und Spenden, die sie mit Bittgängen zu vermögenden und erlauchten Sponsoren – ihren „Franziskuswegen" – einsammelt, Gütertransporte mit mehreren Hundert Tonnen Bohnen, Hirse, Reis und Kartoffeln zusammenstellen, die über die örtlichen Pfarreien verteilt werden.

Bischof Josef Groß von Leitmeritz schreibt später, dass dadurch Tausende von Familien vor dem Hungertod gerettet wurden. „Hildegard Burjan arbeitet ohne jede Entschädigung und bestreitet alle Spesen für Fahrten und Reisen aus ihrer eigenen Tasche. Sie selber stellte sich – wie immer selbstlos – in den Hintergrund. Die vielen Dankesbriefe ließ sie verbrennen, denn Hildegard Burjan war überzeugt, ‚es ist besser, man vergisst solche Sachen, genug, wenn es der liebe Gott weiß‘."[7]

Vom karitativen zum sozialpolitischen Engagement

In den Kriegsjahren werden Frauen zu vielerlei Arbeiten in Rüstungs- und anderen Betrieben eingesetzt, wodurch die alte Diskussion um die Frauenberufsarbeit neue Schubkraft erhält. Hildegard Burjan plädiert schon 1914 in einem Aufsatz, abweichend vom traditionellen Frauenbild ihrer Kirche, für das Recht der Frau auf Erwerbsarbeit. Häufig stehe, meint sie, der wirtschaftliche Zwang zur Arbeit so im Vordergrund, „dass die Frauen nur selten zur idealen Wertung der Arbeit gelangen" und die Ehe einseitig als Befreiung vom Arbeitszwang betrachten. Bei vielen Frauen entspringe der Entschluss zur Berufsarbeit mehr oder weniger ihrem angeborenen Pflichtgefühl „und nicht der Überzeugung, dass sie als Frauen ein Recht auf Arbeit haben und dass diese für die Entwicklung und Entfaltung eines Menschen von ausschlaggebender Bedeutung" sei.[8] Obwohl ihrer Meinung nach die Sorge um die Familie Vorrang haben soll, formuliert sie auf einem Frauentag Forderungen wie diese:

> – Nach der Rückkehr der Männer aus dem Krieg sei die Frauenarbeit, die sprunghaft zugenommen habe, nicht abzubauen, sondern man müsse neue Arbeitsplätze für die Frauen schaffen.

- Die Unternehmer dürfen nicht darauf spekulieren, dass sie mit den niedrigeren Löhnen der Frauen den Männern Konkurrenz machen und deren Löhne drücken können. Vielmehr müsse nach dem Papstschreiben *Rerum novarum* gelten: „Gleicher Lohn der Arbeiterinnen für gleiche Arbeit."
- Die Unternehmer, die während des Krieges ihre Gewinne steigern konnten, sollen viel mehr als bisher zu sozialpolitischen Maßnahmen, wie der Arbeitslosenfürsorge, herangezogen werden. „Überall dort, wo viele Arbeiterinnen beschäftigt sind", sollen Tagesheime für Kinder, Kinderkrippen und Stillstuben eingerichtet werden.[9]

Mit diesen Postulaten stößt sie – wie Hedwig Dransfeld und Helene Weber in Deutschland – von der privaten karitativen Wohltätigkeit ins Feld der Sozialpolitik vor. Um die Interessen der weiblichen Arbeiterschaft in der Öffentlichkeit wirksamer zu vertreten und deren soziale Schulung zu fördern, führt sie den Zusammenschluss aller bestehenden christlichen Arbeiterinnenvereine herbei. Auf dem ersten christlichen Arbeiterkongress Österreichs 1918 wird sie, die Gattin eines Top-Managers, als „Führerin der Arbeiterinnenbewegung" bezeichnet.

Im November 1918, als die Donaumonarchie am Ende ist, räumt die Provisorische Nationalversammlung den Frauen das aktive und passive Wahlrecht ein. Burjan leitet die erste politische Versammlung christlicher Frauen. Sie ist, trotz ihrer schwachen Gesundheit und der anfänglichen Bedenken ihres Mannes, entschlossen, sich politisch zu engagieren, um für die Benachteiligten, zu denen vor allem Frauen gehören, etwas zu erreichen. Sie hat erkannt:

„Religiöse Vereinigung allein genügt heute nicht. [...] Wir müssen eine geschlossene Macht darstellen, wenn wir nicht zusehen wollen, wie über unsere Köpfe hinweg regiert und zerstört wird. [...] Volles Interesse für die Politik gehört zum praktischen Christentum."[10]

Die Abgeordnete Frau Dr. Burjan

1918 zieht sie als Vertreterin der erwerbstätigen Frauen in den Provisorischen Gemeinderat der Stadt Wien ein. Als die Wahl für die Konstituierende deutsch-österreichische Nationalversammlung ansteht, drängt sie Ignaz Seipel, der führende Kopf der Christlichsozialen, als Vertreterin der christlichen Arbeiterinnen für seine Partei zu kandidieren. Nun muss sie Wahlreden halten – manchmal mit ihrem Mann als Begleitschutz vor den Störtrupps der Rotgardisten. Sie kommt als eine von acht Frauen ins Parlament, wo sie 1919/1920 knapp zwei Jahre wirkt. Mit ihrer ruhig-sachlichen Art bringt sie wichtige Anträge zu Einrichtungen ein, die zum Aufbau eines Sozialstaats beitragen und zu ihrer Zeit teilweise sehr umstritten sind:

- Zum Mutter- und Säuglingsschutz, etwa mithilfe der Anstellung von „Hauspflegerinnen" durch die Krankenkassen zur Entlastung der Wöchnerinnen.
- Für ein Hausgehilfinnengesetz, das die tägliche Ruhezeit, die wöchentliche Freizeit und den einwöchigen jährlichen bezahlten Urlaub regelt und diese Gruppe in die Kranken- und Unfallversicherung einbezieht. Die „Dienstboten" waren die am meisten ausgebeutete Berufsgruppe mit der höchsten Selbstmordrate.
- Zur Errichtung von unentgeltlichen land- und hauswirtschaftlichen staatlichen Schulen für Mädchen und Frauen.
- Zur Gleichbehandlung von Männern und Frauen im Postdienst, da Letzteren bisher eine Ausbildung an Realschulen und Gymnasien erschwert wurde.
- Ein Verbot der gewerblichen Nachtarbeit von Frauen und Jugendlichen.
- Für eine Reform der unterfinanzierten Mädchenschulbildung. Für sie steht in der Monarchie nur eine halbe Million Kronen zur Verfügung, für die Knabenschulbildung aber ein Betrag von 41 Millionen Kronen.[11]

Obwohl sie den Sozialdemokraten in der großen Koalition wegen deren Unverständnis für private Wohlfahrtsarbeit, ihres Klassenkampfdenkens und starker kirchenfeindlicher Tendenzen kritisch gegenübersteht, ist sie um gemeinsame Initiativen bemüht. Mehrmals mit Erfolg. Ein politischer Gegner sagt einmal: „Ja, die Frau Abgeordnete Burjan, das ist wahrhaft eine Sozialistin." In ihrer eigenen Fraktion stößt sie nicht immer auf Begeisterung, doch wird sie von Ignaz Seipel unterstützt, der einmal bemerkt, dass er keinen Mann mit ausgeprägterer politischer Begabung gesehen habe wie diese Frau.

Die effiziente und redegewandte Abgeordnete Frau Dr. Burjan hätte bei der Nationalratswahl im Oktober 1920 sicher gute Chancen und wird schon als Sozialministerin gehandelt. Aber sie will nicht mehr antreten. Aus mehreren Gründen: Sie muss Rücksicht nehmen auf die Familie, auf ihre angegriffene Gesundheit und die vielen Verpflichtungen in ihrer Verbandsarbeit. Sie hat auch Probleme mit dem Fraktionszwang und einem innerparteilichen Konkurrenten, der in ihrem Wahlkreis kandidieren will und antisemitische Vorurteile gegen sie mobilisiert, indem er erklärt: „Ein zweites Mal lasse ich mich von dieser ‚Jüdin' nicht mehr verdrängen." Sie zieht sich aus der Politik zurück und konzentriert sich auf die Aufgabe, Mitarbeiterinnen zur Behebung sozialer Not zu gewinnen.

Mit einem „Hilfstrupp Gottes" gegen die „Nöte, an denen andere vorbeigehen"

Seit ihrem 30. Lebensjahr trägt sie sich mit dem Gedanken, eine sozialkaritative Schwesterngemeinschaft neuen Typs zu gründen: eine Gruppe von Frauen, die nicht ehrenamtlich wie sie, sondern mit voller Kraft und starker religiöser Motivation jederzeit in den „Nöten, an denen andere vorbeigehen", eingesetzt werden können. Sie sollen die drei klassischen Gelübde der Armut, der Ehelosigkeit und des Gehorsams ablegen, aber beweglicher sein als die traditionellen karitativen Orden und auch nicht klösterlich gekleidet sein. Sie nennt sie Caritas Socialis und schreibt:

> „Die Caritas Socialis braucht Menschen, die die große komplizierte moderne Not gesehen haben, die nur erfasst werden kann von Menschen, die im Leben stehen, äußerlich und innerlich frei sind, nicht engstirnig und pharisäisch. Sie braucht Menschen, die mit ganzem Herzen bei der Sache sind."[12]

Man könnte hinzufügen: „Menschen wie sie." Am 4. Oktober 1919 sprechen die ersten 34 Mitglieder ihr Weihegebet. Vorsteherin der Schwesternschaft, die erst nach ihrem Tod eine kirchenrechtliche Form erhält, ist Hildegard Burjan – eine verheiratete Frau.

Mit diesem „Hilfstrupp Gottes" und dem Netzwerk der Sozialen Hilfe setzt sie sich bis zu ihrem Tod unermüdlich für die Benachteiligten ein. Um Spenden zu sammeln, nutzt sie ihre Stellung als Dame der gehobenen Gesellschaft. Sie organisiert Sammlungen, Benefizveranstaltungen und Basare. Im Namen von Bundeskanzler Seipel, der an Sonntagnachmittagen oft bei den Burjans zu Gast ist, hält sie jedes Jahr in einem Regierungsgebäude glanzvolle Wohltätigkeitsveranstaltungen ab. Sie initiiert Wohltätigkeitslotterien und schickt regelmäßig Bittbriefe an die 80 000 Spender, die sie in ihrem „Bettelkataster" gesammelt hat. Zum „Sozialen Tee" lädt sie monatlich Damen der besten Gesellschaft ein, und 1924 eröffnet ein Komitee aus Gattinnen von Ministern, Landeshauptleuten und Parlamentariern erstmals einen Wohltätigkeits-Christkindlmarkt – im Gebäude des Innenministeriums.

Die Vielen, denen sie durch ihre Caritas-Socialis-Schwestern und ihre zahlreichen Mitarbeiterinnen helfen kann, bilden eine riesige, bunte Menschenkette. Zu ihr gehören die psychisch kranken Kinder, die in zwei Heimen betreut werden; die geschlechtskranken Mädchen, die während und nach ihrer medizinischen Behandlung sozialpädagogisch begleitet werden; die herumstreunenden, verwahrlosten und strafentlassenen Jungen und Mädchen, die in zwei Heimen Zuflucht finden; die damals gebrandmarkten, großenteils ledigen werdenden Mütter, die vor und nach der Entbindung in einem Haus Hilfe finden – innerhalb von zehn Jahren etwa 600; die zahlreichen Mädchen, denen in der von Burjan neu organisierten Bahnhofsmission von Hunderten von freiwilligen „Schutzfrauen" Unterkunft und Stellen vermittelt werden, so dass sie nicht den falschen Versprechungen von Zuhältern ausgesetzt sind; die obdachlosen Wiener Frauen, die in einem Heim wohnen können – im ersten Jahr schon gut 2000; die Menschen, denen in der „Familienpflege" Schwestern und freiwillige Helferinnen unentgeltlich beistehen, wenn wegen Erkrankung der Mutter, Geburt oder Todesfall Hilfe gebraucht wird – zwischen 1925 und 1933 sind es rund 20 000 „Fälle"; schließlich die Mittelständler, Künstler und Freiberufler, die in die Armut abgeglitten sind und für die Hildegard Burjan – ähnlich den heutigen „Tafeln" – Mensen (St.-Elisabeth-Tische) organisiert.

Als ehrenamtliche „Hausfrauen" gewinnt sie Prominente von der Bundeskanzlersgattin abwärts. Ihr Werbemotto: „Hier sollen zwei gespeist werden, der Gebende und der Empfangende." Um bei den Empfangenden den Schein der Selbstständigkeit zu wahren, verlangt man pro Mahlzeit 20 Groschen; Pressefotografen sind nicht zugelassen. Im ersten Jahr erhalten täglich 3000 Bedürftige ein warmes Mittagessen – auch im Palais von Kardinal Pfiffl.

Hildegard Burjan ringt ihre Lebensleistung einer schwachen Gesundheit ab. Eine Nierenerkrankung setzt ihrem Wirken ein Ende. Sie stirbt am 11. Juni 1933, wenige Wochen nach ihrem 50. Geburtstag, an den Folgen einer Operation. Der sozialdemokratische Bürgermeister von Wien, Karl Seitz, resümiert in seinem Beileidsschreiben:

> „Ihr Leben war geleitet von dem hohen Gedanken der Nächstenliebe, ihr Wirken erfüllt vom edlen Drange zu helfen."[13]

Als Nachruf kann auch die Antwort gelten, die ihr Mann Alexander einmal auf die Frage gab, wie er die vielen karitativen und sozialpolitischen Aktivitäten seiner Frau ertragen konnte:

„Es war nur möglich, weil sie es war. War sie noch so gequält von Schmerzen, es war immer beglückend, an ihrer Seite sein zu dürfen. Ich verspürte es immer, dass sie etwas unendlich Liebes, unersetzlich Kostbares war."[14]

Am 29. Januar 2012 wird sie im Stephansdom in Wien seliggesprochen. Ihr Impuls lebt in den Schwestern der Caritas Socialis und ihren zahlreichen Mitarbeiterinnen und Mitarbeitern weiter.

Dorothy Day (1897–1980)

Radikal für Gerechtigkeit und Frieden

Dorothy Day inspiriert und irritiert Menschen bis auf den heutigen Tag. Bequem war sie nie. 1917 wird sie mit 20 Jahren erstmals in Haft genommen, weil sie vor dem Weißen Haus in Washington gegen den Ausschluss der Frauen vom Wahlrecht demonstriert hat. Jugendliche Hitzköpfigkeit, die mit den Jahren vergeht, ist das nicht. Als sie schon 75 ist, wandert sie noch einmal ins Gefängnis. Zum sechsten Mal. Sie hat sich an einem verbotenen Streik beteiligt, um ausgebeutete Landarbeiter in Kalifornien zu unterstützen. Indes erklärt der Erzbischof von New York, Kardinal Timothy Dolan, im Jahr 2012, die amerikanischen Bischöfe setzten sich für ihre Seligsprechung ein. Die Neokonservativen im Land tun sich mit ihr allerdings schwer.

Dorothy Day wird am 8. November 1897 im New Yorker Stadtteil Brooklyn geboren.[1] Als sie sieben Jahre alt ist, zieht die Familie – der Vater ist ein bekannter Sportjournalist – nach Kalifornien und später nach Chicago, wo Dorothy die höhere Schule besucht. Sie liest gern, und zwar – untypisch für einen Teenager – mit Vorliebe sozialkritische Werke. Beispielsweise die Lebensgeschichte eines Anarchisten, der in Chicago erhängt wurde, oder Upton

Sinclairs Roman *Der Sumpf* über die Ausbeutung von Arbeitern in unhygienischen Schlachthöfen und Konservenfabriken dieser Stadt – und zu alldem den Theoretiker des kommunistischen Anarchismus, Piotr Krotopkin, „der mir die elende Lage der Armen und der Arbeit zum Bewusstsein brachte".

Mit 16 Jahren kann das begabte Mädchen in Urbana (Illinois) an einem College ein noch nicht spezialisiertes Studium beginnen. Das karge Stipendium, das sie dafür bekommt, muss sie durch allerlei Jobs aufbessern. Da sie keinen akademischen Beruf anstrebt, bricht sie das Studium nach zwei Jahren ab. „Ich führte ein unregelmäßiges Leben." Dieser Satz in ihrer Autobiografie trifft auch für die nächsten Jahre zu – privat und beruflich.

Sie schreibt einige Artikel für eine Lokalzeitung und tritt einem Schriftstellerklub bei. Aber ein klares Berufs- und Lebensziel hat die 18-Jährige nicht. Nur die Empörung über die Ungerechtigkeit, die sie in der hemmungslos kapitalistischen amerikanischen Gesellschaft beobachtet, fasst in ihr Wurzel und soll zu einer Konstante ihres Lebens werden. Sie fragt sich: Was ist das für eine Welt?

> „Erwerbsfähige Männer, ohne Arme und Beine, Blinde, Schwindsüchtige, völlig erschöpfte, von der Industrie ihrer Lebenskraft beraubte Männer – hagere, von Schulden gehetzte Farmer – Mütter mit ihrer Last von kränklichen und rachitischen Kindern, die an ihren Röcken hingen, die sie auf dem Arm oder im Leib trugen – diese ganze lange Prozession verzweifelter Menschen appellierte an mich. Wo waren die Heiligen, die versuchen würden, die Gesellschaftsordnung zu verändern, die nicht nur den Sklaven hilfreich beistehen, sondern die Sklaverei abschaffen würden?"[2]

Die marxistische Losung „Arbeiter aller Länder! Vereinigt euch!" erscheint ihr da wie das Versprechen einer messianischen Zeit. Sie tritt in die sozialistische Partei ein, findet deren Versammlungen aber langweilig und ist später nie mehr Mitglied einer Partei.

Gegen den Willen ihres Vaters geht sie mit 19 Jahren als Reporterin zu New Yorks einziger sozialistischer Tageszeitung. New

York ist, wie Chicago, ein sozialer Brennpunkt: „Der Anblick obdachloser und arbeitsloser Männer, die an den Straßenecken herumlungerten oder am helllichten Tag in den Hauseingängen schliefen, entsetzte mich." Sie berichtet über Streiks, Protestkundgebungen und brutale Polizeieinsätze. Danach arbeitet sie für ein Magazin, das gegen den Eintritt der Vereinigten Staaten in den Ersten Weltkrieg anschreibt, was fünf Redakteuren eine Anklage wegen Volksverhetzung einbringt.

Sowohl ihre revolutionäre als auch ihre pazifistische Gesinnung ist damals mehr gefühlt als durchdacht. Während sie Amerikas Kriegseintritt als imperialistischen Feldzug ablehnt, begrüßt sie mit ihren Freunden die ganz und gar nicht friedliebende russische Revolution als Schritt zu einer besseren Welt. Die Theorien des Marxismus und Sozialismus interessieren sie allerdings nicht. Lieber unterstützt sie die Industriegewerkschaft Industrial Workers of the World, die im Arbeitskampf auf direkte Aktionen setzt.

Von einem „Leben der Sinne" zur Mutterschaft

Im Übrigen führt sie im Kreis einer unkonventionellen intellektuellen Boheme „ein Leben der Sinne". Als jedoch Krankenschwestern fehlen, weil viele von ihnen in Lazaretten eingesetzt sind, beginnt Day 1918 eine Ausbildung zur Pflegerin: „Die Armen sind es, die leiden. Ich muss einfach etwas tun." Obwohl ihr diese Arbeit am Herzen liegt, zieht es sie nach einem Jahr wieder zum Schreiben.

Im Krankenhaus hat sie sich in einen Journalisten verliebt und lebt mit ihm zusammen. Als sie schwanger wird, lässt sie sich von ihm zu einer Abtreibung drängen, was sie zeitlebens bereuen wird – und wird von ihm sitzen gelassen. Day verarbeitet diese Erfahrung in ihrem autobiografischen Roman *The Eleventh Virgin (Die elfte Jungfrau)*. Bald danach heiratet sie einen bedeutend älteren, wohlhabenden Mann und reist mit ihm durch Europa. Die Ehe wird schon nach einem Jahr geschieden. Dorothy schlägt sich nun mit verschiedenen Arbeiten durch. Als ihr Hollywood die Filmrechte an ihrem Roman abkauft, erwirbt sie mit dem Geld ein kleines Strandhaus auf einer Insel im Südwesten von New York. Dort führt sie vier Jahre lang ein einfaches Leben und schreibt Artikel sowie ein neues Buch.

Doch auch auf der Insel bleibt die attraktive Frau nicht lang allein. Durch ihre Schwester lernt sie Forster Batterham kennen, einen Biologen. Er zieht zu ihr ins Strandhaus; eine Heirat kommt für den erklärten Anarchisten aber nicht in Frage. Als Dorothy Day wieder schwanger wird, ist sie überglücklich, denn für sie ist ihr Haus ohne ein Kind kein echtes Heim. Im März 1927 bringt sie ihre Tochter Tamar Theresa zur Welt und schreibt, ganz Journalistin, einen Artikel über „Ein Kind bekommen":

> „Als meine kleine Tochter geboren wurde, war meine Freude so groß, dass ich mich in meinem Bett im Hospital aufsetzte und einen Artikel über mein Kind für die *New Masses* schrieb – so sehr lag es mir am Herzen, meine Freude mit der ganzen Welt zu teilen. Es war mir lieb, für ein Arbeiterblatt zu schreiben, weil es sich um eine Freude handelte, die alle Frauen kannten, eine Freude, die ganz unabhängig von allem ist, worunter sie leiden: Armut, Arbeitslosigkeit und Klassenkampf."[3]

Der Text erscheint in mehreren marxistischen Zeitungen, sogar in Sowjetrussland. Nur für ihren Lebensgefährten Forster, den sie so liebt, ist diese Geburt kein freudiges Ereignis. Er meint, in diesen schlechten Zeiten solle man keine Kinder haben, außerdem eigne sich ein Individualist wie er nicht als Vater. Der Konflikt verschärft sich noch, als Dorothy dem Atheisten Forster, der auf alles Religiöse allergisch reagiert, eröffnet, dass sie das Kind katholisch taufen lassen wolle:

> „Ich wollte nicht, dass es wie ich jahrelang im Dunkel herumtappen würde, in Zweifel und Ungewissheit, ohne eine geistige Diszi-

plin und moralischen Rückhalt. Ich wusste, dass ich meinem Kinde nichts Größeres geben könnte. Für mich selber betete ich um das Geschenk des Glaubens. Ich war meiner sicher, aber nicht völlig. Immer wieder schob ich die Stunde der Entscheidung auf."[4]

... und zum Glauben

Noch im Sommer desselben Jahres lässt sie die Tochter taufen und nimmt Katechismusunterricht bei einer Ordensschwester. Die Spannungen mit Forster nehmen zu und belasten sie so sehr, dass sie krank wird. Nachdem er mehrmals weggegangen und wieder zurückgekehrt ist, trennt sie sich von ihm. Einen Tag nach diesem Schritt, im Dezember 1927, tritt sie in die katholische Kirche ein.

Als Anarchistin, die dem Kommunismus nahesteht und dessen Kritik an der katholischen Kirche sehr wohl kennt, fragt sich die 30-Jährige, ob sie damit nicht die Benachteiligten verraten und eine reaktionäre Institution unterstützen würde, die oft einseitig auf der Seite des Kapitalismus und Imperialismus stand, doch:

> „Für mich war die heilige Kirche die Kirche der Armen, weil die St.-Patricks-Kathedrale von den Pfennigen der Dienstmädchen gebaut war, weil sie sich der Einwanderer annahm, Kranken- und Waisenhäuser, Kindergärten, Herbergen ‚Zum Guten Hirten' und Altersheime gründete. Zu gleicher Zeit fühlte ich, dass sie sich nicht kräftig genug einer Gesellschaftsordnung widersetzte, die so viel Wohltätigkeit [...] notwendig machte."[5]

Es gibt ihrer Ansicht nach in der amerikanischen Kirche viel Wohltätigkeit, aber zu wenig Gerechtigkeit. Tatsächlich sind die großen Kirchen in den USA damals noch weit entfernt von Ideen für einen Sozialstaat, wie sie in Europa etwa Hedwig Dransfeld, Helene Weber und Hildegard Burjan vertreten. Andererseits hält Dorothy Day ein christliches Leben ohne Kirche für elitär: „Gerade meine Erfahrung als Radikale und meine ganze politische

Vergangenheit führten mich dazu, mich mit anderen, mit den Massen vereinigen zu wollen, um Gott zu lieben und zu lobpreisen." Die „überströmende Dankbarkeit", die sie während ihres Glücks mit Forster und nach der Geburt von Tamar empfand, löst in ihr ein starkes Verlangen aus, „anzubeten und zu danken", und dies will sie in einer Glaubensgemeinschaft tun können.

Es hat etwas Anrührendes an sich, wie sie diese Möglichkeit schrittweise entdeckt hat. Die Eltern hatten sie nicht getauft und praktisch ohne Glauben erzogen; umso aufmerksamer nahm Dorothy religiöses Leben in ihrem Umfeld als etwas wahr, das ihr fehlte. „Den ersten Antrieb in der Richtung zum katholischen Glauben" gibt dem Kind die Beobachtung, dass die Mutter einer Spielgefährtin in ihrem Schlafzimmer auf den Knien betet. Danach versucht sie, wie im Spiel, auch zu beten. Als der Pfarrer einer (anglikanischen) Episkopalkirche herausfindet, dass Dorothys Mutter in seiner Konfession erzogen worden ist, überredet er sie, ihre Kinder in den Gottesdienst zu schicken. Dort stimmt die zehnjährige Dorothy mit Begeisterung in die Psalmen und Loblieder auf den Schöpfer ein. Dort wird sie auch getauft. An der Universität verinnerlicht sie hingegen die Ansicht, Religion sei nur eine Stütze für die Schwachen und letztlich Opium des Volkes. Trotzdem tut sie als junge Journalistin in ihren wilden Jahren Folgendes:

> „Wenn ich so die ganze Nacht in den Tavernen herumgesessen oder auf einem Ball verbracht hatte, ging ich oft zur Frühmesse in die St.-Josephs-Kirche. Ich kniete im Hintergrund, ohne zu wissen, was am Altar vorging, aber erwärmt und getröstet von den Lichtern und der Stille, den knienden Leuten und der Atmosphäre der Andacht. Der Mensch hat ein großes Verlangen nach Andacht, nach Verehrung, nach Anbetung."[6]

Auch während ihrer Ausbildung zur Krankenschwester geht sie mit einer Kollegin jeden Sonntagmorgen zur Frühmesse: „Ich fühlte, dass es für den Menschen notwendig ist, anzubeten, und dass er am wahrsten er selbst ist, wenn er diesen Akt vollzieht." Sie bewundert drei junge Frauen, mit denen sie in Chicago das Zimmer teilt, weil sie sich täglich für das Gebet und am Sonntag für den Messbesuch Zeit nehmen. Sie liest Bücher über katholische Liturgie und Glaubenslehre, und während ihrer Zeit auf der Insel spürt sie zu ihrem eigenen Erstaunen täglich den Impuls zu beten. Aber ist das nicht Opium gegen einsame und unglückliche Stimmungen? Nein: „Ich bete ja, weil ich glücklich, nicht weil ich unglücklich bin." Nun geht sie regelmäßig am Sonntag zur Messe.

Kann man Anarchistin und Christin sein?

Die Jahre nach ihrer Konversion verbringt die allein erziehende Mutter in New York, Los Angeles, Mexiko und wieder in New York. Durch Gespräche mit Geistlichen und Lektüre versucht sie, ihren Glauben zu vertiefen. Doch wie kann sie als Anarchistin, die immer noch mit ihren weitgehend atheistischen sozialistischen und kommunistischen Freunden verkehrt und für die kommunistische Antiimperialistische Liga schreibt, katholisch sein? Dieser Konflikt wird ihr brennend bewusst, als sie 1932 für die katholischen Zeitschriften *Commonweal* und *America* über den „Hungermarsch" nach Washington berichten soll. Die Wirtschaftskrise hat dazu geführt, dass Arbeiter massenhaft entlassen werden und Familien ihre Wohnungen räumen müssen. Day sieht vom Bürgersteig aus die Demonstranten, die auf ihren Transparenten Jobs, Arbeitslosenversicherung, Altersrente, ein Verbot von Kinderarbeit, ein Gesundheitssystem und Wohnungsbauprogramme fordern. Sie kann nicht mitmarschieren, weil sie von Kommunisten angeführt werden, deren Atheismus sie ablehnt. Sie fragt sich aber auch, warum sich nicht Katholiken an ihre Spitze stellen:

> „Wie musste unser Heiland diese Männer lieben, dachte ich immer wieder. Sie waren seine Freunde, seine Genossen und seinem Herzen, wer weiß, wie nahe in ihrem Streben nach Gerechtigkeit."[7]

Danach betet sie inständig, Gott möge ihr einen Weg zeigen, wie sie ihre Talente für die Arbeiter und Armen einsetzen kann. Als sie am anderen Tag in ihre New Yorker Wohnung zurückkehrt, wartet dort ein schäbig gekleideter Franzose auf sie, dem der Herausgeber des *Commonweal* gesagt hat, Day habe ähnliche Vorstellungen wie er: Peter Maurin. Maurin, 20 Jahre älter als sie, ist ein radikaler Idealist, der in Frankreich einige Jahre dem Orden der Schulbrüder angehört hat, nun aber als Mädchen für alles in einem Ferienlager für katholische Jungen arbeitet: für Verpflegung, gelegentliches Taschengeld, Unterkunft in einer Scheune, zusammen mit einem Pferd, und Zugang zur Bücherei des Kaplans. Wie Franziskus will er sich bedingungslos in freiwilliger Armut am Evangelium orientieren.

„Er hatte eine Botschaft, deren Glut seine Tage und Nächte erhellte." Vom französischen Linkskatholizismus und vom russischen Anarchisten Piotr Kropotkin beeinflusst, will er, wie Dorothy Day und die Kommunisten, eine menschenwürdigere Gesellschaft aufbauen – aber ohne Klassenkampf und Diktatur des Proletariats. Arbeiter und Akademiker sollen an „runden Tischen" über Verbesserungen sprechen, Bedürftige in „Häuser der Gastfreundschaft" aufgenommen werden und Agronomische Universitäten hätten Menschen für die Arbeit auf dem Land vorzubereiten, damit eine „Grüne Revolution" die Verstädterung und die Arbeitslosigkeit vermindert. Und Dorothy Day soll als erfahrene Journalistin für diese friedliche Transformation der Gesellschaft werben. Sie teilt nicht alle seine Ansichten, doch erkennt sie durch ihn, wie sie ihre Auflehnung gegen eine ungerechte Gesellschaftsordnung und ihren christlichen Glauben kommunismusfrei miteinander verbinden kann. Damit hat sie ihre Lebensaufgabe gefunden.

Die beiden gründen eine Zeitung, die acht Mal im Jahr erscheint und der Day den Namen *The Catholic Worker (Der Christliche Arbeiter)* gibt. Ihre Küche wird das Redaktionsbüro. Die erste Ausgabe mit acht Seiten und einer Auflage von 2500 Exemplaren wird am 1. Mai 1933 verkauft – für einen Cent, damit sie auch die Ärmeren kaufen können. Von „radikalen Zeitungen" grenzt man sich so ab:

„Es ist Zeit, dass eine katholische Zeitung für die Arbeitslosen ge-druckt wird. [...] Ist es nicht möglich, zu protestieren, zu enthül-len, sich zu beschweren, auf Missbrauch hinzuweisen und Refor-men zu fordern ohne den Wunsch, die Religion zu besiegen? In der Erwartung, die Enzykliken des Papstes im Hinblick auf sozia-le Gerechtigkeit und das Programm, das die Kirche für eine Er-neuerung der sozialen Ordnung auf den Weg gebracht hat, öffent-lich bekannt zu machen, wurde dieses Nachrichtenblatt *The Catholic Worker* gestartet."[8]

Zu Days Erstaunen finden gegen Ende des Jahres schon 100 000 Exemplare ihre Leser. Finanziert wird *The Catholic Worker (CW)* durch Spenden, nach dem Druck gefaltet und adressiert von Frei-willigen, gelesen von Arbeitern, Studenten, Ordensleuten, Pries-tern und Bischöfen. Die Zeitung berichtet über die Ausbeutung von Schwarzen, Kinderarbeit in Textilfabriken, Streiks und die Not von Arbeitslosen und schlägt Verbesserungen des sozialen Sys-tems vor.

Die Linie, die Day vertritt, kann man als personalistischen An-archismus auf radikaler christlicher Grundlage bezeichnen. Den Kampf für eine herrschaftsfreie Gesellschaft, den man damals als Anarchismus bezeichnet, verbindet sie mit der Idee des Persona-lismus, wie ihn der Franzose Emmanuel Mounier entwickelt hat: Im Mittelpunkt soll die Würde der einzelnen Person stehen, die nach christlichem Glauben auch dem Armen, dem Alkoholiker, dem psychotisch Erkrankten und dem Gegner zukommt. Staatli-che und andere zentralistische Institutionen soll es nur geben, so-weit sie notwendig sind und die Person nicht bevormunden. Doch soll sich, entgegen allem Individualismus, soziales Verhalten ent-wickeln – aus freier Eigenverantwortung und Initiativen der Ein-zelnen und Gruppen. Darum appelliert Day an ihre Leser:

„Wir arbeiten an der gemeinschaftlichen Revolution, um sowohl gegen den rauen Individualismus des kapitalistischen Zeitalters zu opponieren, als auch gegen den Kollektivismus der kommunis-tischen Revolution. Wir arbeiten für die personalistische Revolution, weil wir an die Würde des Menschen glauben, den Tempel des Heiligen Geistes [...]. Wir sind Personalisten, weil wir glauben, dass ein Mensch, eine Person, ein Geschöpf aus Körper und Seele, größer ist als der Staat [...]. Wir sind Personalisten, weil wir dagegen sind, dass alle Autorität in die Hand des Staates gelegt wird, statt in die Hand von Christus, dem König. Wir sind Personalisten, weil wir an den freien Willen glauben und nicht an die wirtschaftlichen Festlegungen der kommunistischen Philosophie."[9]

The Catholic Worker als Zeitung und Bewegung

Der *CW* sensibilisiert auch bürgerliche Kreise und Geistliche für soziale Herausforderungen. Junge Idealisten, die ihn lesen, melden sich als Freiwillige. Es entstehen Diskussionsrunden, die die Beteiligung an Streiks und Boykottmaßnahmen gegen ungerechte Arbeitsbedingungen beschließen und beispielsweise 1936 vor dem deutschen Konsulat gegen die Verfolgung der Juden in Deutschland demonstrieren. Manche Katholiken betrachten die *CW* als verkappte Kommunisten, weil sie oft gemeinsam mit Kommunisten demonstrieren. Day hält Vorträge in Kirchen, Gewerkschaftshäusern und Schulen – stets ohne Notizen und mit einer Zigarette im Mund. Sie ist bis 1940 leitende Redakteurin des *CW* und veröffentlicht in ihm über 1000 Artikel. In dem Blatt erscheinen auch Texte von bekannten Autoren wie Martin Buber, Mutter Teresa, Aldous Huxley und zwei Freunden Days: Thomas Merton und Jacques Maritain.

Als „personalistisch Gesinnte" bleiben Dorothy Day und ihr Kreis von Freiwilligen nicht nur ein Redaktionsteam, sondern bilden eine *CW*-Gemeinschaft, die zur Keimzelle weiterer Gemeinschaften wird, der sogenannten „Häuser der Gastfreundschaft" (Houses of Hospitality). Alles beginnt damit, dass Dorothys Wohnung in der 15. Straße immer allen offen steht, dass sich eine junge schwangere Frau dort einquartiert und das Kochen übernimmt, dass arbeits- und wohnsitzlose Menschen zum Essen kommen, dass man bald in mehreren Schichten speisen und neue Quartiere suchen muss. Das New Yorker *CW*-Haus gibt 1938 täglich 800 Menschen zu essen.

Nach diesem Vorbild entstehen in den USA bald weitere 33 autonome Gemeinschaften. „Sie waren Redaktionsbüros, Freiwilligenzentren, Suppenküchen, Übernachtungsmöglichkeit, Schulen, Gebetsstätten und der Mittelpunkt einer sozialen Bewegung."[10] Dorothy Day lebt bis zu ihrem Tod in einem *CW*-Haus, zusammen mit ihrer Tochter Tamar, bis diese mit 18 Jahren heiratet. Ihr Arbeitstag beginnt mit der Frühmesse, und Ruhepunkte in dem Trubel findet sie im täglichen Rosenkranz- oder Jesusgebet.

Für Day und Maurin entsprechen die Häuser der Gastfreundschaft Jesu Wort: „Ich war fremd und obdachlos, und ihr habt mich aufgenommen." Kritiker werfen Day vor, sie sammle Trinker, Diebe und Arbeitsscheue um sich, die keine Unterstützung verdienen. Einer fragt, wie lange diese „Klienten" in den Häusern bleiben können. Ihre Antwort:

> „Sie leben mit uns, sie sterben mit uns, und wir geben ihnen ein christliches Begräbnis. Wir beten für sie nach dem Tod. Wenn sie einmal aufgenommen wurden, sind sie ein Teil der Familie. Oder besser: sie waren schon immer ein Teil der Familie. Sie sind unsere Brüder und Schwestern in Christus."[11]

Gewiss, Programme zur Arbeitsvermittlung und Sozialarbeit mit dem Ziel einer Wiedereingliederung der Gestrandeten in die Gesellschaft bieten die *CW*-Häuser nicht. Das ist mit Spenden und Freiwilligen auch nicht zu leisten. Aber sie gewähren den Ärmsten Zuflucht und eine Atmosphäre, die ihnen ihre Würde zurückgibt. Die nötigen Spenden bettelt Day zusammen; gegenüber einer Unterstützung durch staatliche Stellen ist sie skeptisch, weil diese das Leben der Armen reglementieren könnten. 1940 schreibt sie:

> „Wir müssen die Gegenwart Gottes in die Praxis umsetzen. Er sagte, wenn zwei oder drei zusammen seien, sei er mitten unter ihnen.

Er ist bei uns in unseren Küchen, an unseren Tischen, in der Schlange vor unseren Suppenküchen, bei unseren Besuchern, auf unseren Bauernhöfen."[12]

In vielen Artikeln wendet sie sich gegen Rassendiskriminierung. In manchen *CW*-Gemeinschaften leben Weiße und Schwarze zusammen. Als eine gemischtrassige Landkommune der Southern Baptists von Leuten des Ku-Klux-Klans angegriffen wird, unterstützt Day die Gemeinschaft durch ihren Besuch, wobei ein Schuss der Attentäter sie nur knapp verfehlt.

Der Kampf für die Gleichberechtigung von Mann und Frau steht nicht auf ihrem Programm, wohl aber der „Wunsch nach einer glücklichen Zusammenarbeit von Frauen und Männern, die ihren Platz in der Gemeinschaft finden konnten, nicht entsprechend oder trotz ihres Geschlechts, sondern entsprechend ihren Fähigkeiten und Neigungen"[13].

„Stecke dein Schwert in die Scheide"

Ein zweiter Schwerpunkt neben ihrem Einsatz für die Armen und Ausgebeuteten ist ihr radikaler Pazifismus nach dem biblischen Motto: „Stecke dein Schwert in die Scheide." Als während des spanischen Bürgerkriegs 1936 viele Katholiken General Franco als Beschützer der christlichen Zivilisation feiern, ergreift der *CW* nicht Partei für ihn und verliert darum nahezu zwei Drittel seiner Leserschaft. Day empfiehlt, man möge doch einen Blick auf das Nazi-Deutschland von Francos Verbündetem Hitler werfen, und äußert ihre Sorge um die Juden. Sie ist später unter den Gründern des Komitees der Katholiken gegen Antisemitismus.

Selbst als Japan 1942 Pearl Harbor bombardiert und die Vereinigten Staaten in den Zweiten Weltkrieg eintreten, bleibt sie bei ihrem bedingungslosen Nein zum Krieg und schreibt: „Unser Manifest ist die Bergpredigt." Damit hege sie keine Sympathie für Amerikas Feinde, doch solle die *CW*-Bewegung Kranke und Verwundete betreuen und die Werke der Barmherzigkeit unterstützen, nicht die Werke des Krieges: kein Dienst an der Waffe, keine Arbeit in Munitionsfabriken, keine Kriegsanleihen. Viele *CW*-Anhänger denken da anders, doch gehen auch nicht wenige als Kriegsdienstverweigerer ins Gefängnis oder in Arbeitslager. Einige leisten ihren Dienst als unbewaffnete Sanitäter. In *CW*-Häusern betet man täglich für den Frieden, nicht für den Sieg.

Wahrscheinlich haben Day und ihre *CW*-Bewegung dem Pazifismus in der katholischen Kirche der USA zu einem Heimatrecht verholfen. Innerhalb des Staates wollen sie das Recht auf Kriegsdienstverweigerung aus Gewissensgründen durchsetzen. Für sie liegt es auf der Linie des Personalismus wie auch der kirchlichen Lehre, den Vorrang des Gewissens zu betonen.

Ihr Einsatz für den Frieden führt Day in den 1950er Jahren zum Protest gegen Atomwaffen und zu zivilem Ungehorsam. Sie kommentiert die Zerstörung von Hiroshima und Nagasaki durch amerikanische Atombomben und Präsident Trumans Genugtuung darüber mit den sarkastischen Sätzen:

> „Wir hoffen also, dass sie verdampft sind, unsere japanischen Brüder, Männer, Frauen und Babys, verstreut in die vier Winde über die sieben Meere. Vielleicht werden wir ihren Staub durch unsere Nasen einatmen, sie auf unseren Gesichtern spüren im Nebel von New York, sie fühlen im Regen auf den Hügeln von Easton."[14]

Als jährliche Luftschutzübungen für den Fall eines Atomangriffs angeordnet werden, weigert sie sich, daran teilzunehmen, weil sie darin den Versuch sieht, einen Atomkrieg als überlebbar darzustellen und Milliarden für die nukleare Rüstung zu rechtfertigen. Als am 15. Juni 1955 die Sirenen dazu auffordern, Schutzräume aufzusuchen, sitzt Day mit einer Gruppe Gleichgesinnter vor dem Rathaus, und ihr Plakat erklärt: „Im Namen Jesu, der Gott ist, der Liebe ist [...]. Wir wollen nicht zur Furcht erzogen werden. Wir haben kein Vertrauen auf Gott, wenn wir von der Atombombe abhängen." Sie muss für neun Stunden in Arrest und in den drei folgenden Jahren für mehrere Tage ins Gefängnis. 1960 kommen

1000 Demonstranten zusammen und singen *We Shall Overcome*, die Hymne der Bürgerrechtsbewegung.

1963 reist Dorothy Day mit 50 „Müttern für den Frieden" nach Rom, um Papst Johannes XXIII. für sein Rundschreiben *Pacem in terris (Frieden auf Erden)* zu danken. Zwei Jahre später nimmt sie dort an einer Fastenaktion teil, um die auf dem Zweiten Vatikanischen Konzil versammelten Bischöfe zu einer klaren Verurteilung von Kriegshandlungen zu drängen. Ihr Wunsch wird in *Gaudium et spes*, dem letzten großen Dokument dieser Bischofsversammlung, erfüllt.

Während des amerikanischen Engagements im Vietnamkrieg (1965–1973) unterstützt Day die Kriegsdienstverweigerer und klagt die Regierung des Massenmords in Vietnam an – ohne die Gräueltaten der kommunistischen Vietcong zu erwähnen: „Wir sind alle eins, alle ein einziger Leib, Chinesen, Russen, Vietnamesen, und Er hat uns befohlen, einander zu lieben."

Mit ihrem radikalen Pazifismus zeigt Dorothy Day zweifellos Mut. Doch kann man auch fragen, ob der personalistische Appell an die Friedensgesinnung im Geist der Bergpredigt – „Eine Abrüstung der Herzen muss stattfinden" – für die Lösung von sozialen und internationalen Konflikten ausreicht; ob einen das Ideal der Gewaltfreiheit dazu berechtigt, zuzulassen, dass terroristische Gruppen und Regime Verbrechen gegen die Menschlichkeit begehen. Auch kann man ihre Einschätzung des Kommunismus in Frage stellen. Zur Kriegsbeteiligung der Sowjetunion in Vietnam sagt sie, man solle lieber den Balken aus dem eigenen (amerikanischen) Auge ziehen als den Splitter aus dem der anderen. Über Marx, Lenin und andere Kommunisten schreibt sie Freundliches, um Feindbilder abzubauen. Zum Koreakrieg meint sie nur, die *CW* stünden auf der Seite der Armen. Zu Fidel Castros Revolution in Kuba: Sie verurteile zwar gewaltsame Umstürze, doch enthalte Castros Programm auch positive Ansätze. Kann die edle Absicht, auch die Personwürde von Gegnern zu respektieren, das Schweigen zu groben Menschenrechtsverletzungen rechtfertigen?

Unbestritten ist Days Verdienst, in einem Land, das zu ihrer Zeit in großen Teilen unbekümmert kriegsgläubig, rassistisch und kapitalistisch denkt, zu einem Bewusstseinswandel beigetragen und soziales Verantwortungsgefühl geweckt zu haben. Konzepte für eine sozialstaatliche Ordnung kann sie mit ihrem unvermittelten Rückgriff auf die Bergpredigt und ihrem Misstrauen gegenüber Institutionen zwar nicht entwickeln, aber Dorothy Day wird durch ihren verzehrenden Einsatz für die Ärmsten und für die Rechte der Arbeiter mit ihrer *CW*-Bewegung zu einer moralischen Autorität, die immer noch nachwirkt. Sie erhält den Gandhi-Preis. Papst Paul VI. empfängt sie 1967 in Rom, und als sie nicht mehr reisen kann, besucht sie Mutter Teresa und heftet ihr das Kreuz ans Kleid, das ihre Schwestern tragen. Sie stirbt am 29. November 1980 in New York.

Der *Catholic Worker* erscheint noch immer – für einen Cent, und derzeit gibt es weltweit 236 *CW*-Gemeinschaften, zwei davon in Deutschland.

Freya von Moltke
(1911–2010)

*Vom geistigen Widerstand gegen die
NS-Diktatur zur Versöhnung mit Polen*

Noch als 96-Jährige beeindruckte Freya von Moltke bei
Veranstaltungen und Fernsehinterviews mit ihrer Präsenz: schlohweiße Haare, feste Stimme und eine klare
Botschaft, sachlich und engagiert. Sie war gerade in ihren letzten
Lebensjahren bei Jung und Alt gefragt als Zeugin des Widerstands
gegen das Nazi-Regime. Man merkte es ihr an: Sie sprach davon
und veröffentlichte Dokumente dazu, nicht um sich und ihrem
Mann ein Denkmal zu setzen, sondern um für ein menschliches
Europa und die Verständigung mit Polen zu werben. „Um der Zukunft zu dienen, habe ich hier von der Vergangenheit erzählt."

Freya von Moltke wird am 29. März 1911 als Tochter der Bankiersfamilie Deichmann in Köln geboren.[1] Der Vater gehört zu
den Vermögensmillionären des Rheinlands, bis seine Bank im Zuge
der Wirtschaftskrise 1931 zahlungsunfähig wird. Die Mutter „war
sehr unabhängig und machte uns unabhängig", und Freya kann
ohne materielle Sorgen in familiärer Geborgenheit aufwachsen.
Sie lernt fließend Englisch und Französisch und wird mit den Umgangsformen der gehobenen Gesellschaft vertraut gemacht. Lu-

xus und Glamour – die Gefahr reicher Kinder – haben sie aber nie verlockt.

Mit 16 Jahren verlässt sie „aus Faulheit" die Schule – mit der mittleren Reife, aber ohne Zukunftspläne. Auf den Rat ihrer Mutter besucht sie nach einiger Zeit eine Wirtschaftliche Frauenschule, deren praxisorientierte Ausbildung ihr später bei der Verwaltung des Gutes ihres Mannes sehr zustattenkommt. Inzwischen erwacht in ihr das Verlangen, das Abitur nachzuholen – allerdings ohne konkretes Studienziel. „Ich hatte kein Ziel im Leben"; auch nach bestandener Reifeprüfung weiß sie nicht recht, was sie studieren soll, sondern schreibt sich zunächst für Germanistik und Geschichte ein, bis ihr jemand aus der Familie rät, das Jurastudium aufzunehmen.

Hat sie zunächst auch „kein Ziel", so lernt sie doch schon mit 18 Jahren, noch vor dem Abitur, den Mann kennen, mit dem sie eine Richtung finden kann und von dem sie später umgekehrt sagt: „Ich kam in Helmuths Leben gerade in dem Moment, als er mich brauchte." Bei einem Sommeraufenthalt im Salzkammergut begegnet sie in einem Kreis von Künstlern und Intellektuellen dem vier Jahre älteren Helmuth James Graf von Moltke, der in Wien Rechtswissenschaft studiert. „Ich sah ihn und mein Herz stand still." Es sollte eine große Liebesgeschichte werden, von der unzählige Briefe, die ihr Helmuth zwischen 1929 und 1945 geschrieben hat, Zeugnis ablegen.

Doch zunächst leben die beiden gut 900 Kilometer voneinander entfernt: sie in Köln, er in Kreisau in Niederschlesien, das heute zu Polen gehört. Dort besitzt Helmuths Familie ein Landgut, das sein gleichnamiger Urgroßonkel, der berühmte Generalstabschef der Preußischen Armee, der mit seinen Feldzügen gegen Dänemark, Sachsen, Hannover, Österreich und Frankreich die Gründung des Deutschen Reiches durch Bismarck 1871 vorbereitet hat, einst erwarb. Der Familienbesitz ist heruntergekommen und in wirtschaftliche Schwierigkeiten geraten, und Helmuth wird von seinem Vater beauftragt, ihn zu konsolidieren. Freya und Helmuth schreiben sich Briefe und treffen sich mehrmals, bis sie im Oktober 1931 in Köln heiraten – der wirtschaftlichen Lage der beiden Familien entsprechend bescheiden, ohne Brautjungfern, ohne Musik.

Im selben Jahr zieht Freya zu ihrem Mann nach Kreisau, wo man in „preußischer Einfachheit" lebt. 1932 beginnt Helmuth in einer Berliner Anwaltskanzlei ein Praktikum; Freya folgt nach, und die beiden beziehen eine kleine Wohnung in der Reichshauptstadt. Während er sein Assessorexamen ablegt, sich als Anwalt niederlässt, sich dabei auf Völkerrecht spezialisiert und durch Studienaufenthalte in London zusätzlich als britischer Rechtsanwalt ausbildet, nimmt Freya in Berlin ihr Jurastudium wieder auf und schließt es 1935 mit einer Dissertation ab. Ihr Doktorvater ist zu der Zeit als Jude bereits zwangsemeritiert, kann das Verfahren aber noch zu Ende führen. Soll die 25-jährige Frau Dr. jur. von Moltke nun noch die Staatsprüfungen und ein dreijähriges Referendariat absolvieren, um als Anwältin oder Richterin arbeiten zu können?

Freya – der Mittelpunkt von Kreisau

Selbstvertrauen hat sie genug, und ihr Mann besteht nicht darauf, dass sie sich auf die traditionelle Rolle einer Hausfrau und Mutter beschränkt; sie hat auch – damals ungewöhnlich – ihr eigenes Konto, aber es drängen sich ganz andere Fragen auf. Die „braune Tyrannei", wie sie es nennt, hat das Land bereits so fest im Griff, dass man mehr und mehr ihrer allgegenwärtigen Überwachung und Willkür ausgeliefert ist. Die Nazis verbieten auch just im Jahr 1935 Frauen, deren Ehemänner über ein Einkommen verfügen, einer bezahlten Tätigkeit nachzugehen. Sie sollen nicht als „Doppelverdienerinnen" den Arbeitsmarkt belasten, sondern vor allem Kinder gebären.

Helmuth hat Hitlers Pamphlet *Mein Kampf* schon vor der Machtergreifung 1933 gelesen und die Gefahr einer Diktatur

vorausgesehen. Von Anfang an ist er entschlossen, dem Nationalsozialismus entgegenzuwirken. Seine Mutter legt ihm nahe, über
eine Emigration nachzudenken, und als er mit Freya 1934 seine
Großeltern in Südafrika besucht, haben die beiden Gelegenheit
dazu. Freya vertraut ihrem politisch erfahreneren Mann, und sie
kommen überein, dass man die NS-Diktatur im Land selbst un-
terhöhlen müsse:

> „Es gab die Möglichkeit auszuwandern. Das hieß, sich von Ver-
> wandten und Freunden und der gewohnten Umgebung zu tren-
> nen; das hieß aber vor allem, sein Land und seine Landsleute im
> Stich zu lassen, wenn sie einen brauchten. [...] Hinterher hing viel
> davon ab, dass die richtigen Leute vorhanden waren. Das deutsche
> Volk würde dann schwerlich denjenigen Vertrauen schenken, die
> eine mehr oder minder privilegierte Position verlassen hatten und
> von außen zusahen, statt die bösen Tage im Inneren zu teilen."[2]

Auch ist Helmuth emotional stark mit Kreisau und seiner Fami-
lie verbunden. Doch er arbeitet in Berlin als Rechtsanwalt und ist,
dienstverpflichtet, von Kriegsausbruch 1939 bis zu seiner Verhaftung 1944 in der völkerrechtlichen Abteilung im Amt Ausland/
Abwehr des Oberkommandos der deutschen Wehrmacht tätig.
Wer würde sich um das Landgut in Schlesien kümmern? Diese
Aufgabe übernimmt Freya und zieht 1935 allein von Berlin nach
Kreisau, „weil sie wusste, wie wichtig Kreisau für Helmuth war"
(Frauke Geyken). Er kommt häufig zu kürzeren oder längeren Auf-
enthalten auf das Gut, und Freya besucht ihn oft in Berlin. Die
beiden schreiben sich, wenn sie getrennt sind, täglich Briefe. Te-
lefongespräche gibt es seltener, da Ferngespräche angemeldet werden müssen und mit langen Wartezeiten verbunden sind.

Von 1935 bis 1945 waltet Freya in Kreisau als Gutsherrin, in
ständiger Rücksprache mit ihrem Mann, der die Fäden in der
Hand behält. Es gibt viel zu tun. Das Gut umfasst insgesamt 242
Hektar Ackerland, Wiesen, Weiden und Wald. Mit einem Kopftuch um ihre Bubikopf-Frisur sieht sie täglich mehrere Stunden
mit dem Verwalter nach den Arbeiten auf Feld und Hof. Sie kon-

trolliert die Finanzen und Arbeitsverträge, registriert die Erträge und hat viele Gäste zu betreuen. Ist Kreisau der Mittelpunkt der Familie von Moltke, so wird Freya der Mittelpunkt von Kreisau. Das anerkennt ihr Mann stets dankbar.

Allerdings will er keine Kinder; für Empfängnisverhütung ist Freya zuständig. Doch sie setzt sich durch und erzielt Einvernehmen: Sie schenkt zwei Söhnen das Leben; 1937 wird Helmuth Caspar und 1941 Konrad geboren. Beide erobern bald auch das Herz des Vaters. Nach seiner Verhaftung schreibt er aus dem Gefängnis: „Ich kann mir mein, unser Leben ohne die Söhnchen gar nicht vorstellen [...]. Mein Herz, das hast Du uns errungen mit viel Mühe und Sorgen und ohne irgendeine Unterstützung durch Deinen Wirt", womit er ironisch sich selbst meint.

Als Anwalt gewährt Helmuth Juden Rechtsbeistand und unterstützt sie bei der Auswanderung, auch noch nachdem dies verboten ist. Später ist er in seiner Dienststelle für Kriegsrecht und internationales Recht zuständig und setzt sich unermüdlich gegen Geiselerschießungen ein. Er erfährt vieles über das NS-Regime, was vor der Bevölkerung geheim gehalten wird, und spricht mit Gleichgesinnten über die Möglichkeit eines Umsturzes. 1940, nachdem Hitler Frankreich überrannt hat und unumschränkt über ganz Europa zu herrschen droht, entschließt er sich zusammen mit seinem Freund Peter Graf Yorck von Wartenburg zu einer systematischen Arbeit an solchen Plänen. Dazu schreibt Freya rückblickend:

„Es war damals wirklich ein Glaubensakt, sich mit dem Danach zu beschäftigen, und sicher auch ein Akt der Selbsterhaltung, der Erhaltung der eigenen Integrität. Es war wohl zu diesem Zeitpunkt, dass zwischen uns, Helmuth und mir, ausgesprochen worden ist, dass wir diesen Einsatz gemeinsam tragen wollten. [...] Ja, ich billigte und unterstützte Helmuths Einsatz und gewann so für mich eine gewisse eigene innere Freiheit."[3]

„Diesen Einsatz gemeinsam tragen"

„Diesen Einsatz gemeinsam tragen" – das bedeutet, dass sie von ihm in seine hochbrisanten Überlegungen eingeweiht wird und dass sie ihn mit ihren Mitteln fördert. Er sucht Gleichgesinnte, nicht um ein Attentat vorzubereiten, was er immer ablehnte, sondern um zu planen, wie Deutschland nach dem Zusammenbruch, den er erwartet, gesellschaftlich und rechtsstaatlich neu aufgebaut werden kann. Da er viel auf Freyas Menschenkenntnis gibt, stellt er ihr Personen vor und will wissen, ob sie sie für geeignet hält. Als er sie beispielsweise nach dem ihr persönlich bekannten Konrad Adenauer fragt, meint die 29-Jährige, der sei mit seinen 64 Jahren schon zu alt.

Man will einen Gesprächskreis von Nazi-Gegnern zusammenführen, die verschiedene gesellschaftliche Kräfte repräsentieren. So bildet sich eine Gruppe von 20 bis 30 Personen – erst die Gestapo nennt sie später Kreisauer Kreis –, in der Sozialdemokraten und Konservative, Gewerkschafter und Beamte, Protestanten und Katholiken miteinander diskutieren. Man trifft sich streng geheim bei verschiedenen Mitgliedern, am häufigsten in Berlin, wo Freya immer dabei ist, wenn sie sich dort aufhält. Drei Mal kommen die Verschwörer auch nach Kreisau, getarnt als Mitarbeiter von Helmuth oder als Freunde auf einer Landpartie. Man verfasst und bespricht Gutachten und Denkschriften.

> „Ich bekam ein vollständiges Exemplar der Dokumente und aller Papiere, die Helmuth verwahren wollte, um sie in Kreisau zu verstecken. Helmuth wollte nicht wissen, wo ich sie verwahrte. Ich versteckte sie in einer Bodenkammer im Schloss und holte sie dort erst im Mai 1945 wieder heraus, als die Russen Kreisau besetzten und sich in dem großen Haus niederließen."[4]

Die Kreisauer überlegen sich, wie in Zukunft ein totalitärer Zentralstaat verhindert werden kann, wie die Abhängigkeit von Parteien, die in der Weimarer Republik so eklatant versagt haben, zu vermeiden ist, wie die Wirtschaft zwischen verantwortungslosem Kapitalismus und Planwirtschaft so geregelt werden kann, dass es nicht mehr zu einer Massenarbeitslosigkeit kommt. Außenpolitisch soll sich Deutschland in eine europäisch-föderale Friedensordnung einfügen. Beim Neuaufbau setzt man vor allem auf die Arbeiterschaft und die Kirchen, denen man eine klare Gegenposition zum Nationalsozialismus zuschreibt und von denen man ein ethisches „christliches Fundament" erhofft. Dabei wünschen sich die Kreisauer eine „deutsche Christenschaft" beider Konfessionen und sind somit Vorreiter der ökumenischen Bewegung. „Sie haben für die damaligen Verhältnisse mit ihrem über- und interkonfessionellen Denken ohne Zweifel zur Avantgarde christlichen Denkens und Sich-Verhaltens gehört."[5]

Allerdings bleibt ihnen keine Zeit mehr, um ihre Überlegungen zu einem geschlossenen Ganzen zusammenzufügen. Vieles an ihren Ideen – etwa der Verzicht auf politische Parteien – ist unrealistisch; manches inspiriert hingegen nach 1945 Politiker beim Aufbau der Bundesrepublik, beispielsweise das Ahlener Programm der CDU (1947). Ein wichtiges Erbe der Kreisauer ist zweifellos die Hervorhebung der Menschen- und Grundrechte, die Rechtssicherheit und Freiheit gewährleisten.

Welchen Anteil hat Freya an diesen Bemühungen? „Aber ich habe nicht sehr viel getan oder geplant", sagt sie später dazu. Sie ist in Kreisau und manchmal in Berlin bei allen Diskussionen dabei. Wortmeldungen und Vorschläge von ihr sind indes nicht bekannt. Der Beitrag von Freya und den anderen Frauen, die in das hochverräterische Unternehmen eingeweiht sind, ist von anderer Art als der der Männer:

> „Sie waren die Verbündeten ihrer Männer. Die Last der bedrückenden konspirativen Arbeit gegen das Terrorregime, die die Verschwörer in dauernder großer Anspannung hielt, konnte für den Einzelnen jeweils auf zwei Schultern verteilt werden. Die Last der Isolation desjenigen, der sich bewusst gegen die Mehrheit stellte, wurde abgemildert. Die Frauen waren im direkten Gespräch mit ihren Ehemännern erklärtermaßen nicht nur als Zuhörerinnen, sondern auch als mitdenkende Diskussionspartnerinnen präsent."[6]

Eine außergewöhnliche Nähe im Angesicht des Todes

Die Arbeit des Kreisauer Kreises bleibt bis zum fehlgeschlagenen Attentat auf Hitler am 20. Juli 1944 unentdeckt. Allerdings wird Helmuth James von Moltke schon zuvor, im Januar 1944, verhaftet, weil er einem anderen Regimegegner am Telefon berichtet hat, dass dessen Widerstandskreis überwacht würde. Nach dem 20. Juli erfährt die Gestapo durch die Vernehmung von Verschwörern auch von der Gruppe um Moltke. Er wird in ein anderes Gefängnis nach Berlin-Tegel verlegt. Freya hält sich von September 1944 bis zu seiner Hinrichtung am 23. Januar 1945 die meiste Zeit in Berlin auf, während ihre Schwägerin in Kreisau die Kinder betreut. In Berlin kann sie fast täglich unzensierte Briefe an Helmuth schreiben, die der Gefängnispfarrer Harald Poelchau, ein Mitkreisauer, ebenso wie Helmuths Antworten an den Wachen vorbeischmuggelt. Freya erhält noch vier Mal Sprecherlaubnis. Am 29. November 1944 feiern sie und Helmuth mit Harald Poelchau im Zimmer des Gefängnisvorstehers das Abendmahl.

In ihren Briefen sprechen die beiden über Möglichkeiten, durch eine wirksame Verteidigung vor dem Volksgerichtshof das Schlimmste abzuwenden, die Aussagen mit denen anderer verhafteter Kreisauer abzustimmen und ein Gnadengesuch einzureichen. Sie hoffen noch, aber sie rechnen auch realistisch mit einem Todesurteil. Helmuth findet in dieser Ausnahmesituation durch Stimmungsschwankungen hindurch zu einer erstaunlichen Geborgenheit, die sowohl in seiner sich vertiefenden Frömmigkeit als auch in Freyas Liebe ruht. Sie ahnt sicher, dass die Briefe, die von dieser Liebe zeugen, für sie ein „Schatz" sein werden, mit dem sie weiterleben kann. Sie verbirgt sie sorgsam in den Bienenstöcken von Kreisau. Der Gedanke, dass sie wohl bald ohne ihren James wird leben müssen, klingt schon im ersten Brief an, den sie schreibt, nachdem sie ihn am Tag zuvor auf dem Gefängnishof in Tegel gesehen hat:

„Wie beglückend, dass wir uns sahen. Wie gut und voller Gnade das alles geht! Ich bin ganz glücklich darüber. Mein Herz, ich glaube ganz genau zu wissen, wie es in Dir aussieht, ich bin zwar weit hinter Dir zurück und werde es bleiben, aber deshalb gehöre ich doch zu Dir und so bleibt es auch für immer. Ich werde leben müssen und das wird schwer sein, aber es wird gehen, denn ich werde Dich weiter lieben dürfen. Ich werde Dich in Gott lieben und Dich so nicht stören auf den Wegen, die Du gehen wirst, und Gott werde ich mehr und besser lieben als bisher. Du musst aber bitte in der Gewissheit sterben, dass ich außer Gott nur Dir gehöre. [...] Ich werde alt und anders werden, aber in mir wirst Du immer drin bleiben, bis ich sterben und Dich so oder so wieder finden darf."[7]

Immer wieder sprechen diese Briefe von einer außergewöhnlichen Nähe, die beide in den letzten Wochen erleben. Noch als 80-Jährige, die inzwischen eine weitere positive Beziehung erfahren hat, sagt Freya in einem Interview: „Diese Nähe habe ich wirklich nie verloren." Die Liebe zueinander sowie das Bewusstsein, dass ihr Kampf gegen die Gewaltherrschaft richtig ist, erfüllt beide geradezu mit einem Hochgefühl. Am 6. November 1944 schreibt Freya:

„Ich bin überhaupt seit vielen Tagen schon so guter Stimmung und kann sie nur ganz vorübergehend unterdrücken. Ich bin nicht von eigentlichen Hoffnungen erfüllt, aber ich bin aus unerklärlichem Grunde ganz unbelastet. Ich frage mich immer wieder, wie das kommt und ob ich eigentlich leichtfertig bin, ich kann es aber nicht unterdrücken, und alle Menschen sagen mir, ich klänge und sähe so aus, als ob es besser ginge, und dabei ist das doch gar nicht so. Sicher kommt es von dem Glück, das wir in diesen Wochen genossen haben. Ich habe immer wieder das Gefühl, als gingen wir Hand in Hand in diesen Wochen und ich denke mehr ‚wir' als ich in all den Jahren gedacht habe. Ach, mein Jäm, welches großes Glück, Dir so nah zu sein."[8]

Nachdem Helmuth James am 23. Januar 1945 hingerichtet worden ist, hilft dieses Hochgefühl der 34-jährigen Witwe Freya, die folgenden Wochen zu überbrücken, bis sie sich mit dem Näherrücken der sowjetischen Truppen einer neuen Situation stellen muss. Zunächst flieht sie mit ihren Söhnen ins Riesengebirge, kehrt aber bald wieder zurück und bleibt bis zum Herbst 1945 im nun polnisch-russisch besetzten Kreisau. Unter abenteuerlichen Umständen – auf Kohlezügen und zu Fuß – reist sie ins zerstörte Berlin und schreibt dort Briefe an Verwandte und einflussreiche Bekannte, die englische und amerikanische Dienststellen auf ihre Bitten hin weiterleiten. Das hilft. Auf Veranlassung eines englischen Freundes wird sie noch 1945 mit den beiden Kindern von Engländern aus der russischen Besatzungszone nach Berlin gebracht. Das Landgut Kreisau der Familie Moltke wird zum polnischen Staatsgut Krzyżowa.

„Botschafterin des Widerstands"

Freya muss sich eine neue Existenzgrundlage suchen. Dabei erweist sich das Beziehungsnetz ihrer Familie als zuverlässige Hilfe. Mit dem ersten Passagierschiff, das nach dem Krieg wieder von England nach Kapstadt fährt, bricht sie im Januar 1947 mit ihren beiden sieben und zehn Jahre alten Söhnen nach Südafrika auf, wo sie bei Freunden von Helmuths Großeltern Zuflucht findet. Acht Jahre lang arbeitet sie in einem Vorort von Kapstadt als (ungelernte) Fürsorgerin in einer Hilfsorganisation für körperbehinderte Kinder verschiedener Hautfarben. Nachdem der ältere Sohn die Schule abgeschlossen hat, kehrt sie 1956 mit ihm und seinem Bruder nach Berlin zurück. In Deutschland erhält sie eine bescheidene Rente und eine Entschädigung für das enteignete Kreisau.

Helmuth von Moltke hat zwischen seiner Verurteilung und seiner Hinrichtung an den ebenfalls schuldig gesprochenen Jesuitenpater Alfred Delp geschrieben: „Wir wollen, wenn man uns schon umbringt, doch auf alle Fälle reichlich Samen streuen." Freya hat sein Wirken im Widerstand immer als ein Vermächtnis für die Zukunft eines menschlicheren Deutschland und Europa verstanden. Doch was kann sie dafür tun? Niemand fragt in jenen Jahren nach den Erlebnissen und Ideen der Überlebenden des Widerstands. Die deutsche Öffentlichkeit interessiert sich kaum dafür; viele betrachten die Verschwörer sogar als Landesverräter oder als stillen Vorwurf für das eigene Wegschauen während der NS-Herrschaft.

Freya beginnt, die etwa 1600 Briefe von Helmuth, die schwer zu entziffern sind, teilweise abzuschreiben.[9] Zwei programmatische Briefe, in denen er über die Verhandlung vor dem Volksgerichtshof berichtet, hat sie schon 1950 veröffentlicht. Als sie dann von Annedore Leber, der Witwe des von den Nationalsozialisten ermordeten SPD-Politikers Julius Leber, eingeladen wird, an einem Buch mitzuarbeiten, das Oberschüler über die Weimarer Republik und das Dritte Reich informiert[10], findet sie ihre Lebensaufgabe für die weiteren Jahre: Sie will die Erinnerung an den Widerstand wachhalten und als Erbe des Kreisauer Kreises der jungen Generation die Vision eines freien, friedliebenden Deutschland und Europa nahebringen.

Sie schreibt zusammen mit zwei englischen Freunden die erste Biografie ihres Mannes[11] und fügt später einen Teil dieses Buches in ihre *Erinnerungen an Kreisau* (1997) ein. Als sich in den 1980er Jahren in Deutschland eine Erinnerungskultur mit Interesse am Dritten Reich entwickelt, die auch in die politische Bildungsarbeit eingeht, wird sie zu zahlreichen Vorträgen und Interviews eingeladen. „Erzählen kann ich", sagt sie zu Recht von sich, und mit ihrer lebendigen, optimistischen und kontaktfreudigen Art kann sie als Zeitzeugin gerade junge Menschen beeindrucken und wird eine „Botschafterin des Widerstands", der man Aufmerksamkeit schenkt.

Dieser Aufgabe kommt sie entweder von Norwich im US-Bundesstaat Vermont aus oder während längerer Aufenthalte in Deutschland nach. Denn 1956 hat sie sich in den 23 Jahre älteren akademischen Lehrer von Helmuth James, den Rechtshistoriker, Soziologen und Philosophen Eugen Rosenstock-Huessy, verliebt und ist 1960 nach dem Tod von dessen Frau in sein Haus in den Vereinigten Staaten gezogen.

Ein neues Kreisau für die deutsch-polnische Verständigung

Ihr Werk wird gekrönt, als der polnische Klub der Katholischen Intelligenz[12] sowie Mitglieder der DDR-Bürgerrechtsbewegung im Wendejahr 1989 eine gemeinsame Initiative für die Errichtung einer internationalen Jugendbegegnungs- und Tagungsstätte in Kreisau/Krzyżowa ergreifen. Die verfallenden Gebäude müssen restauriert und für die neuen Zwecke ausgestattet werden. Freya unterstützt das Projekt tatkräftig als Ratgeberin, als regelmäßiger Gast, als Ehrenvorsitzende der Stiftung Kreisau für Europäische Verständigung und als Namensgeberin der Freya von Moltke-Stiftung für das Neue Kreisau. 1998 kann die Begegnungsstätte eröffnet werden. Für Freya erfüllt sich ein Wunsch, den sie schon 1967 in einem Brief geäußert hat: „Ich denke immer, eines Tages wird noch einmal aus Kreisau ein Haus für deutsch-polnische Verständigung." Das Neue Kreisau führt Menschen zu Begegnungen zusammen und will auf dem Hintergrund des Widerstandes gegen die Diktaturen des 20. Jahrhunderts Brücken bauen zwischen den Nationen, Kulturen und Generationen in Europa, vor allem zwischen Polen und Deutschen.

1999 erhält Freya den Internationalen Brückepreis der deutsch-polnischen Doppelstadt Görlitz/Zgozelec für ihren Einsatz für die Verständigung zwischen Deutschland und Polen. Als Zeitzeugin einer schrecklichen Vergangenheit will sie die junge Generation zu einer Zukunft in einem menschlichen Europa ermutigen. In einem Festvortrag zum 20. Juli 2004 in Berlin sagt sie:

> „Als Angehörige des deutschen Widerstandes muss ich auch heute wieder und noch einmal klar und deutlich sagen: Jede Form und

jeder Akt von Widerstand gegen den Nationalsozialismus hat sich gelohnt. Nichts davon war vergeblich. Jede Handlung gegen das schreiende Unrecht der NS-Diktatur hat Bedeutung. Es hat sich gelohnt, weil der deutsche Widerstand europäische Menschlichkeit durch die Jahre der Unmenschlichkeit in Deutschland lebendig erhalten hat. [...] Ich habe das Vertrauen und die Erwartung, dass in den kommenden Generationen die Menschlichkeit sich neuen Aufgaben öffnend weiter aktiv bleiben wird."[13]

Sie stirbt in Norwich am 1. Januar 2010 im Alter von 98 Jahren.

Gertrud Luckner
(1900–1995)

Verfolgt wegen „projüdischer Betätigung" –
geehrt als „Gerechte unter den Völkern"

Festgenommen:

Name: Dr. Luckner   *Vorname:* Gertrud

Geburtsdatum: 26.9.1900   *Geburtsort:* Liverpool

Beruf: Referentin bei der Caritas-Zentrale in Freiburg i. Brsg.

Wohnort: Freiburg   *Straße:* Landsknechtstr. 5

Konfession: röm.kathol. früher evang. und Quäker-Sektenange-
hörige

Politische Einstellung: Pazifistin, kathol. Aktivistin und fanatische
Gegnerin des Nationalsozialismus

Tatbestand: Steht im dringenden Verdacht, an der Verschiebung
von Juden und deren Vermögen im Auftrage des Erzbischofs Groe-
ber in Freiburg maßgeblich beteiligt zu sein und ein Nachrichten-
netz im In- und Auslande zu unterhalten.[1]

Mit diesen Angaben meldet der Polizeidirektor, der Gertrud Luckner am 24. März 1943 verhaftet hat, seiner Dienststelle in der Geheimen Staatspolizei (Gestapo) Düsseldorf ihre Festnahme – und
zeichnet damit in bürokratisch-knappen Strichen ein Bild von die-

sem bewegten Leben: Geburt in England, zwei Staatsangehörigkeiten, drei Konfessionen, Arbeit für die Caritas, Einsatz für verfolgte Juden.

Gertrud Luckner wird am 26. September 1900 in Liverpool als Tochter des deutschen Schiffsbau-Ingenieurs Robert Hartmann und seiner Frau Gertrude geboren und erhält den Namen Jane. Die Eltern stehen vor einer größeren Reise und geben deshalb das wenige Wochen alte Kind bei dem kinderlosen, ebenfalls deutschen Kaufmanns-Ehepaar Luckner, das damals südwestlich von London wohnt, in Pflege. Die Luckners gehören der reformierten Kirche an; sie ziehen mit Jane 1907 nach Berlin und später nach Königsberg (Ostpreußen).

Jane besucht zwei Gymnasien, kann aber wegen chronischer Stirnhöhlenvereiterung und der Wirren des Ersten Weltkriegs jahrelang keinen regulären Unterricht besuchen. Mit 25 Jahren holt sie in Königsberg das Abitur nach. Zuvor ist sie von den Pflegeeltern adoptiert worden und heißt von da an Gertrud Luckner.

Die junge Frau will etwas studieren, das mit Sozialarbeit zu tun hat. Da die Pflegeeltern bereits 1927 bzw. 1928 sterben, ist sie auf sich selbst gestellt und muss sich mit Sprachunterricht sowie Arbeit in der Familien- und Gesundheitsfürsorge ihren Lebensunterhalt verdienen. Sie studiert Volkswirtschaft und Sozialwissenschaft – zunächst in Königsberg, danach in Frankfurt, 1927 in der Nähe von Birmingham, dann wieder in Frankfurt mit dem Abschluss als Diplomvolkswirtin und nochmals bei Birmingham.

Die beiden Aufenthalte in England prägen sie nachhaltig. Sie belegt an dem von Quäkern geführten Woodbrooke College bei Birmingham Lehrveranstaltungen in Volkswirtschaft und sammelt in der Krankenhaus- und Familienfürsorge dieser Großstadt praktische Erfahrung. Dort lernt sie auch die Bewegung der Religiösen Gesellschaft der Freunde (Quäker) kennen. Deren pazifistische und soziale Einstellung, gepaart mit einer undogmatischen christlichen Innerlichkeit, entspricht Gertrud Luckner so sehr, dass sie Mitglied des deutschen Zweigs der Quäker wird und es nach ihrem Eintritt in die katholische Kirche auch bleibt.

1931 führt sie ihre akademische Wanderschaft nach Freiburg. Die „kleine, hübsche, temperamentvolle Person, immer mit dem Fahrrad unterwegs" – so ein Weggefährte – setzt dort ihr Volkswirtschaftsstudium fort und promoviert 1938 mit einer Arbeit über *Die Selbsthilfe der Arbeitslosen in England und Wales* zum Dr. rer. pol. Der Studienort Freiburg war ihr wichtig, weil sie dort auch am Institut für Caritaswissenschaft Lehrveranstaltungen besuchen konnte.

„Heraus aus diesem Lande"

Luckner hat das Gefährliche am nationalsozialistischen Gedankengut schon früh erkannt. Während ihres Studiums lernt sie Mitarbeiter der Zentrale des Caritasverbandes und Mitstudierende kennen, die sich bald als Gleichgesinnte erweisen. Weitere Geistesverwandte gewinnt sie, als sie ab 1931 Schülern mehrerer Freiburger Gymnasien anbietet, sich – um die Sprache zu üben – in Diskussionskreisen auf Englisch über soziale Fragen, Völkerverständigung und nationalsozialistische Ideologie zu unterhalten. Sie kann ihnen aktuelle Berichte vorlegen, weil sie sich jede Woche in der Universitätsbibliothek die Zeitung *The Times* besorgt.

Die rührige Universitätsassistentin und Doktorandin tritt auch dem Friedensbund der deutschen Katholiken bei und lernt bei Quäker-Treffen in Deutschland, der Schweiz und im Elsass Friedensfreunde kennen. So knüpft sie ein Netzwerk von verlässlichen Beziehungen zu Katholiken und Quäkern in England und im Dreiländereck von Deutschland, Schweiz und dem Elsass. Als sie 1931 zum ersten Mal den katholischen Weihnachtsgottesdienst erlebt, entschließt sie sich, Konvertitenunterricht zu nehmen, und tritt drei Jahre später in die katholische Kirche ein.

Privat und auf eigene Faust nimmt Luckner schon früh das große Thema ihres Lebens auf: die Hilfe für bedrohte jüdische Mitbürger. Bereits 1932 rät sie Juden, die sie um Rat fragen: „Heraus

aus diesem Lande!" Als es nach Hitlers Machtergreifung 1933 in Freiburg zu ersten Übergriffen gegen Juden kommt, warnt sie bedrohte Personen und organisiert die Flucht ins Ausland, wo sie Freunde um weitere Hilfe und die Beschaffung von Einreisegenehmigungen bittet. Das ist bis 1938 noch über die Grenzübergänge in die Schweiz und ins Elsass möglich:

> „Meine Juden kamen nach Basel. [...] Damals konnte man noch mit jedem Zug fahren. Meine Freunde haben sie dort aufgenommen, ihnen Geld gegeben und weitergeholfen."[2]

So hilft sie beispielsweise einer Freundin, die als Halbjüdin und SPD-Mitglied eine Warnung erhalten hat, indem sie von einem Ort im Schwarzwald aus Freunde im Elsass telefonisch über deren Ankunft in Straßburg verständigt, von wo sie weiter nach London auswandern kann. Trotz solcher Vorsichtsmaßnahmen fallen der Gestapo ihre Kontakte ins Ausland auf; sie vermutet Spionageabsichten und lässt 1933/34 ihren Briefverkehr überwachen. Darum schreibt Luckner nun ihre Briefe bei Freunden in Basel und schickt sie von dort aus weg.

„Informationsreisen" im Auftrag der Caritas

Zunächst will das NS-Regime die „Nichtarier" durch allerlei Repressionen und durch Entrechtung zum Verlassen des Reiches veranlassen. Diese Verunsicherungsstrategie steigert sich zum Terror, als am 9./10. November 1938 Nazis in der Reichspogromnacht („Reichskristallnacht") jüdische Geschäfte verwüsten, Synagogen in Brand setzen und 20 000 bis 30 000 Juden verhaften. Das war neun Tage vor Luckners Doktoratsprüfung. Trotzdem wird sie aktiv und nennt den Juden, die sie kennt, Wohnungen, in denen sie sich verstecken können:

„Am Tage des Synagogenbrandes habe ich bis in die späte Nacht hinein die Juden besucht. Ich kam den ganzen Abend nicht vom Rad herunter. [...] Keiner war sonst zu ihnen gekommen."[3]

Bei zwei alten jüdischen Frauen, die Angst vor der Gestapo haben, schläft sie drei Wochen lang jede Nacht im Haus. 1938 wird Luckner hauptamtliche Mitarbeiterin des Caritasverbandes und bleibt dies bis zum Eintritt in den Ruhestand 1968. Mit Ausbruch des Krieges 1939 kümmert sie sich in der Kirchlichen Kriegshilfestelle um die Kriegsgefangenenfürsorge und die Klärung von Vermisstenschicksalen.

Als sie der Caritaspräsident im Juni 1940 beauftragt, katholisch getaufte Juden („nichtarische Katholiken") bei der Auswanderung zu beraten und seelsorglich zu betreuen, kann sie das, was sie bisher privat für Juden getan hat, mit dem Rückhalt der Leitung des Caritasverbandes sowie der Unterstützung durch den Erzbischof von Freiburg, Conrad Gröber, betreiben.

Luckner nutzt, solange die politische Lage es erlaubt, die Möglichkeiten einer legalen Auswanderung von Juden, indem sie in Zusammenarbeit mit dem zuständigen St.-Raphaels-Verein in Hamburg und dem Hilfsausschuss für katholische Nichtarier in Berlin die nötigen Papiere besorgt, aufnahmebereite Stellen und berufliche Umschulungen im Gastland ausfindig macht und den Auswanderungsberechtigten notfalls finanzielle Unterstützung zukommen lässt. Hier sind ihre Sprachkenntnisse sowie ihre Beziehungen zu Freunden in der Schweiz, in Frankreich und England von unschätzbarem Wert.

Um auch noch während des Krieges Fahrkarten für ihre weiten Reisen zu bekommen, die nicht mehr an Zivilisten ausgegeben werden, hat der Präsident des Caritasverbandes in seiner Dienstanweisung vermerkt, dass sie erforderliche „Informationsreisen" zu machen hat, und Erzbischof Gröber stellt ihr einen bewusst vage formulierten Ausweis aus: „Frl. Doktor Gertrud Luckner ist von uns mit der Durchführung notwendiger Aufgaben der außerordentlichen Seelsorge betraut." Um Genehmigung und

Fahrgeld zu erhalten, braucht sie ihrem Direktor nur in der vereinbarten Code-Sprache zu telefonieren: „Meine Tante in Wien ist krank.“

Von der Auswanderungsberatung zur Fluchthilfe

Mit Einverständnis ihres Caritaspräsidenten legt sie ihren Auftrag weit aus und hilft auch nichtkatholischen und nichtgläubigen Juden. Ab 1940 verschärft das Regime die antisemitischen Maßnahmen. Viele Juden werden zur Deportation nach Polen bestimmt, wo sie Hunger leiden müssen. Da erstellt Luckner mit Quäkern und Vertretern jüdischer Kultusgemeinden praktische Anweisungen für ein Handgepäck, das die Überlebenschancen verbessern kann, und schickt ihnen über Privatadressen von Freunden Päckchen, Pakete und tröstende Briefe. Ein Helfer schreibt ihr 1941:

> „Wie mir aus Zarki geschrieben wurde, sind Ihre zahlreichen Päckchen dort richtig angekommen und haben durch ihren zweckmäßigen Inhalt entscheidend dazu beigetragen, dass die Flecktyphus-Epidemie dort lokalisiert und zum Erlöschen gebracht werden konnte. [...] Sie haben durch Ihre schnelle und praktische Hilfe den fast Verzweifelten körperlich zur Erhaltung ihres einzig noch verbleibenden Gutes, ihrer Gesundheit, verholfen. Sie haben ihnen aber darüber hinaus den Glauben an die Menschheit wiedergegeben. [...] Ich habe durch Sie neuen Lebensmut und neue Zuversicht erworben.“[4]

Immer wenn sie vom Freiburger Polizeipräsidenten erfährt, dass ein Transport mit älteren Juden geplant ist, besorgt sie Atteste von Freiburger Ärzten, die ihnen Transportunfähigkeit bescheinigen. Wenn ein „Arbeitertransport“ anstand, so „musste man einen Industriellen haben, der sagte: ‚Ich kann keine Juden entlassen, ich brauch’ noch mehr. Ich habe Rüstungsindustrieaufträge gekriegt.‘“ Eine Zeit lang müssen Freiburger Juden in der Fabrik arbeiten und dürfen erst wieder abends, nach der für sie erlaubten Einkaufszeit zwischen 16 und 18 Uhr, in ihre Wohnungen zurückkehren. Da bittet Luckner befreundete Frauen, für sie einzukaufen.

Couragiert vereinbart sie in München mit Juden, die sich mit ihrem gelben Stern kaum noch aus dem Haus trauen, dass sie mit ihnen am nächsten Sonntag zum katholischen bzw. evangelischen Gottesdienst gehen werde:

> „Ich bin den ganzen Sonntag [...] nur mit Sternen gegangen. Getaufte Juden. Ich kannte die Leute gar nicht. Und andere gingen auf diese Leute im Kircheneingang zu und begrüßten sie. Nichts ist mir passiert."[5]

Weil nach dem „Anschluss" Österreichs immer mehr Juden über die Schweizer Grenze das Land verlassen, wird ihnen Ende 1938 untersagt, im kleinen Grenzverkehr Ortschaften in Nachbarstaaten zu besuchen. Da organisiert Luckner Fluchthilfe über die grüne Grenze in die Schweiz. Dazu braucht sie ortskundige Fluchthelfer, hat diese Aufgabe aber wohl auch selbst übernommen. In ihrem Nachlass finden sich zwei Bleistiftskizzen, die sie von möglichen Schleichwegen in der Nähe von Singen (Hohentwiel) angefertigt hat. Fluchthilfe ist laut einem Erlass streng verboten: „Die Flüchtigen und ihre Helfer sind festzunehmen und in Konzentrationslager einzuliefern."

Ab 1941 ist es auch illegal, nichtarische Katholiken in irgendeiner Weise zu unterstützen. Die Flucht ins Ausland oder in den Untergrund ist nur noch selten zu bewerkstelligen, aber was an finanzieller Unterstützung für verarmte Juden, praktischen Ratschlägen und solidarischer Verbundenheit möglich ist, das will Luckner denen zukommen lassen, die zur Deportation bestimmt sind.

> „Intensiv habe ich mit der Reichsvereinigung der Juden in Berlin zusammengearbeitet, besonders mit Dr. Leo Baeck. So bekam ich die Verbindungen und Adressen. Da ich Tag und Nacht reiste, war ich so etwas wie ein Kurier."[6]

Sie erhält von Rabbiner Leo Baeck Adressen von Juden, die Hilfe brauchen, sowie von möglichen Helfern. Dazu ein Kennwort, das sie bei jüdischen Gemeinden als vertrauenswürdig ausweist. So reist sie kreuz und quer durch das Deutsche Reich:

> „Seit dem Beginn der Deportationen blieb nur noch die Hilfe von Mensch zu Mensch. Ich suchte sie durch eine ununterbrochene Wandertätigkeit im damaligen ‚Groß-Deutschland' zu organisieren. Dabei halfen die mannigfaltigen Beziehungen und Kontakte mit den verschiedensten Kreisen der Verfolgten und der Helfer. Es war die Zeit der Ökumene, in der sich alle Gutwilligen, ohne Unterschied religiöser oder sonstiger Anschauungen, zur Hilfe für Verfolgte zusammenfanden. Hinzu kam eine hilfreiche Kuriermöglichkeit durch die ohnehin ständig reisenden Referenten der Caritaszentrale. [...] So entstand ein vielmaschiges Netz von Helfern über das ganze Land hinweg."[7]

Zu diesem Netz gehören unter anderem evangelische Pastoren, katholische Geistliche, Quäker und Bischöfe, die sie mit bedeutenden Geldsummen unterstützen. Ohne eine Organisation aufzubauen, was zu gefährlich gewesen wäre, gewinnt Luckner deutschlandweit etwa 160 Personen, die ihr bei ihren Aktivitäten zur Seite stehen:

> „Es hat eine Menge Menschen gegeben, die halfen. Ohne die hätte ich es ja auch nicht gekonnt. Es gab gutwillige Leute, die doch eine ganze Menge taten."[8]

Eine Hilfsaktion, an der mehrere Mitverschworene beteiligt sind, wird ihr die Gestapo später als besonders verwerfliche „illegale Verschiebung" vorwerfen. Als die wenige Monate alte Tochter Reha des evangelisch getauften jüdischen Paares Liebrecht in Berlin gefährdet ist, weil sich die Mutter vor der Verschleppung das Leben genommen hat und der Vater deportiert wurde, kann es Gertrud Luckner einfädeln, dass das Kind in ein katholisches Waisenhaus in Düsseldorf kommt und von dort aus als „Maria Schmitz" bei deutschen Pflegeeltern aufgenommen wird.

Schutzhäftling Nr. 24648 im KZ Ravensbrück

Solche Hilfe gilt im totalitären NS-Staat als Widerstand. Durch unbedachtes Reden einer Mitarbeiterin der Düsseldorfer Caritas und Hinweise eines Informanten in Freiburg gerät Luckner im September 1942 ins Visier der Gestapo. Sie und ihre Kontaktpersonen werden nun auf Schritt und Tritt beobachtet. Als sie wieder einmal nach Berlin reisen will, wird sie am 24. März 1943 zwischen Offenburg und Karlsruhe aus dem Zug heraus verhaftet. Sie wird in vier Polizeigefängnissen monatelang – auch nachts – verhört, denn man vermutet, sie gehöre zu einer „Nachrichtenzentrale" im Umfeld von Erzbischof Gröber. Durch die Vernehmung und die vorausgegangene Überwachung gewinnt die Gestapo folgenreiche Informationen über Luckners Helfernetz. Sie erkennt auch, dass sie mit Rückendeckung von Caritasverband und Bischöfen gehandelt hat, weshalb ihr Fall bis vor den Reichsführer SS Heinrich Himmler kommt. Im Mai 1943 befiehlt der Leiter des Reichssicherheitshauptamts in Berlin, Ernst Kaltenbrunner, sie in Schutzhaft zu nehmen. Die Begründung:

> „Sie gefährdet nach dem Ergebnis der staatspolizeilichen Feststellungen durch ihr Verhalten den Bestand und die Sicherheit des Volkes und Staates, indem sie durch ihre projüdische Betätigung und Verbindungen mit staatsfeindlichen Kreisen befürchten lässt, sie werde sich bei Freilassung weiter zum Schaden des Reiches betätigen."[9]

Was der NS-Staat schönfärberisch „Schutzhaft" nennt, bedeutet, dass die Gestapo Luckner ohne Gerichtsverfahren und ohne dass ein Gericht einen solchen Willkürakt anfechten kann, im Konzentrationslager festsetzen darf. Im November 1943 wird Gertrud Luckner als politischer Schutzhäftling Nr. 24648 ins Frauen-KZ Ravensbrück in Mecklenburg eingeliefert. Dort muss sie in der Schneiderei schwere Leinenballen schleppen und Uniformen nähen, dann täglich neun Stunden am Fließband und an einer Stanzmaschine arbeiten. Zur Schwächung tragen auch das „Strammstehen" beim morgendlichen Stehappell zwischen vier und sieben Uhr sowie der anschließende einstündige Arbeitsappell bei. Sie hätte die 18 Monate Lagerhaft, bei der sie mehrmals das Krankenrevier aufsuchen muss, nicht überstanden, wenn ihr nicht Mithäftlinge eine leichtere Tätigkeit im Lagerbüro verschafft hätten. Aus Freiburg erhält sie Päckchen, die die katastrophale Unterernährung etwas abmildern.

Als die russische Front naht, wird das Lager aufgelöst und Luckner muss, bewacht von Aufseherinnen und SS-Männern, einen sechstägigen Marsch antreten. Nach der Befreiung durch die Rote Armee am 3. Mai 1945 beginnt für sie ein aufreibender Kampf, um bei militärischen und zivilen Dienststellen Pass, Aufenthaltsbewilligungen, Passierscheine und Lebensmittelkarten zu bekommen und trotz zerstörter Brücken und unterbrochener Bahnlinien in den Süden zu gelangen. Kaum in München angekommen, überlegt sie mit Freunden, wie man ein Heim für ehemalige KZ-Häftlinge, Kriegsgefangene, Kinder und Jugendliche einrichten könnte. Am 12. Juli trifft sie endlich in Freiburg ein, wo sie von ihrem Caritasverband herzlich aufgenommen wird.

Wie kann sie das Erlebte verarbeiten, wie neu beginnen? Am Morgen nach ihrer Ankunft besucht sie die Messe, was auch weiterhin ein fester Punkt ihrer Tagesordnung sein wird. Sie empfindet Dankbarkeit für ihr Überleben, quält sich aber auch mit Schuldgefühlen, weil sie für die Verfolgten zu wenig getan und andere Helfer unbeabsichtigt in Gefahr gebracht und sogar ins Verderben gestürzt hat. Nach dem Gottesdienstbesuch am 14. Juli schreibt sie auf einen Zettel:

> „Vielleicht habe ich die Tragweite gar nicht gewusst für die anderen [...]. Aber wir haben ja alle viel zu wenig getan, die Schuld ist ungeheuer. Und doch. Dank und Freude so übermächtig, dass diese fast verdeckt wird."[10]

Es liegt ihr völlig fern, ihre Taten zu glorifizieren. Wie viele hat sie gerettet? Einer, der mit ihr zusammengearbeitet hat, meint: „Hunderte". Sie: „Einige", „zu wenig". „Was konnte man tun? Ein paar Leute retten." Sie klärt, wie es zu ihrer Verhaftung kam, will aber keine Vergeltung an den Beteiligten üben. Obwohl sie nicht gefoltert und beim Auszug aus dem KZ nicht auf einen Todesmarsch geschickt worden war, bleibt ihre Gesundheit für immer angeschlagen; trotzdem geht sie wieder an die Arbeit im Caritasverband. Sie leitet das auf ihre Anregung hin gegründete Referat Verfolgtenfürsorge und berät NS-Opfer bei der Wahrnehmung von Wiedergutmachungsansprüchen. Für einige von ihnen bereitet sie 1946 in der Schweiz Pakethilfen vor.

„Meisterarchitektin des modernen christlich-jüdischen Dialogs"

Was die Gestapo „projüdische Betätigung" nannte, wird für sie nun in anderer Form zur neuen Lebensaufgabe. Durch Veröffentlichungen, Vorträge, Reisen und Briefwechsel wirbt sie für eine Verständigung zwischen Christen und Juden, Deutschen und Israelis. 1948 wird der Staat Israel gegründet. Sie besucht ihn etwa 30 Mal und trifft Menschen, denen sie geholfen hat. Den Sechstagekrieg 1967 hat sie als Pazifistin wahrscheinlich nicht gutgeheißen, doch als Israel im Jom-Kippur-Krieg 1973 angegriffen wird, fliegt sie unverzüglich ins Land und veranlasst die Errichtung einer physiotherapeutischen Station im Rehazentrum für verwundete israelische Soldaten. Drei Jahre später gründet sie in Nahariyya ein Altenwohnheim für ältere, vereinsamte NS-Verfolgte und wirbt Spendengelder dafür ein.

Ihr Einsatz findet vielfältige Anerkennung: Zu ihrem 60. Geburtstag lassen Juden und Christen in der Nähe von Nazaret einen „Gertrud-Luckner-Hain" mit 1000 Bäumen anpflanzen. 1966 erhält sie vom Staat Israel den Ehrentitel „Gerechte unter den Völkern" mit der Yad-Vashem-Medaille, 1984 die Ehrenmitgliedschaft der Gesellschaft für christlich-jüdische Zusammenarbeit, 1985 das Große Bundesverdienstkreuz mit Stern.

Ein wichtiges Mittel zur Aufarbeitung der antijüdischen Vernichtungspolitik und für eine zukünftige Verständigung wird für sie ein Publikationsorgan, das zunächst unregelmäßig und dann jährlich erscheint. 1948 gibt sie mit einigen Mitstreitern den ersten *Rundbrief zur Förderung der Freundschaft zwischen dem alten und dem neuen Gottesvolk – im Geiste der beiden Testamente* heraus. Diese Hefte, die sie selbst redigiert, enthalten fundierte Artikel von Christen und Juden, die Unkenntnis und Vorurteile abbauen sollen. Die Zeitschrift erscheint noch heute.[11] Der spätere Hauptschriftleiter fasst ihre Beiträge so zusammen:

„Immer wieder gab sie in verschiedenen Variationen der Überzeugung Ausdruck, es gebe keine christliche Ökumene ohne Einbeziehung des Judentums. Das jüdische Volk war für sie das Volk des Bundes, dem sich das christliche Volk anzunähern hat."[12]

Damit gehört Gertrud Luckner zu den „Meisterarchitekten des modernen christlich-jüdischen Dialogs" (Elisabeth Petuchowski). Ihr Einsatz für die verfolgte jüdische Minderheit speist sich nicht nur aus humanistischer Solidarität, sondern auch aus einer theologischen Sicht auf das Judentum: „Die Ökumene hat mich interessiert", sagt sie in einem Interview dazu. Mit Ökumene meint sie nicht nur das gemeinsame Handeln von Katholiken und Protestanten, sondern auch von „beiden Gottesvölkern": Israel ist für sie, trotz der Nichtanerkennung Jesu, bleibend Gottes Bundesvolk, in dem die Kirche wurzelt.

Genau dies verkündet das Zweite Vatikanische Konzil 1965 in dem Dekret *Nostra aetate*. Luckner und ihre Freunde sind daran nicht ganz unbeteiligt, haben sie doch 1960 „in aller Stille für das Konzil eine Stellungnahme Christen – Juden vorbereitet". Kardinal Augustin Bea, dem sie öfter von ihren Israel-Reisen berichtete, hat ihre Anstöße sicher geschickt weitergeleitet. Das Dokument will jeder Form von kirchlichem Antijudaismus den Boden entziehen, und Luckner fordert, dass dieser neue Geist auch im Religionsunterricht verbreitet wird, was denn auch geschieht. Ein Mitglied der zionistischen Jugendbewegung hat Luckners Einstellung anlässlich ihres 70. Geburtstags in einem poetischen Vergleich auf den Punkt gebracht:

> „Auf dem Weg zum Gipfel des Berges traf ich ein Mädchen, das seinen kleinen Bruder auf dem Rücken bergan trug. ‚Kind', sagte ich, ‚du trägst da eine schwere Last!' Das Mädchen blickte mich erstaunt an. ‚Aber Herr, ich trage doch keine schwere Last, meinen Bruder trage ich.'"[13]

Das äußerlich unscheinbare, schmächtige Mädchen stirbt am 31. August 1995 im Altenheim der Barmherzigen Schwestern in Freiburg.

Betty Williams (* 1943) und Mairead Corrigan (* 1944)

Nobelpreis für eine Friedensinitiative in Nordirland

Belfast im Nordirlandkonflikt. Am 10. August 1976 wird eine britische Militärstreife im katholischen Stadtteil Andersonstown von zwei Heckenschützen der IRA (Irish Republican Army) beschossen. Die beiden Terroristen verfehlen ihr Ziel und jagen in einem Auto davon. Zwei britische Militärfahrzeuge verfolgen das Fluchtauto und eröffnen das Feuer. Der 19-jährige Fahrer wird tödlich getroffen. Das IRA-Fahrzeug rast führerlos in eine Gruppe von fünf Menschen und schleudert sie gegen ein Eisengitter. Anne Maguire, geborene Corrigan, die mit ihren vier Kindern spazieren ging, überlebt mit Knochenbrüchen und einer Gehirnquetschung, ebenso der siebenjährige Mark; die achteinhalbjährige Joanne, der zweieinhalbjährige John und der zwei Wochen alte Andrew im Kinderwagen aber werden getötet.

Die Szene zeigt wie eine Momentaufnahme die gewalttätigste Phase des Nordirlandkonflikts, der die Politik von 1969 bis 1998 umtreibt, etwa 3500 Menschen das Leben kostet und viele andere verletzt.

Der Hintergrund: Das jahrhundertelang von den Briten beherrschte Irland wurde nach einem Unabhängigkeitskrieg im Jahr 1921 selbstständig – und geteilt. Sechs nördliche Bezirke der Provinz Ulster mit etwa 1,8 Millionen Einwohnern blieben unter britischer Herrschaft und waren Teil des „Vereinigten Königreichs England und Nordirland". Die nordirische Bevölkerung war damit gespalten. Da waren einerseits die Nachfahren der Engländer und Schotten, die britische Regierungen im 17. Jahrhundert in Ulster angesiedelt hatten und die, eher wohlhabend, in Industriegebieten wohnten, Presbyterianer oder Anglikaner waren und sich als „Protestanten" definierten, und andererseits die alteingesessenen, großenteils armen, bäuerlichen Iren, die als „Katholiken" eine Minderheit bildeten. Die Katholiken wurden durch ein schikanöses Wahlrecht klein gehalten und auch bei der Suche nach Arbeitsplätzen und Sozialwohnungen benachteiligt. Die protestantische Mehrheit verdächtigte sie, sie betrieben als proirische „Nationalisten/Republikaner" die Vereinigung mit der irischen Republik, was die Protestanten ihrer Privilegien beraubt hätte. Das wollten diese probritischen „Unionisten/Loyalisten" mit aller Kraft verhindern.

In den 1960er Jahren kommt es im Zuge der Bürgerrechtsbewegung zu Demonstrationen gegen die ungerechten Verhältnisse, und diese Initiativen werden bald von proirischen Nationalisten dominiert. Das weckt bei den Loyalisten die alten Ängste vor Machtverlust. Es bilden sich militante Gruppen, und 1969 wird ein Marsch, bei dem radikale Bürgerrechtler von Belfast nach Londonderry ziehen, von protestantischen Loyalisten angegriffen. Die Polizei sieht tatenlos zu und wirkt zum Teil sogar in Zivil mit. Danach fühlen sich die katholischen Nationalisten von ihr zu wenig geschützt und errichten in ihren Bezirken in den Städten Derry und Belfast Barrikaden. Im selben Jahr stürmen Protestanten den katholischen Stadtteil Bogside in Derry und provozieren die Bewohner mit einer triumphalistischen Feier zum 280. Jahrestag des

Sieges von König Wilhelm III. über die Katholiken am Boyne-Fluss. Nun kommt es in Derry zu Straßenschlachten von Katholiken gegen Protestanten und die mit ihnen verbündete Polizei. Von da an erhalten auf beiden Seiten paramilitärische, gewaltbereite Organisationen Zulauf, und die militante Fraktion der IRA beginnt im ganzen Land einen Guerillakrieg gegen die britische Armee, die 1969 ins Land gerufen wird. Die Armee wird von den Katholiken zunächst als Ordnungsfaktor begrüßt, wird aber wegen ihres brutalen Vorgehens bald als Besatzungsmacht empfunden.

Auf der Basis eines alten Notstandsgesetzes (Emergency Powers Act) lässt die Regierung ab 1971 ohne Gerichtsverfahren und großenteils grundlos Hunderte Verdächtige – zumeist katholische Männer – internieren und teilweise auf brutale Weise verhören. Bei einer Demonstration gegen diese Internierungspolitik erschießen britische Fallschirmjäger 1972 in Derry 13 unbewaffnete Demonstranten („Blutsonntag"), worauf die IRA im selben Jahr in Belfast mit 22 Bombenexplosionen antwortet („Blutfreitag"). Sie verübt auch Bombenanschläge auf Geschäfte und Firmen von Unionisten. Die unionistischen Paramilitärs befürchten eine Absprache der IRA mit der britischen Regierung und töten zwischen 1974 und 1976 mehr als 300 katholische Zivilisten; die IRA ermordet im selben Zeitraum 91 Personen.

Eine Friedensbewegung gegen den Terror

1976 ist auch das Jahr, in dem die drei Kinder von Anne Maguire getötet werden. Und diese Tragödie löst, im Unterschied zu ähnlichen Vorfällen in dieser Zeit des Terrors und Gegenterrors, eine bemerkenswerte Friedensinitiative aus. Betty Williams, die kurz nach dem Vorfall zur Unfallstelle gekommen ist, telefoniert mit der Redaktion der Zeitung *Irish News* und bittet, einen Aufruf zu Frieden und Gewaltlosigkeit zu veröffentlichen, für den sie Unterschriften sammeln wolle.[1] Sie gibt, was in der aufgeheizten Atmosphäre gefährlich ist, ihren Namen und ihre Telefonnummer an mit der Aufforderung, sich mit ihr in Verbindung zu setzen. Es melden sich zahllose katholische und protestantische Mütter, die den Appell unterstützen wollen, und auch als Williams in ihrem Viertel von Wohnung zu Wohnung geht, erlebt sie viel Zustimmung.

Als nächsten Schritt lädt sie für den 14. August 1976 zu einer Trauerversammlung und Friedenskundgebung am Ort der Tragödie ein. Es kommen 10 000 Menschen aus allen Teilen Belfasts zusammen. Die Familie Maguire und Frauen aus einem seit Generationen protestantischen Straßenzug werden mit Beifall begrüßt; Letztere werden danach noch ein Stück weit auf ihrem Nachhauseweg begleitet.

> „Der Verlauf dieser Veranstaltung lieferte Hinweise auf einen beginnenden Wandel im Bewusstsein der nordirischen Bevölkerung. Über konfessionelle Grenzen hinweg schien der Wille zu wachsen, sich von jenem Fanatismus zu befreien, mit dem die Gewalt noch immer als selbstverständliches Element des Alltags in Nordirland hingenommen wurde."[2]

Eine Friedensbewegung kann entstehen. Mairead Corrigan, die Schwester der schwer verletzten Anne Maguire und Tante der drei getöteten Kinder, erklärt sich zur Mitarbeit bereit, und als intellektueller Begleiter gesellt sich noch Ciaran McKeown zu ihnen. Wer sind diese drei?

Betty Williams wird am 22. Mai 1943 in Belfast geboren, ist also bei ihrer Initiative 33 Jahre alt und Mutter von zwei Kindern. Ihre Mutter ist katholisch, der Vater Protestant. Sie hat katholische Schulen besucht, ist aber so tolerant erzogen worden, dass sie keine Probleme hatte, einen Protestanten zu heiraten. Sie arbeitet damals als Empfangssekretärin bei einem Unternehmen und hat sich schon früher an Bemühungen um eine Überwindung der Gewalt in Nordirland beteiligt.

Mairead Corrigan, am 27. Januar 1944 geboren, stammt aus einer rein katholischen Familie in einem ärmlichen Distrikt von

Belfast; der Vater ist Fensterputzer, die Mutter Hausfrau. Da ihr die Eltern keine höhere Schulbildung bezahlen können, belegt sie mit selbstverdientem Geld Kurse in einer Handelsschule, wird mit 16 Jahren Hilfsbuchhalterin in einer Textilfabrik, mit 21 Sekretärin bei der Guinness-Brauerei in Belfast und mit 33 Chefsekretärin. Die Hilfsbereitschaft, die sie im Zusammenleben mit ihren sechs Geschwistern gelernt hat, pflegt sie auch als Mitglied der katholischen Laienorganisation „Legio Mariae", die sich um Kinder aus zerstörten Familien, Alkoholkranke und Prostituierte kümmert. Zusammen mit einer Freundin gründet sie den ersten Kindergarten in Andersonstown. Sie ruft auch eine Einrichtung ins Leben, die behinderten Kindern des Stadtviertels Spiel- und Erholungsmöglichkeiten bietet.

Ihr soziales Engagement ist mit einer ökumenischen Einstellung gepaart. 1972 nimmt sie zusammen mit einem protestantischen Pfarrer aus Belfast an einer Weltmissionskonferenz des Ökumenischen Rates der Kirchen in Thailand teil und reist ein Jahr später in die Sowjetunion, um Filmaufnahmen von christlichen Gemeinschaften zu machen und danach in Schulen über ihre Eindrücke zu berichten. Als zwischen 1972 und 1974 der Legio Mariae als einziger Organisation der Kontakt zu Gefängnisinsassen gestattet wird, nutzt sie diese Gelegenheit und spricht mit vielen Inhaftierten beider Lager und ihren Familien. Eine solche Frau kann nach dem Drama vom 10. August nie und nimmer zur Rache an den „Brits" (Briten) aufrufen. Nein, sie appelliert vor den Fernsehkameras an alle Eltern – gleich ob katholisch oder protestantisch –, ihre Kinder im Geist der Nächstenliebe zu erziehen.

Ciaran McKeown, 1943 geboren und großenteils in Belfast aufgewachsen, ist ein junger katholischer Journalist und überzeugter Pazifist. Er bringt Williams und Corrigan – die drei kannten sich zuvor nicht – auf die Idee, aus der erfolgreichen Friedenskundgebung eine Friedensbewegung in Nordirland zu entwickeln und sich an ihre Spitze zu stellen. Er rät ihnen auch, Bezeichnungen wie „Frauenbewegung von Ulster" oder „Mütter für Frieden", die in den Medien bereits im Umlauf sind, zurückzuweisen und

stattdessen lieber ein Etikett zu wählen, das die Männer nicht ausschließt: „Peace People", Friedensleute (als Nichtregierungsorganisation: Community of Peace People).

„Wir lehnen den Einsatz von Bomben und Geschossen ab"

Die Peace People sollen zum Frieden aufrufen; ihre Grundsätze
formuliert McKeown in folgender Erklärung:

> „Wir haben eine einfache Botschaft von der Friedensbewegung für
> die Welt.
>
> Wir wollen leben und lieben und eine gerechte und friedliche
> Gesellschaft aufbauen.
>
> Wir wünschen uns für unsere Kinder, und wir wünschen für
> uns selbst, dass unser Leben zu Hause, bei der Arbeit und beim
> Spiel ein Leben der Freude und des Friedens sei.
>
> Wir sind uns bewusst, dass ein solches Leben aufzuabauen von
> uns allen Hingabe, harte Arbeit und Mut erfordert.
>
> Wir sind uns bewusst, dass viele Probleme in dieser Gesellschaft
> bestehen, die den Ursprung von Konflikten und von Gewalt dar-
> stellen.
>
> Wir sind uns bewusst, dass jedes abgefeuerte Geschoss und jede
> explodierte Bombe diese Arbeit schwieriger macht.
>
> Wir lehnen den Einsatz von Bomben und Geschossen und alle
> Gewalttechniken ab.
>
> Wir widmen uns tagaus, tagein der Arbeit mit unseren Nächs-
> ten in nah und fern beim Aufbau dieser friedlichen Gesellschaft,
> in der die Tragödien, die wir erfahren haben, nur eine böse Erin-
> nerung und eine ständige Mahnung bedeuten."[3]

Wie weckt man in einer Bevölkerung, die ihre soziale Spaltung
und terroristische Bedrohung resigniert als unabänderliches
Schicksal hinnimmt, den Willen zu aktiver Verständigungsarbeit?

Der amerikanische Bürgerrechtler Martin Luther King hat 1963 mit dem friedlichen Marsch von 250 000 Schwarzen auf Washington ein Beispiel gegeben, das viele Bürgerrechtsbewegungen inspiriert. Nach diesem Vorbild organisieren die Peace People vier Monate lang, bis Ende 1976, jeden Samstag Friedensmärsche, an denen Zehntausende teilnehmen. Beispielsweise den äußerst riskanten Zug durch die Unionisten-Hochburg um die Shankill Road und den symbolträchtigen Gang zum Boyne-Fluss, an dem die Katholiken einst besiegt worden sind. Diese Demonstrationen werden orchestriert von Märschen in wichtigen Städten Großbritanniens, die am selben Tag erfolgen, selbstverständlich auch in London. In Nordirland führen Betty Williams und Mairead Corrigan die Märsche an; beide geben im Dezember 1976 ihren Beruf auf, um sich ganz der Friedensarbeit zu widmen.

Nach der Demo-Phase sollen die 100 Peace-People-Gruppen, die sich gebildet haben, das Licht des Friedens weiterverbreiten. Ihr Ziel ist es, auf der Grundlage von Gerechtigkeit in allen Lebensbereichen eine Aussöhnung unter Nordiren zu erreichen und eine neue Identität zu finden – und dies bei absoluter Gewaltlosigkeit.

> „Peace People bemühten sich, Gelegenheiten zur Begegnung, Dialog und Versöhnung zu schaffen und setzten sich gleichzeitig für gerechte Gerichtsverhandlungen und gerechte Strukturen ein. Die Peace People glauben, dass der gewaltlose Einsatz für Versöhnung und Gerechtigkeit der Weg zum Frieden in Nordirland und in der Welt ist."[4]

Auf dieser Linie fördern sie den Austausch zwischen den entfremdeten Bevölkerungsgruppen, organisieren Jugendcamps und fordern die Aufhebung der Notstandsgesetze, die zu vielen ungerechtfertigten Inhaftierungen geführt haben. Man ruft den vierzehntäglich erscheinenden Nachrichtenbrief *Peace by Peace* ins Leben, den McKeown redigiert, und muss eine Organisation gründen, die das alles koordiniert und Spenden sammelt. Eine Partei wollen sie nicht werden; die Parteien haben ja versagt.

Die Peace People und ihre Dreierspitze stoßen auf enorme Hindernisse. Die britische Regierung hält sie für naive Verbündete im Kampf gegen die Terroristen und ist überrascht, dass sie die Menschenrechtsverletzungen im Hochsicherheitsgefängnis Long Kesh anprangern. Protestanten, die auf den Scharfmacher Ian Paisley hören, ordnen sie wegen der drei katholischen Initiatoren von vornherein dem proirischen Lager zu. Und die IRA argwöhnt, zumal nachdem Königin Elizabeth II. Betty Williams und Mairead Corrigan empfangen hat, sie seien Verräter, die den Briten zuarbeiten. Als im Oktober 1976 ein Junge durch ein Hartgummigeschoss britischer Soldaten getötet wird, ist eine Menschenmenge so aufgebracht, dass sie Williams, Corrigan und McKeown, die mäßigend zu ihnen sprechen, für Komplizen der Briten halten und zu lynchen drohen. Ausgerechnet Leute der IRA retten damals die drei.

„... dass Christus ein Pazifist war"

Die drei Friedensaktivisten fordern sowohl die IRA als auch die protestantischen Paramilitärs auf, den bewaffneten Kampf aufzugeben und sich in einem entmilitarisierten Nordirland für ihre Rechte einzusetzen. Sie könnten ihren Terror nicht als „gerechten Krieg" ausgeben. Gewaltfreiheit sei eine unabdingbare Voraussetzung für eine bessere Zukunft. Und weil sie dies auch für ein Gebot des christlichen Glaubens halten, erinnert Corrigan das katholische und das evangelische Lager an ihre christlichen Wurzeln:

> Christus „lebte in einem besetzten Land. Er schloss sich weder den unterdrückerischen noch den revolutionären Kräften an. Er sprach von Liebe. Wie sehr wir auch versuchen, Gewalt zu rechtfertigen, wenn du darüber nachdenkst, kommst du nicht um die Tatsache herum, dass Christus ein Pazifist war. Ich komme nicht darum herum. Wo immer wir sind, wo immer wir leben, wir müs-

sen uns als Christen fragen, ob Christus – wenn er in Belfast lebte – eine Schusswaffe tragen und andere für sein Anliegen töten würde."[5]

Ganz im Gegensatz zu den Missverständnissen und Anfeindungen in der Heimat erfahren die Peace People im Ausland viel Zustimmung und Ermutigung. Williams und Corrigan werden zu Vorträgen nach Europa, Australien und in die USA eingeladen. Höhepunkt dieser Welle von Sympathie ist die Verleihung des Friedensnobelpreises für das Jahr 1976, der an Betty Williams und Mairead Corrigan überreicht wird. Bei der Feier am 10. Dezember 1977 in Oslo sagt Egil Aarvik, der stellvertretende Vorsitzende des norwegischen Nobelkomitees:

> „Niemand weiß heute, ob diese organisierte Bewegung jemals ihre Ziele erreichen wird. Aber ihre Anführerinnen haben jedes Recht, für die Erreichung dieser Ziele zu glauben, zu hoffen und zu wirken. In Nordirland wie auch anderswo in der Welt gibt es eine Menge Leute, die ihre Hoffnung und ihren Glauben teilen. Betty Williams und Mairead Corrigan haben uns gezeigt, was einfache Menschen tun können, um die Sache des Friedens voranzubringen."[6]

Was können sie voranbringen? Als die Preisträgerinnen nach Belfast zurückkehren, werden sie von der Bevölkerung – ausgenommen die Peace People – kühl empfangen. Es entsteht keine Aufbruchsstimmung; viele sind noch von Angst gelähmt. Trotzdem setzen die beiden ihre Arbeit fort. Allerdings lässt das Medieninteresse bald nach. Auch schwächen sich die Peace People selbst. Sie können sich über ihre Ziele – Friedensarbeit in aller Welt oder nur in Nordirland; Sonderstatus für die Inhaftierten oder nicht? – nicht einigen, weshalb sich viele von der Bewegung abwenden. Auch zwischen Williams und Corrigan kommt es zu einer Entzweiung. Denn trotz ihrer Ankündigung, das Preisgeld für Projekte in der Dritten Welt zu verwenden, will Williams ihren Anteil für sich behalten, weil sie ihren Beruf aufgegeben hat und nach der Scheidung ihrer Ehe mittellos ist. Bei einer Nachtsitzung der Friedensleute im Februar 1980 geht es ziemlich unfriedlich zu, und Williams verlässt danach im Streit die Peace People. Corrigan meint später selbstkritisch:

> „Ich habe auch gelernt, dass persönliche Beziehungen wichtig sind, dass wir uns für jeden anderen Zeit nehmen müssen, Zeit um zuzuhören, um sensibel zu sein, zu vergeben und Mitgefühl füreinander zu zeigen. Vor allem habe ich gelernt, dass wir durch regelmäßiges Gebet und Meditation zum inneren Frieden kommen müssen."[7]

Die Peace People machen weiter, aber in kleinerem Maßstab

Williams emigriert mit ihrem zweiten Ehemann und ihrer Tochter in die USA und setzt sich dort für internationale Friedensprojekte ein. 1997 gründet sie die Kinderrechtsorganisation World Centers of Compassion for Children International, deren Vorsitz sie führt und die 2014 in Süditalien die erste City of Compassion für Kinder errichtet. Im Jahr 2004 kehrt sie nach Nordirland zurück, ausgezeichnet mit dem Martin Luther King, Jr. Award und dem Eleanor Roosevelt Award für Menschenrechte.

Ciaran McKeown, der in seinem Nachrichtenbrief Ansichten vertrat, mit denen Williams nicht einverstanden war, kann wegen seines Engagements für die Peace People in Nordirland nicht mehr als Journalist arbeiten. Er zieht sich aus der Bewegung zurück und schult auf Schriftsetzer um.[8]

Mairead Corrigan arbeitet weiter mit den Peace People zusammen. Ihre Schwester Anne ist nach dem Unfall mit ihrem Mann und dem verbliebenen Sohn Mark nach Neuseeland ausgewandert, kehrt aber schon nach einem Jahr wieder zurück, weil ihr dort kein Neuanfang gelang. Körperlich und seelisch schwer angeschlagen, leidet sie an Depressionen und nimmt sich das Leben. Mairead heiratet ihren verwitweten Schwager und bringt zwei Söhne zur Welt.

Mairead Corrigan Maguire, wie sie nun heißt, wirkt bei Projekten der auf 50 bis 100 Mitglieder geschrumpften Peace People mit: Sie erwerben eine „Jugendfarm", auf der katholische und protestantische Kinder Erfahrungen mit einem friedlichen Zusammenleben sammeln können. Sie organisieren einen Bus-Transportdienst für Gefängnisbesuche, um den Kontakt zwischen inhaftierten Terroristen und ihren Angehörigen zu erleichtern.

Corrigan Maguire ist Mitglied des Internationalen Versöhnungsbundes sowie der britischen Sektion der ökumenischen Friedensbewegung Pax Christi. Sie hat auch die Kinderschutzorganisation Child Right Worldwide mitinitiiert. Als Ehrenpräsidentin der Initiative Hands Off Cain setzt sie sich für die Abschaffung der Todesstrafe ein. Im Jahr 2003, zu Beginn des Irakkriegs gegen Saddam Hussein, nimmt sie an einer Protestaktion von Pax Christi vor dem Weißen Haus in Washington teil und wird von der Polizei festgenommen, weil sie eine Absperrung überschritten hat. Bei einer Demonstration gegen den Bau der Sperranlagen in den von Israel besetzten palästinensischen Gebieten wird sie im April 2007 vom israelischen Militär durch ein Gummigeschoss am Bein verletzt. Im Mai 2010 nimmt sie auch an der umstrittenen Gaza-Hilfsflotte teil. Im Dezember 2012 schreibt sie zusammen mit den Friedensnobelpreisträgern Erzbischof Desmond Tutu und Adolfo Pérez Esquivel in der Zeitschrift *The Nation*, der Obergefreite Bradley Manning, der amerikanische Kriegsverbrechen in Afghanistan und im Irak aufgedeckt hat, verdiene Gnade statt Strafe.

Zurück nach Nordirland. Was erreichen dort Betty Williams, Mairead Corrigan Maguiere und Ciaran McKeown? Weder ihre Friedensmärsche noch die beharrliche Nacharbeit der Peace-People-Gruppen bewirken einen Friedensschluss. Das Karfreitagsabkommen vom 10. April 1998, das zwischen den Regierungen in Dublin, London und Nordirland geschlossen wird und nach einigen Jahren zum Verzicht der paramilitärischen Organisationen auf Gewalt und endlich im Jahr 2007 zu einer funktionierenden Allparteien-Regierung in Nordirland führt, wird maßgeblich durch politische Maßnahmen ermöglicht: durch eine Reform der Polizei, Schwächung der IRA und die Vermittlung der amerikanischen Regierung. Aber die Peace People haben, zusammen mit anderen Gruppen, dazu beigetragen, dass die Bevölkerung den Friedensprozess unterstützt und trägt.

> „Obwohl die Friedensbewegung die Gewalt nicht beendet hat – ohne sie wären die Auswirkungen des Bürgerkriegs wohl schlimmer und die Zukunftsaussichten düsterer gewesen."[9]

Csilla von Boeselager
(1941–1994)

„Der Engel von Budapest" und
„beste Bettler Europas"

Es war nie Csilla von Boeselagers Absicht, in der großen Politik mitzumischen, und doch hat sie im Wendejahr 1989 viel dazu beigetragen, dass Tausende Menschen, die der DDR den Rücken kehrten, in den freien Westen reisen konnten und die Bürgerbewegung in Ostdeutschland Auftrieb erhielt. Zu ihrem 20. Todestag im Februar 2014 schrieb die Deutsche Botschaft in Budapest: „Während der Hilfsaktion 1989 in Budapest wurde sie zu einer Schnittstelle zwischen internationalen Medien, den DDR-Flüchtlingen, der Deutschen Botschaft und der ungarischen Politik und bereitete so den Weg für eine friedliche Lösung."

Voraussetzung für diesen Erfolg war, neben ihrem außergewöhnlichen karitativen Einsatz, ihre Herkunft.[1] Csilla wird am 17. Mai 1941 als Tochter von Marianne Zboray von Zboro sowie dem Ingenieur und Professor Ivan Fényes von Dengelegh in Budapest geboren; die Mutter ist katholisch, der Vater calvinistisch. 1945, als die Rote Armee die Stadt beschießt, flieht die Familie mit der vierjährigen Tochter nach Bayern, wo sie in einem Flüchtlingslager und einem Bauernhof haust, bis sie 1947 nach Venezuela auswandern kann. Dort erlebt Csilla, was es heißt, einer Minderheit anzugehören, wenn sie von den anderen Kindern auf dem Spielplatz stehen gelassen wird, weil sie die falsche Hautfarbe hat. Integrieren kann sie sich zum Glück in der Klosterschule der Franziskanerinnen, die sie in Caracas besucht. Sie spielt im Schulmusikkorps, wird Jugendfechtmeisterin im Florett und darf als Klassenbeste sonntags in einem Slumviertel Kindern Katechismusunterricht erteilen. Nach dem Abitur bekommt sie ein Stipendium, das ihr von 1957 bis 1961 ein Chemiestudium am Vassar College im Staat New York ermöglicht.

Die begabte 20-Jährige beginnt ihre Berufslaufbahn als Forschungsassistentin in einem Unternehmen der chemischen Industrie, wo sie ein Patent auf eine neue chemische Substanz erwirbt. Nach einem schweren Reitunfall liegt sie zwei Jahre im Streckbett. Dann arbeitet sie in der Kosmetiksparte der Firma Shell in New York als Marketing-Fachfrau. In dieser Zeit belegt sie auch Abendkurse in Pharmazie und engagiert sich in mehreren Wohltätigkeitsorganisationen. Sie wechselt zu den Farbwerken Hoechst und koordiniert von 1970 bis 1973 das Marketing von deren Kosmetik-Gruppe in Frankfurt. Damit kehrt sie wieder nach Europa zurück. Sie spricht Ungarisch, Deutsch, Englisch, Spanisch und Italienisch.

1973 heiratet sie Wolfhard Freiherr von Boeselager, der im Wasserschloss Höllinghofen bei Arnsberg-Voßwinkel im Sauerland den Land-, Forst- und Immobilienbesitz seiner Familie verwaltet und sich als Naturschützer engagiert. Csilla Freifrau von Boeselager, wie sie nun heißt, bringt zwei Töchter zur Welt und nimmt einen Pflegesohn in die Familie auf. Von 1973 bis 1986 leitet sie als Geschäftsführerin ein Touristikunternehmen der Boeselager'schen Verwaltung, gründet einen Fremdenverkehrsverein und sitzt im Vorstand des Fremdenverkehrsverbandes Sauerland.

Seit ihrer Heirat hilft sie auch in der Pfarrgemeinde Voßwinkel bei der Vorbereitung von Heranwachsenden zur Erstkommunion und Firmung und wird 1982 aktives Mitglied des Malteser-Hilfsdienstes Arnsberg. „Die Malteser" sind jene karitative katholische Organisation, die in Deutschland mehr als eine Million Mitglieder und Förderer zählt und vom Rettungsdienst bis zu Einsätzen in Katastrophengebieten vielerlei Dienste leistet. Die Zugehörigkeit zu dieser Vereinigung wird ihr weiteres Wirken entscheidend beeinflussen.

Ungarn braucht Hilfe

Im Mai 1987 erzählt ihr nämlich Imre Ugron, Präsident der Arbeitsgemeinschaft ungarischer Malteserritter im deutschen Sprachraum, wie erbärmlich die medizinische Ausrüstung fast aller Krankenhäuer im kommunistischen Ungarn sei; sie hätten nicht einmal genügend Blutdruckmessgeräte und Brutkästen, doch es sei möglich, karitativ zu helfen. Bei einem Besuch in Ungarn sieht sie die Not mit eigenen Augen. Als sie der Chefarzt einer Geburtsklinik durch das Anwesen führt, fällt einer der 16 altgedienten Brutkästen für die Frühgeborenen endgültig aus. „Ich musste mit ansehen, wie ein Säugling starb, weil das altersschwache Beatmungsgerät versagte." Im ganzen Land ist die Not groß. Noch im Jahr 1992 leben von den elf Millionen Ungarn drei Millionen unter der Armutsgrenze von 200 D-Mark pro Monat – nicht genug, um zu essen, Medikamente zu kaufen und die Miete zu bezahlen. Das Land hat auch etwa 80 000 Flüchtlinge aus Rumänien – großenteils ungarischer, aber auch deutscher Abstammung – zu versorgen und ist damit überfordert.

Die Managerin beginnt, Hilfsgüter zu sammeln: Lebensmittel, Kleider, Decken, Hausrat. 13 Jugendliche, die sie auf die Firmung vorbereitet hat, sowie Freunde vom Malteser-Hilfsdienst unterstützen sie. Ein Lastwagen wird ihr dafür kostenlos zur Verfügung gestellt. Um die bürokratischen Hürden zu nehmen, brauchen sie und ihre Mitstreiter fünf Monate, doch im Oktober 1987 fährt der Lkw los. Die Fracht ist vor allem für die Flüchtlinge aus Rumänien bestimmt.

Zwei Monate zuvor hat sie auch den ungarischen Partner kennengelernt, der die Sachspenden lagern und weiterleiten wird: Imre Kozma, Pfarrer der katholischen Gemeinde „Zur Heiligen Familie" im Budapester Stadtteil Zugliget. Zu ihm hat sie ein diskreter Tipp von Frau zu Frau geführt. Als sie nämlich Kardinal Paskai um Unterstützung ihrer Aktion bittet, reagiert dieser skeptisch: Angesichts der Kirchenfeindlichkeit, die das kommunistische Regime bisher an den Tag gelegt habe, seien nur Spenden möglich, „die im Handgepäck transportiert werden können"; alles andere gefährde die Beteiligten. Nach diesem Gespräch rät ihr aber seine Sekretärin, sich an Pfarrer Kozma zu wenden. Kozma ist als regimekritisch bekannt und wird von der Geheimpolizei ständig überwacht. Die Gespräche mit ihm führt Csilla von Boeselager darum auf den Straßen von Budapest oder flüsternd bei lautem Radio in der Kirche von Zugliget. Der Pfarrer erklärt sich sofort bereit, die Hilfsgüter in dem riesigen Keller unter seiner Kirche zu lagern; die beiden werden enge Verbündete.

Der erste Erfolg ermutigt die Freifrau zu weiteren Aktionen. Im Mai 1988, während sie weitere Hilfslieferungen vorbereitet, erkrankt sie jedoch an Krebs. Eine Operation ist nötig, der drei weitere Eingriffe folgen werden. Doch kaum eine Woche nach ihrer ersten Operation bittet sie – noch als Patientin im Krankenhaus – den Verwaltungsdirektor der Städtischen Kliniken Dortmund um ausgemusterte, aber noch funktionstüchtige medizinische Geräte. Er übergibt ihr Betten, Beatmungsgeräte und auch einen Computertomographen – etwas, das damals in keinem ungarischen Krankenhaus vorhanden ist. Frau von Boeselager verschickt Spendenaufrufe, hält Vorträge, ersucht Krankenhäuser der Bundesrepublik um die Überlassung von medizinischer Ausrüstung, erbettelt bei Apotheken und Pharma-Unternehmen Medikamente und gewinnt freiwillige Helfer. Der Malteser-Hilfsdienst in Deutschland erledigt für sie die Ausfuhrformalitäten.

„Die Leute sind ihrem Charisma erlegen"

Doch wie kann man die Transporte finanzieren? Eines Tages spricht sie auf einem Autobahnrastplatz einen Lkw-Fahrer des ungarischen Transportunternehmens „Hungarocamion" an und erfährt, dass die „Salami-Laster" nach der Entladung ihrer Exportgüter in Deutschland meistens leer zurückfahren. Sie spricht mit der deutschen Zentrale des Unternehmens in Hamburg und erreicht dessen Unterstützung. Bis Dezember 1988 können Frau von Boeselager und ihr Team 37 Transporte mit Gütern im Wert von etwa siebeneinhalb Millionen D-Mark nach Ungarn schicken.

Ihre Ungarn-Hilfe hat sich so ausgeweitet, dass sie ein Netz von Mitarbeitern und eine organisatorische Grundlage in Ungarn braucht. Im November 1988 verhandelt sie mit der ungarischen Regierung, die durch die Einfuhr des Computertomographen auf sie aufmerksam geworden ist. Erstaunlicherweise erhält sie die Erlaubnis, eine eigene Hilfsorganisation zu gründen. Auf ihre Bitte hin erlauben die Behörden sogar, dass Kirchen und Kapellen, die zu Lagerhallen zweckentfremdet wurden, für Gottesdienste geöffnet werden und Seelsorger wieder offiziell in den Krankenhäusern wirken können.

Im Februar 1989 hebt sie mit ihren Mitstreitern in Budapest den Ungarischen Malteser-Hilfsdienst (Magyar Máltai Szeretetszolgálat) aus der Taufe und gründet zwei Monate zuvor als Schwesterorganisation in Deutschland den Ungarischen Malteser Caritas-Dienst e. V. Die Pfarrgemeinde von Imre Kozma bildet nun den Kern des einzigen Malteser-Vereins im Ostblock. Im April 1989 eröffnet sie mit ihm nahe der rumänischen Grenze ein Zentrum, um den Flüchtlingen schneller helfen zu können.

Csilla von Boeselager wird von einer erfolgreichen Unternehmerin zu einer unermüdlichen Hilfsmanagerin. Eine ihrer Töchter bemerkt: „Seit ich Mami in Aktion erlebe, weiß ich, warum Wirbelstürme immer weibliche Namen tragen." Das ist ironisch, aber lieb gemeint, denn Csilla von Boeselager handelt mit voller Zustimmung ihres Mannes und ihrer Kinder. Für sie sei, sagt sie,

Ehefrau und Mutter sein „Job Nummer eins". Aber wie kann sie als Privatperson so viel Hilfe mobilisieren? „Die Leute sind ihrem Charisma erlegen", meint dazu ihre Mitarbeiterin Beatrix Bäume. Sie müsse nur sagen: „Das brauchen wir", und die Angesprochenen kapitulieren. Freiherr Johannes Heeremann vom Malteser-Hilfsdienst bestätigt dies nach ihrem Tod:

> „Sie besaß großes diplomatisches Geschick. Und sollte ein Hartnäckiger demgegenüber widerstanden haben, dann konnte Csilla Boeselager um ihres Zieles willen ganz einfach alle Professionalität beiseite schieben und mit weiblichem Charme entwaffnen. Nur so ist zu verstehen, dass der Präsident einer obersten Bundesbehörde uns im August 1989 im Rahmen unserer Hilfsmaßnahmen zu rechtswidrigem Handeln aufforderte, mit dem Hinweis: Wer dieser Frau nicht hilft, der hat kein Herz in der Brust."[2]

Zu Recht nennt sie sich selbst einmal den „besten Bettler Europas". Dieses Talent befähigt sie denn auch, die Herausforderung zu bewältigen, die im Sommer 1989 auf sie und ihre Malteser zukommt. Im Juni 1989 trennen der ungarische und der österreichische Außenminister in einer fernsehtauglichen symbolischen Aktion den Stacheldrahtzaun an der Grenze ihrer Länder. Der Eiserne Vorhang scheint geöffnet zu sein. Mit Beginn der großen Ferien strömen immer mehr DDR-Bürger nach Ungarn in der Hoffnung, illegal über die Grenze nach Österreich gelangen zu können. Sie werden von den Grenzern zurückgewiesen, von den ungarischen Behörden aber nicht in die DDR abgeschoben, wie es bestehende Verträge bisher verlangten, denn in diesem Jahr ist Ungarn der Flüchtlingskonvention der Vereinten Nationen beigetreten und hat sich verpflichtet, Flüchtlinge im Land zu lassen.

Ein Flüchtlingslager im Pfarrgarten von Zugliget

Zahlreiche Fluchtwillige aus der DDR kommen in die bundesdeutsche Botschaft und bleiben in der Hoffnung, dass ihnen die Ausreise gestattet wird. Im August ist das Gebäude mit 180 DDR-Bürgern restlos überfüllt und muss geschlossen werden. Die Abgewiesenen übernachten zu Hunderten in ihren Trabis oder in Schlafsäcken auf den Straßen. Am 13. August 1989 berät ein Krisenstab von westdeutschen Beamten im Haus des Botschaftsrats von Berg über die Lage. Csilla von Boeselager und ihr Team weilen zufällig als Gäste im Haus, um wieder einmal die Hotelkosten zu sparen. Sie wird um Unterstützung gebeten und bietet unverzüglich ihre Hilfe an. In ihrem Tagebuch schreibt sie:

> „Ich setzte mich zu ihnen und sagte: Sie wissen nicht, wohin mit den Flüchtlingen. Ich weiß, wo wir sie unterbringen können. Kein Problem, wir Malteser werden das lösen. Einerseits werden Familien aus der Pfarrgemeinde Zugliget Flüchtlinge aufnehmen, und andererseits gibt es einen großen Garten bei der Kirche, wo man Zelte aufschlagen kann. Ich rufe sofort den Katastrophendienst des Malteser Hilfsdienstes in Deutschland an."[3]

Das ist kühn: Sie hat ja noch gar nicht die Erlaubnis des ungarischen Innenministeriums für ihr Vorhaben. Und wenn sie sich auch der Hilfe aus Deutschland sicher sein kann – ihr ungarischer Malteser-Hilfsdienst ist erst im Aufbau begriffen. Ein ehrenamtlicher Mitarbeiter bemerkt später dazu: „Wir waren noch ganz am Anfang. Wir hatten Herz und Liebe, aber keine Verpflegung, keine Zelte." Und dann ist auch Pfarrer Kozma noch nicht gefragt worden, ob er ein Flüchtlingslager auf dem Gelände seiner Gemeinde erlauben würde.

Doch Csilla von Boeselager bekommt den Obstgarten bei der Kirche, bekommt die Erlaubnis der ungarischen Behörden, bekommt Zelte aus Deutschland und findet Helfer in Budapest. Zwei Tage später steht das Lager.

Pfarrer Kozma appelliert im Gottesdienst an die Gastfreundschaft seiner Gläubigen, und diese nehmen bis zu 300 Flüchtlinge in ihre zumeist kleinen Wohnungen auf. Sie spenden Geld für warme Mahlzeiten im Camp: In vier Wochen kommen insgesamt 800 000 Forint zusammen, was 100 ungarischen Monatseinkommen entspricht. Die Adresse spricht sich herum; die gesperrte deutsche Botschaft verteilt sogar Straßenskizzen, damit die DDR-Touristen leichter zum Lager in Zugliget finden. Täglich melden sich 50 bis 100 Fluchtwillige, etliche sind 100 Kilometer gelaufen oder durch die Donau geschwommen, und bald drängen sich im Lager 800 Menschen, zumeist junge Leute, manche mit kleinen Kindern.

Die Malteser erweitern das Camp und richten außerhalb der Hauptstadt weitere Auffanglager ein, die sie später an andere Hilfsorganisationen übergeben. So finden insgesamt 7500 Menschen bei ihnen Zuflucht. Versorgung und Nachschub müssen genau geplant werden. Malteser aus Paderborn bringen große Ladungen mit Zelten, Decken und warmer Kleidung nach Budapest. Die Krankenhausküche des Johannes-Spitals, das Frau von Boeselager in den Jahren zuvor unterstützt hat, kocht täglich einige Tausend warme Mittagessen. Rund 150 Malteser aus Deutschland, Österreich und Ungarn opfern ihren Sommerurlaub.

„... können mit ihren DDR-Passieren das Land verlassen"

Westliche Journalisten und die DDR-Botschaft in Budapest werden auf das Lager aufmerksam. Wird Ost-Berlin erreichen, dass die „Ausreiser" mit Polizeigewalt in die DDR zurückgeführt werden? Mitarbeiter der Staatssicherheit (Stasi) fotografieren Autokennzeichen und machen vom benachbarten Gebäude aus Videoaufnahmen; die Malteser blenden sie mit Scheinwerfern. Die Flüchtlinge sind verängstigt. Sie wagen es nicht, ihren Familiennamen zu nennen. Manche erfahren, dass ihre Angehörigen in der DDR von Stasi-Leuten verhört und angehalten werden, ihre Verwandten zur Rückkehr zu bewegen. Die Malteser müssen viel Zeit aufs Mutmachen verwenden – auch Csilla von Boeselager. Sie wird von der ungarischen Regierung und der westdeutschen Botschaft über den Stand der diplomatischen Verhandlungen zur Lösung des Problems auf dem Laufenden gehalten und gebeten, die Flüchtlinge zu beruhigen und die internationalen Medien zu informieren. Das tut sie mit bemerkenswertem Geschick. So können die offiziellen Stellen schweigen und ungestört hinter den Kulissen verhandeln.

Mehrmals fliegt Frau von Boeselager in diesen Wochen für einen Tag nach Deutschland. Man vermutet, sie führe in Bonn geheime Gespräche; in Wirklichkeit muss sie sich einer Chemotherapie unterziehen. Die DDR-Regierung blockiert jede Lösung, wird aber von Moskau, das sich mit Michail Gorbatschow auf Reformen umgestellt hat, nicht mehr unterstützt, und Polen hat soeben eine demokratisch gewählte Regierung bekommen. Die ungarische Regierung findet, es sei nicht ihre Aufgabe, die Grenze anderer Staaten zu schützen, und beschließt, die flüchtigen DDR-Bürger ausreisen zu lassen.

Es spricht sich herum, dass Außenminister Gyula Horn am Abend des 10. September 1989 eine wichtige Entscheidung bekannt machen werde. Auf dem Kirchplatz von Zugliget versammeln sich gut 1000 Menschen um ein Fernsehgerät, bei dem Malteser und Csilla von Boeselager stehen. Der Außenminister verkündet in einem Interview die entscheidende Botschaft. Frau von Boeselager übersetzt sie sofort ins Deutsche und verziert sie in der Aufregung mit einem sinnigen Versprecher: „Die hier stehenden Mitglieder, Bürger der DDR, können mit ihren DDR-*Passieren* das Land verlassen."

Beatrix Bäume, die Mitstreiterin, erinnert sich: „Gegen 19.15 Uhr ging ein Freudenschrei durch das Lager. Die Menschen fielen sich in die Arme. Und viele weinten Tränen der Erleichterung und des Glücks." Ein Drittel des Lagers bricht noch in der Nacht in Richtung Westen auf. Zehn Tage später können auch die Flüchtlinge, die die westdeutsche Botschaft in Prag besetzt haben, ausreisen. Es strömen weitere Menschen aus der DDR nach Ungarn, und die Zeltstadt in Zugliget dient ihnen bis November 1989 als Durchgangslager. Insgesamt wurden dort seit August an die 36 000 DDR-Flüchtlinge betreut.

In Leipzig kommen immer mehr regimekritische Bürger zu den Montagsgebeten und Demonstrationen. Am 9. November fällt die Berliner Mauer. Der damalige ZDF-Korrespondent Joachim Jauer, der von Boeselagers Arbeit aus der Nähe verfolgt hat, wird im Jahr 2009 bei einer Gedenkveranstaltung über sie sagen: „Der von ihr begünstigte Massenexodus hat einen riesigen Stein aus der Berliner Mauer gerissen."

„Zu Europa gehören auch die Völker vom ehemaligen Ostblock"

Für die Medien ist sie nun der „Engel von Budapest". 1989 erhält sie das Bundesverdienstkreuz am Bande und die Ehrenmedaille der Stadt Paris. 1991 verleiht man ihr den deutschen Preis „Frauen für Europa" und das Verdienstkreuz der Republik Ungarn, 1992 den Europäischen Preis für Menschenrechte. Im September 1991, gezeichnet von ihrer Krankheit, wird sie in einem Fernsehinterview gefragt, wie sie als erfolgreiche Geschäftsfrau dazu gekommen sei, in den Malteser-Hilfsdienst einzutreten. Sie antwortet:

> „Ich bin ja gläubige Katholikin, und Jesus hat gesagt: ,Was ihr dem geringsten meiner Brüder getan habt, das habt ihr mir getan.' Also habe ich Religionsunterricht gemacht und habe meine Kinder gefragt: ,Habt ihr heute Jesus getroffen?' Und die haben mich angeschaut und gedacht, worüber redet sie denn eigentlich. Ich habe gesagt: ,Doch. Ihr habt Jesus getroffen. Da war doch der alte

Mann, der über die Straße wollte oder vielleicht die Oma, um die ihr euch gekümmert habt, oder vielleicht ist ein Freund von euch im Krankenhaus!' Als Malteserin ist mein Leitsatz: Ich sehe in dem Kranken eine Begegnung mit dem Herrn, und ich behandle diesen Kranken wie den Herrn.‟[4]

Sie nutzt ihre Bekanntheit und wird auch von der deutschen Bundesregierung unterstützt. 1989 organisiert sie größere Hilfstransporte nach Rumänien und weitet die Aktionen ihrer Malteser auch auf andere Länder Osteuropas aus. Sie wirbt für wirtschaftliche Hilfe für die vom kommunistischen Joch befreiten Länder Osteuropas, denn „Freiheit zu hungern ist keine Freiheit". In Ungarn baut sie den Katastrophenschutz auf und betreut während des Kroatienkriegs (1991–1995) Flüchtlinge. Bei alldem unterstützen sie gut 10 000 ehrenamtliche Helfer. Als sie 1992 mit der St.-Liborius-Medaille ausgezeichnet wird, sagt sie, schwer krank im Rollstuhl sitzend: „Ich bin nur eine von diesen 10 000 Maltesern." Von 1987 bis 1991 fahren mehr als 700 Lkw mit einer Ladung im Wert von über 100 Millionen D-Mark nach Ungarn. Die Anstifterin und Organisatorin betrachtet solche Hilfen als Beitrag zu einem vereinten Europa:

„Ich möchte für mein Ideal kämpfen, Europa zu verwirklichen. Und zu Europa gehören auch die Völker vom ehemaligen Ostblock. Und dies kann man am besten tun, wenn zum Beispiel ein Kroate [im Flüchtlingslager der Malteser, B. G.] ein Lebensmittelpaket in der Hand hält, auf dem draufsteht, dass es eine deutsche Spende ist, die von den Ungarn vermittelt wurde. Dann ist das schon eine Völker verbindende kleine Brücke."[5]

1991 kann sie eine Stiftung gründen. Sie heißt nach ihrem Tod Csilla von Boeselager Stiftung Osteuropahilfe e. V. und unterstützt kleinere Projekte wie Armensuppenküchen, Obdachlosenheime und Schulspeisung in Ungarn, Polen, Serbien, Rumänien und der Ukraine. Zuletzt leitet sie dieses Werk telefonisch vom Krankenbett aus, bis sie am 23. Februar 1994 auf Schloss Höllinghofen bei

Arnsberg an den Folgen ihrer Krebserkrankung stirbt – mit 53 Jahren. Außenminister a. D. Hans-Dietrich Genscher, der sie schätzen gelernt hat, schreibt in einem sehr persönlich gehaltenen Nachruf: „Vielen von uns hat sie geholfen, uns allen hat sie ein Beispiel gegeben."

Rigoberta Menchú Tum (* 1959)

Stimme der unterdrückten indigenen Völker

Guatemala ist Teil des „lateinamerikanischen Hinterhofs". Zwischen Mexiko im Norden und El Salvador sowie Honduras im Südosten erstreckt sich das Land über eine Fläche, die etwas größer ist als Baden-Württemberg und Bayern zusammengenommen. Die circa 15 Millionen Einwohner leben in einer Gesellschaft mit extremen Gegensätzen: Die Indigenas (40 Prozent), zumeist Nachfahren der Mayas, sind trotz einer Kommission gegen Diskriminierung und Rassismus immer noch weitgehend vom politischen Leben ausgeschlossen. Dieses wird von den Ladinos (58 Prozent), Mischlingen mit halb spanischer, halb indianischer Abstammung, beherrscht, die die Indios verachten. Mehr als jeder zweite Einwohner lebt in Armut; es sind meistens Indigene, Indios, die als Landarbeiter auf den Kaffee- und Baumwollplantagen von Großgrundbesitzern schuften. Ihr Mindestlohn reicht nicht einmal zum Erwerb der Grundnahrungsmittel, weshalb auch viele Kinder arbeiten müssen. Der größte Teil des landwirtschaftlich nutzbaren Bodens ist im Besitz von wenigen Großgrundbesitzern und Konzernen.

Guatemala wird im 20. Jahrhundert fast durchgehend von Militärdiktaturen regiert, die eng mit der für ihre Ausbeutung berüchtigten amerikanischen United Fruit Company (heute: Chiquita) zusammenarbeiten. In den 1950er Jahren entzieht ihr der demokratisch gewählte Präsident Jacobo Arbenz gegen Entschädigung Land und verteilt es an Kleinbauern. Er wird mit Unterstützung der US-Regierung gestürzt; der Nachfolger macht seine Landreform rückgängig.

Ab 1960 bilden sich sozialistische und kommunistische Guerillagruppen; Letztere werden von der Sowjetunion und ihrem lateinamerikanischen Vorposten Kuba unterstützt. Sie bekämpfen die Militärdiktaturen, die ihrerseits – zur Abwehr des Kommunismus – von den USA Hilfe erfahren. Guatemala ist damit Kampfplatz der Weltmächte und erlebt 36 Jahre lang, bis 1996, einen brutalen Bürgerkrieg. Schätzungsweise 200 000 Menschen werden ermordet, vorwiegend Mayas; 50 000 sind „verschwunden", 450 000 fliehen vor Militärs und Guerilla nach Mexiko, mehr als 450 Maya-Dörfer werden zerstört.

In diese Welt der Armut, der Rassendiskriminierung und des Terrors wird am 9. Januar 1959 Rigoberta Menchú Tum geboren. Sie lernt erst mit etwa 20 Jahren lesen und schreiben, doch bald hat sie so viel erfahren, dass ihre Lebensgeschichte eindrucksvoll die Bedrohung der unterdrückten Indios verkörpert. Sie erzählt sie der aus Venezuela stammenden Völkerkundlerin Elisabeth Burgos, die mit den lateinamerikanischen Freiheitsbewegungen sympathisiert und den Bericht 1983 als Buch veröffentlicht. Er beginnt so:

„Ich heiße Rigoberta Menchú. Ich bin 23 Jahre alt, und meine Lebensgeschichte soll lebendiges Zeugnis ablegen vom Schicksal meines Volkes. Es ist keine Geschichte aus Büchern, sondern gemeinsam mit meinem Volk gelebte Geschichte. [...] Es ist das Leben meines Volkes. Durch meine Geschichte will ich versuchen, das Leben aller armen Menschen in Guatemala zu beschreiben."[1]

Rigoberta kommt in Aldea Chimel in der Provinz Quiché im westlichen Hochland zur Welt. In dem Dorf, das man nur zu Fuß oder mit dem Pferd erreicht, wohnen Landarbeiter (Campesinos), die

auf jeweils etwa einem Viertelhektar Land Mais, Bohnen und Gemüse anbauen und mehrere Monate im Jahr auf den Kaffee- und
Baumwollfeldern großer Landgüter (Fincas) arbeiten. Rigoberta
muss, wie auch ihre fünf Geschwister, schon mit acht Jahren bei
der Kaffee- und Baumwollernte mithelfen; an eine Schulbildung
ist nicht zu denken.

Jeder Arbeitstrupp umfasst 40 Personen, die von einem Aufse-
her streng überwacht und mit Gebrüll zum Arbeiten angehalten
werden. Die Campesinos müssen vom Transport bis zum Essen
und den Medikamenten alles teuer von ihrem Lohn bezahlen;
selbst wenn ein Kind aus Versehen einen Kaffeestrauch beschä-
digt, wird dies vom Lohn abgezogen. Sie werden auch oft betro-
gen, wenn man ihre Tagesernte mit gefälschten Gewichten wiegt.

Armut, Ausbeutung und „Angst vor dem Leben"

Rigobertas älterer Bruder stirbt, als eine Kaffeeplantage vom Flugzeug aus mit einem Pflanzenschutzmittel besprüht wird, das er
nicht verträgt. Den Tod ihres zweijährigen Bruders Nicolás erlebt
sie als Achtjährige. Er ist so unterernährt, dass sein Bauch an-
schwillt; zwei Wochen lang siecht er dahin; die Mutter, obwohl
Heilerin und Hebamme in der Maya-Tradition, ist hilflos, der Vater arbeitet gerade auf einer anderen Finca. Sie beerdigen das Kind
in einem Pappkarton.

Zusammen mit 400 Campesinos unter einem armseligen Dach
aus Palmblättern übernachten, ohne Klos (die Notdurft muss im
Wald verrichtet werden), morgens um drei Uhr an die Arbeit gehen und trotz aller Plackerei noch hungern müssen – davor hat
Rigoberta Angst, „Angst vor dem Leben". Gibt es eine Alternative?

In ihr Dorf kommt alle drei Monate ein Priester, der die Messe liest und Katecheten schult, die die Gemeinde im Glauben unterweisen und Andachten abhalten. „Ich war ab meinem zwölften
Lebensjahr Katechetin." Sie lernt, auf traditionellen Instrumenten

zu spielen, und begleitet die Lieder der Gemeinde beim gemeinsamen Gebet. Auch ihr tiefgläubiger Vater Vincente ist Katechet, Dorfsprecher und Gewerkschaftsaktivist. Ihm sagt sie mit zwölf Jahren: „Ich will lesen und schreiben lernen, vielleicht ist das Leben anders, wenn man lesen und schreiben kann." Doch Vincente kann ihr keinen Schulbesuch bezahlen.

Gegen seinen Willen geht die Tochter mit 14 Jahren nach Guatemala-Stadt und arbeitet dort als Dienstmädchen. Sie wird von ihrer Señora und deren Söhnen so schlecht behandelt, dass sie wieder in ihr Dorf zurückkehren möchte. Da erfährt sie, dass ihr Vater verhaftet wurde. Man hatte ihn aufs Gemeinste hintergangen. Die Dorfbewohner, deren Sprecher er war, hatten mühsam Land urbar gemacht. 1965 legten ihm Männer vom Nationalen Institut für landwirtschaftliche Umgestaltung, die von Großgrundbesitzern bestochen waren, ein Papier vor, das angeblich eine Besitzurkunde war, und ließen ihn unterzeichnen. In Wirklichkeit stand auf dem Dokument, das der Analphabet nicht lesen konnte, dass das Dorf bereit sei, nach zwei Jahren das gesamte Land an Großgrundbesitzer abzutreten.

Als er den Betrug bemerkt, weigert er sich, den Vertrag anzuerkennen. Die Großgrundbesitzer schicken Söldner, die das Dorf verwüsten. Vincente Menchú wendet sich nun an die Arbeitergewerkschaft, worauf ihn die Großgrundbesitzer mithilfe eines bestochenen Richters verhaften lassen, weil er den Frieden gefährde. Familie und Dorfbewohner unternehmen alles, um das nötige Geld für Anwälte und Übersetzer zusammenzubringen, und bekommen ihn nach einem Jahr und zwei Monaten frei.

Vincente arbeitet weiter für die Gewerkschaft. Doch kaum ein Jahr nach seiner Freilassung wird er von Leibwächtern der Großgrundbesitzer entführt, misshandelt und mit Knochenbrüchen liegen gelassen. Die Familie will ihn in der nächstgelegenen Stadt in ein Krankenhaus bringen, doch die Ärzte, lauter Ladinos, die zudem noch von den Großgrundbesitzern bestochen werden, verweigern ihm ärztliche Hilfe. Nach stundenlanger Irrfahrt kommt er ins Spital San Juan de Dios in El Quiché, wo er sechs Monate

lang behandelt wird. Die Familie erfährt, dass die Gegner seine
Entführung planen. Da helfen ihr Priester und Ordensschwestern
der Gegend finanziell und bringen den Patienten in Sicherheit.

Widerstand gegen den Terror des Militärs

Ab 1976 sind die von Generälen geführten Regierungen zunehmend beunruhigt über die Guerilla, die besonders im Hochland
aktiv ist, und bald werden die Indios nicht nur von einzelnen Großgrundbesitzern, sondern auch vom Militär bedrängt. Wer gegen
willkürliche Enteignungen oder für einen gerechten Mindestlohn
demonstriert, wird verdächtigt, Kommunist zu sein – auch der
Gewerkschaftsaktivist Vincente. Er wird erneut verhaftet, diesmal
als politischer Gefangener. Dank der Proteste mehrerer Dörfer
und auf Betreiben der Gewerkschaften kommt er noch einmal
frei, doch droht man ihm offen, man werde ihn oder einen seiner Söhne umbringen, wenn er mit seiner Arbeit nicht aufhöre.

Im Gefängnis hat sich Vincente von einem Mithäftling überzeugen lassen, dass nicht nur die Großgrundbesitzer, sondern das
ganze politische System in Guatemala Feinde der Landarbeiter
sind und dass sich die Unterdrückten dagegen zusammenschlie-
ßen müssen. Darum wirkt er ab 1976 darauf hin, dass Arbeits-
gruppen von Campesinos, die – ermutigt von volksnahen, „befreiungstheologisch" denkenden Priestern – über eine Verbesserung
der sozialen Situation nachdenken und auch mit Gewerkschaften
und Menschenrechtsgruppen zusammenarbeiten, das Komitee
der Landarbeitervereinigung (Comité de Unidad Campesina, CUC)
bilden.[2] Das Komitee wird von der Regierung nicht anerkannt
und muss im Geheimen arbeiten; Vincente geht in den Untergrund.
Rigoberta übernimmt seine neue politische Sicht:

> „Wir fingen an, darüber nachzudenken, wo die Wurzel des Übels
> liegt. Und die Erklärung war, dass die Wurzel unseres Elends im

Besitz des Landes lag. Die besten Böden hatten nicht wir. Die hatten die Großgrundbesitzer. Immer wenn wir ein neues Stück Land urbar gemacht hatten, versuchten sie, uns zu vertreiben oder das Land auf andere Weise in ihren Besitz zu bringen."[3]

1977, mit 18 Jahren, tritt sie als Mitarbeiterin, zwei Jahre später als Mitglied dem CUC bei. Sie will in den Dörfern das Bewusstsein für die eigenen Rechte wecken. In ihrem Dorf ermuntert sie die Bewohner, eine Schule zu fordern, und animiert sie – als die Übergriffe durch das Militär zunehmen – zu Selbstverteidigungsmaßnahmen. Man stellt Wachposten auf, bastelt Brandbomben, hortet Chilipulver, Salz und Kalk, um dies den Feinden in die Augen zu streuen, richtet Notunterkünfte für die Flucht ein und baut Fallen an den Zugangswegen und Häusern.

> „Jedes Haus im Dorf hatte seine Falle. Sie bestand aus einem tiefen Loch vor der Tür. Etwa so tief wie der Abstand vom Dach bis zum Boden. Tagsüber wird ein Brett über das Loch gelegt, aber nachts wird es weggenommen und das Loch zugedeckt, so dass jeder, der ins Haus will, hineinfällt."[4]

Als CUC-Aktivistin besucht sie verschiedene Stämme im Hochland, hat aber Mühe, die Sprachgrenzen und das Stammesdenken zu überwinden:

> „Ich muss sagen, dass wir Indios leider durch ethnische Schranken getrennt sind – sprachliche Schranken. Das ist charakteristisch für Guatemala. Wir leben auf engem Raum zusammen, und so viele Schranken hindern uns, einer mit dem anderen zu sprechen. Außerdem sagen wir Indios uns: ‚Hier ist mein Stamm, also ist hier auch mein Platz. Ein anderer Stamm hat hier nichts zu suchen.'"[5]

In Guatemala spricht man neben Spanisch 22 Maya-Sprachen. Rigoberta lernt zusätzlich zu ihrer Muttersprache Quiché zwei weitere Sprachen, sieht aber ein, dass Spanisch, die Sprache der Eroberer, unentbehrlich ist, um die zersplitterten Indios zu einen.

Zunächst speichert sie, was sie hört, „wie eine Kassette". Dann lernt sie in einem Kloster von Dominikanerinnen, in dem sie länger lebt, systematisch Spanisch sprechen, lesen und schreiben.

Befreiungstheologie und Maya-Kultur

Was will sie erreichen? Wahrscheinlich beginnt sie in diesen Jahren, diese Frage zu klären. Ihr Ziel ist eine gerechtere Gesellschaft, welche die soziale und kulturelle Diskriminierung der Indigenas beendet. Im Gegensatz zu ihrer Schwester Rosa, die sich später den bewaffneten Guerilleros anschließt, hofft sie, ihre Vision mit friedlichen Mitteln verwirklichen zu können. Sie entdeckt zwei geistige Kraftquellen, die sie persönlich motivieren und gleichzeitig die gespaltenen Indio-Stämme einen könnten: die Rückbesinnung auf die Kultur und Religiosität der Mayas, verbunden mit einer schlichten christlichen Befreiungstheologie.

In ihrem Lebensbericht erzählt sie darum ausführlich und mit großer Liebe von den Bräuchen, die sie in ihrem Dorf und zumal von ihrer Mutter gelernt hat. Sie betont, dass die Maya-Religion nicht verschiedene Götter verehrt, wenn sie die Erde als „Mutter Erde" personifiziert und die Sonne als „Herz des Himmels, du unser Vater" anruft, sondern dass dies wie die Heiligenverehrung in der katholischen Kirche zu verstehen sei. Die Indios sollen auf ihre Traditionen stolz sein, aber auch den Anschluss an die moderne technische Zivilisation suchen, sozusagen „Poncho und PC". Mit alldem ist Rigoberta Teil der „indigenen Bewegung, die die Geschichte des *pueblo maya* (Volk der Maya) ‚neu' schreiben und dabei gleichzeitig die guatemaltekische Gesellschaft als ganze reformieren möchte. Ihr Ziel ist, dass Guatemala offiziell als ‚multiethnische, plurikulturelle und vielsprachige Nation' definiert wird."[6]

Gleichzeitig bekennt sie: „Die Bibel war unsere wichtigste Waffe, und sie zeigte uns, in welche Richtung wir gehen mussten." In ihren Kreisen liest man sie ähnlich, wie es der Befreiungstheologe und Dichter Ernesto Cardenal in Nicaragua mit Bauern geübt hat. Rigoberta sucht in ihr Gestalten, in denen sie sich wiederfinden kann: Mose, der sein Volk aus der Knechtschaft Ägyptens führt, David, der Goliat besiegt, Judit, die ihr Volk rettet, indem sie den Feldherrn Holofernes verführt und enthauptet – und Jesus, der verfolgt wird und Anhänger um sich sammelt. Sie bekennt sich – wenigstens im Rückblick – zur Grundüberzeugung der lateinamerikanischen Befreiungstheologie, weiß aber auch, dass die katholische Kirche ihres Landes in dieser Hinsicht gespalten ist:

> „Unsere Aufgabe als Christen ist, darüber nachzudenken, wie das Reich Gottes auf Erden verwirklicht werden kann. Es wird erst existieren, wenn niemand mehr Hunger leiden muss. Das ist genau das Gegenteil von dem, was die Priester glauben. Aber das kann man auch nicht verallgemeinern, denn es gibt viele Priester, die zu uns kamen und antikommunistisch eingestellt waren, aber doch bald begriffen, dass das Volk nicht kommunistisch war, sondern unterernährt. Sie wählten das Leben, wie wir Indios es leben, und schlossen sich dem Kampf unseres Volkes an."[7]

Die Mitglieder der Familie Menchú fühlen sich von der Regierung bedroht und ziehen an verschiedene Orte; nur der 16-jährige Petrocinio bleibt im Dorf. Er wird beschuldigt, Kommunist zu sein, wird aufgegriffen, brutal gefoltert und zur Abschreckung vor den Augen von Indios, die zuschauen müssen, mit Benzin übergossen und verbrannt. Rigoberta, die sich heimlich unter die Zuschauer gemischt hat, muss hilflos zusehen.

Vater und Mutter ermordet – Rigoberta verfolgt

Anfang der 1980er Jahre nimmt die Unterdrückung zu. Ihr Heimatdorf wird niedergebrannt – so wie 450 andere Maya-Dörfer auch. Im Norden der Provinz Quiché morden und plündern die Soldaten am grausamsten. Darum wollen Campesinos und Studenten Behörden, Medien und Parteien auf ihre Lage aufmerksam machen und einen Abzug der Armee fordern. Weil sie nirgends Gehör finden, betritt eine Gruppe von ihnen, darunter auch Rigobertas Vater, am 31. Januar 1980 gewaltlos die spanische Botschaft. Sie fordern nur, dass der Botschafter vermittelt und ihr Anliegen unterstützt, eine Untersuchungskommission möge die von der Armee terrorisierten Dörfer besuchen. Wenige Minuten nach der Besetzung umstellen Polizeieinheiten das Gebäude. Spezialkommandos dringen trotz des Protests des Botschafters ein und werfen eine chemische Brandbombe in den Raum, in dem Besetzer, Angestellte und Besucher eingeschlossen sind. Die Feuerwehr wird am Eingreifen gehindert. 37 verkohlte Leichen bleiben zurück, darunter Vincente Menchú. Rigoberta hat an der Aktion teilnehmen wollen und nur darauf verzichtet, weil sie dem CUC einen Kurs zugesagt hatte.

Mutter und Tochter setzen ihren „revolutionären Kampf" fort. Die Mutter sagt Rigoberta sogar: „Deine Teilnahme an unserem Kampf darf dem deiner Brüder in nichts nachstehen." Für sie stellt sich die Frage, ob sich ihr Einsatz für das Volk mit dem Leben einer Ehefrau und Mutter vereinbaren lässt. Ein Freund aus Kindheitstagen, den sie liebt, will sie heiraten, möchte aber ein schönes Haus, Kinder und seine Ruhe haben.

> „Ich kam zu dem Schluss, dass ich kein schönes Haus brauchte, solange mein Volk unter so schrecklichen Bedingungen leben musste wie die, unter denen ich geboren und aufgewachsen war. So trennten wir uns, und ich sagte ihm, dass ich nicht verdiene, mit ihm zusammen zu sein, da er andere Vorstellungen vom Leben habe als ich, und dass wir uns nie verstehen würden."[8]

Schon wenige Tage nach dem Brandmassaker in der spanischen Botschaft ist Rigobertas Einsatz wieder gefragt. Das CUC ruft einen Streik aus, um eine Erhöhung des Mindestlohns zu erzwingen, und Rigoberta mobilisiert in den Dörfern und Fincas die Landarbeiter, indem sie ihre Geschichte erzählt und Flugblätter verteilt. Ende Februar 1980 treten entlang der Küste 80 000 Arbeiter in einen Streik: „eine einzige große Masse, die nur mit Macheten, Steinen und Knüppeln bewaffnet war."

Die Verwüstungen, die die Armee in den Dörfern anrichtet, nehmen zu und erreichen Züge eines Völkermordes. Dagegen schließen sich die Widerstandsgruppen des Landes zur Volksfront 31. Januar, dem Tag des Botschaftsbrandes, zusammen, darunter auch die „Revolutionären Christen Vincente Menchú".

Drei Monate nach dem Tod des Vaters verliert Rigoberta auch ihre Mutter. Auf dem Weg in ihr Dorf wird Juana Menchú im April 1980 von Offizieren verschleppt, vergewaltigt und gefoltert. Sie wollen aus ihr die Namen von Guerilleros herauspressen. Sie schneiden ihr die Ohren ab, lassen sie fast verhungern und schwer verwundet im Wald liegen. Dort bewachen sie sie vier Monate lang, um eine Bestattung, die den Indios doch so wichtig ist, zu verhindern. „Meine Mutter wurde von den Tieren gefressen, von Hunden und Geiern."

Der Tod der Mutter und die dauernde Angst, von der Polizei entdeckt zu werden, zermürben sie. Sie wird krank; ein Magengeschwür bricht auf. Sie ist versucht, aufzugeben. Doch dann erweckt ein Zwischenfall ihren Widerstandsgeist zu neuem Leben. In einem Dorf fahren Soldaten in einem Jeep auf sie zu, stoppen und sprechen sie mit vollem Namen an. Sie läuft mit ihrer Begleiterin in die Dorfkirche. Dort löst sie den Knoten ihres Haares, lässt es über ihre Schultern fallen und kniet sich mit ihrer Compañera neben zwei Frauen, die in dem Gotteshaus beten. Die Soldaten laufen wie blind an ihnen vorbei in der Meinung, die beiden seien durch die Kirche zum benachbarten Markt gelaufen. Sie beten über eineinhalb Stunden lang und können aus dem Dorf entkommen, obwohl es umstellt ist.

13 Jahre im Exil in Mexiko

Inzwischen ist Rigoberta auf den Fincas und Dörfern, wo sie ge-
arbeitet oder agitiert hat, so bekannt, dass sie sich dort nicht mehr
verstecken kann. Mitstreiter bringen sie in die Hauptstadt, wo sie
in einem Haus von Ordensschwestern als Dienstmädchen arbeitet. Doch bald findet sie heraus, dass ein junger Geheimpolizist in
dem Haus verkehrt, und geht erneut in den Untergrund. Compa-
ñeros bringen sie 1981 mit dem Flugzeug nach Mexiko. Dort lebt
sie 13 Jahre lang im Exil, zunächst in einem Kloster in der Provinz Chiapas, dann in Mexiko-Stadt, finanziell unterstützt von internationalen kirchlichen Gruppen.[9] 1982 gründet sie mit anderen die Gemeinsame guatemaltekische Oppositionsfront, die sie
bis 1992 leitet.

Man wird auf ihr erzählerisches Talent aufmerksam, und Ri-
goberta berichtet Elisabeth Burgos, was sie erlebt hat und denkt.
Das Buch erscheint 1983, wird später in zwölf Sprachen übersetzt
und erhält den angesehenen Literaturpreis Casa de las Américas.
In Guatemala darf es erst ab 1986 verkauft werden, als Präsident
Vinicio Cerezo – ohne die Machtverhältnisse zu verändern – der
Welt zeigen will, dass Guatemala jetzt eine Demokratie ist. Rigobertas Bericht inspiriert die entstehende Maya-Bewegung sowie
Ethnologen, Menschenrechtsgruppen und revolutionäre Organi-
sationen. Sie wird im Land bekannt, und 1988 macht sie die Regierung auch noch unfreiwillig zur Nationalheldin.

Sie will mit drei anderen Oppositionellen aus dem Exil an Ge-
sprächen teilnehmen, die Vertreter der Kirche und ausländische
Politiker zwischen Regierung und Guerilla vermitteln. Die guatemaltekische Regierung betrachtet sie aber als militante Aufstän-
dische und verlangt, dass die drei zuerst um Amnestie ersuchen.
Das lehnen sie ab. Vor der Landung des Delegiertenflugzeugs umstellen bewaffnete Sicherheitskräfte den Flughafen. Bürger, die die
Delegierten willkommen heißen wollen, und Journalisten werden
ferngehalten, deren Kameras zerstört. Kurz nach der Landung
werden Rigoberta und ein anderer Delegierter wegen „Angriffen

auf die internationale Sicherheit des Staates" verhaftet. Sie werden zum Obersten Gerichtshof gebracht, dort aber wegen Mangels an Beweisen freigelassen.

Inzwischen haben sich Tausende Studenten und Mitglieder der Organisation von Verwandten der „Verschwundenen" vor dem Gebäude versammelt. Als die beiden herauskommen, halten sie mit ihnen im benachbarten Bürgerzentrum eine improvisierte Versammlung ab, wie es unter den Militärregierungen noch keine gab, und begleiten sie zu einem weiteren Treffen ins Hotel. Die Regierung ist blamiert, und „zum ersten Mal erschien Menchú Tums Gesicht nicht nur in allen Zeitungen, sondern auch im Fernsehen. An diesem Tag wurde ihr Name zum ersten Mal ein Begriff für den Durchschnittsguatemalteken."[10] Sie wird zum Symbol des Widerstands und der Hoffnung auf Freiheit, auch für demokratisch gesinnte Ladinos.

Ihr Ruf verbreitet sich über die Landesgrenzen hinaus. 1990 verleiht ihr die Unesco den Preis für „Erziehung zum Frieden" als Anerkennung für ihre Bemühungen um einen Dialog zwischen Regierung und Guerilla. 1992 soll sie im Auftrag der Vereinten Nationen in Guatemala eine Sitzung zum Schutz von Minderheiten vorbereiten. Die Menschen am Straßenrand und in den Dörfern jubeln ihr zu, doch die Regierung hält sie für eine Verbündete der Guerilla. Während des fünftägigen Aufenthalts werden drei Anschläge auf sie verübt, einer mit Fahrzeugen, die ihren Wagen rammen.

Friedensnobelpreis für „soziale Gerechtigkeit und ethnisch-kulturelle Versöhnung"

Die internationale Anerkennung stärkt ihre Autorität; sie kann als Sprecherin der Maya-Völker auftreten und deren Rechte einfordern. Mit Blick auf den 500. Jahrestag der Landung von Christoph Kolumbus in Amerika wird sie von einflussreichen Gruppen für den Friedensnobelpreis vorgeschlagen. Am 15. Oktober 1992 – Rigoberta hält sich in der Provinz San Marcos in Guatemala auf – wird die Nachricht von ihrer Wahl zur Preisträgerin bekannt. Die Glocken aller katholischen Kirchen im Hochland läuten. Sie wird im Helikopter in die Hauptstadt geflogen zu einer großen Siegesfeier. Im Dezember 1992 erhält sie in Oslo die Auszeichnung

> „in Anerkennung ihrer Arbeit für soziale Gerechtigkeit und ethnisch-kulturelle Versöhnung auf der Grundlage der Achtung der Rechte der indigenen Völker". Sie nimmt ihn entgegen „als Anerkennung der europäischen Schuld an den eingeborenen Menschen Amerikas".

Rigoberta ist nun die große charismatische Führungspersönlichkeit der (gespaltenen) Maya-Völker und nutzt ihren Einfluss. Sie bleibt vorerst in Mexiko wohnen. Das Nobelpreisgeld von 1,8 Millionen D-Mark macht sie politisch unabhängig von Widerstandsorganisationen, auch vom CUC. Sie gründet damit 1992 die Rigoberta-Menchú-Stiftung, die Projekte zur Verbesserung der schulischen und staatsbürgerlichen Bildung, der nachhaltigen Entwicklung, des fairen Handels und zur Aufklärung von Menschenrechtsverletzungen fördert. Enttäuschungen, etwa über die niedrige Wahlbeteiligung bei den Wahlen im November 1995 oder ein Massaker der Armee im selben Jahr, bleiben ihr nicht erspart.

In Guatemala kann sie keine plötzliche Wende herbeiführen, aber dank der Öffentlichkeitsarbeit ihrer Stiftung und internationalem Druck die demokratischen Kräfte im Staatsapparat so stärken, dass 1996 ein Friedensabkommen mit dem bewaffneten Widerstand geschlossen werden kann. Es beendet einen 36 Jahre dauernden Krieg und leitet erste Schritte zu einem demokratischen Staatswesen ein, in dem sich die Indigenas etwas mehr beteiligen können. Im Jahr 1994 kehrt sie endgültig in ihr Heimatland zurück, heiratet im März 1995 einen Indio und wird Mutter eines Sohnes.

Vorwürfe, sie habe in ihrem Bericht die Übergriffe der Armee übertrieben, diese habe ihre Politik der verbrannten Erde erst betrieben, nachdem sie von der Guerilla provoziert worden sei, der bewaffnete Widerstand sei auch nicht von Indios, sondern vor allem von linken Ladinos geführt worden und man habe die Kaffeeplantagen auch nicht aus der Luft mit Pestiziden besprüht, können ihr nicht nachhaltig schaden.[11] Rigoberta hat wohl manches vereinfacht, vielleicht dramatisiert, aber die Zerstörung der Dörfer, die Massaker und Vertreibungen, die sie schildert, sind von zwei Wahrheitskommissionen bestätigt worden.

In einer konfliktreichen Welt gibt es für Friedensnobelpreisträger viel zu tun. 1993 gründet Rigoberta mit Gleichgesinnten die Indigene Friedensinitiative (Iniciativa Indigena por la Paz), der sie als Präsidentin vorsteht. Im selben Jahr wird sie von den Vereinten Nationen als Botschafterin des guten Willens für das Internationale Jahr der Indigenen Völker gewählt; 1996 betraut sie die Unesco mit dem Amt einer Sonderbotschafterin zur Förderung einer Kultur des Friedens und der Rechte indigener Völker. Ihre Initiative, vor einem Gericht in Madrid drei Generäle für Massaker in Guatemala zur Verantwortung zu ziehen, scheitert ebenso wie ihr Versuch, sich 2007 und 2011 zur Präsidentin des politisch zersplitterten Landes wählen zu lassen.

Rigoberta Menchú empfängt 17 Ehrendoktorate, reist unermüdlich zu Konferenzen und nimmt auf Podien Stellung zu Fragen der Rassendiskriminierung, Versöhnung, sozialen Gerechtigkeit und des Klimaschutzes. Naturgemäß muss sie viel Grundsätzliches und Allgemeines sagen. Um der Kultur der Indigenen die Ehre zu erweisen, tritt sie als „Enkelin der Mayas"[12] in deren Tracht auf und beruft sich gern auf deren Weisheit. Bei einem internationalen Friedenskongress mit den Nobelpreisträgern Muhammad Junus und dem Dalai-Lama in Maribor in Slowenien (2012) erklärt sie beispielsweise:

„Die Menschheit ist im Begriff, allzu dekadent, allzu materialistisch zu werden. Die Mayas streben nach vollem Leben, nicht nur nach gutem Leben [...]. Der Dialog muss eine wesentliche Kultur der Menschen werden. Monopolistische Systeme sind antisozial. Sie mögen keine Menschen, die denken können. Die ganze Menschheit steht vor einer Bewährungsprobe."

Shirin Ebadi (* 1947)

Anwältin eines Islam der Demokratie und der Menschenrechte

Menschenrechte: das Recht auf Leben, Freiheit und Sicherheit der Person und daraus abgeleitet das Recht auf Bildung, freie Berufswahl, freie Partnerwahl, Eigentum, gleichen Lohn für gleiche Arbeit sowie Beteiligung an politischen Wahlen und öffentlichen Ämtern – das klingt in einem Land mit geordnetem Rechtswesen ein wenig nach Besinnungsaufsatz oder akademischem Vortrag. Im Iran, in dem Shirin Ebadi gelebt hat, bis sie mit 62 Jahren ins Exil ging, sind Menschenrechte jedoch alles andere als selbstverständlich und eher ein Stoff für Dramen: Sie wurden das Thema ihres Lebens.

Shirin Ebadi wird am 21. Juni 1947 im westiranischen Hamadan geboren und wächst in der Hauptstadt Teheran in einer begüterten muslimischen Familie mit großem Haus und zahlreichen Bediensteten auf. Der Vater ist Professor für Wirtschaftsrecht und bringt es unter Ministerpräsident Mohammad Mossadegh bis zum stellvertretenden Landwirtschaftsminister. Die Mutter sorgt als Hausfrau für die Familie. Sie ist oft krank, und die Tochter schleicht eines Tages bekümmert auf den Dachboden und betet inständig zu Gott um Hilfe. Da durchströmt sie ein unvergessliches Gefühl der Geborgenheit: „Seit jenem Augenblick ist mein Glaube an Gott unerschütterlich."[1]

Im Jahr 1953 – sie ist sechs Jahre alt – verliert der Vater sein Amt und wird auf niedrigere Posten abgeschoben. Der demokratisch gewählte Mohammad Mossadegh, der die iranische Ölindustrie zum Ärger westlicher Ölkonzerne verstaatlicht hatte, ist mithilfe des amerikanischen Geheimdienstes CIA gestürzt worden, und Schah Resa Pahlewi kann sein autoritäres Regime errichten.

Shirin besucht die Highschool, studiert an der Universität Teheran Rechtswissenschaften, promoviert in Privatrecht, absolviert ein zweijähriges Praktikum und wird 1970 mit 23 Jahren die erste Richterin in der Geschichte des Landes. Die politischen Prozesse, mit denen die Staatsmacht Oppositionelle ausschaltet, werden von Militärgerichten geführt, so dass sich Ebadi damit nicht belasten muss. 1975 heiratet sie den Elektroingenieur und Unternehmer Javad Tavassolian: „Nach meinem Vater war er der zweite wichtige Mann in meinem Leben, der versuchte, mich zur Unabhängigkeit zu ermutigen, statt mich daran zu hindern" – obwohl er die Haushaltsarbeit ihr überlässt.

1979: Das Schah-Regime wird von einer Mullah-Herrschaft abgelöst

Als sich Ende 1978 immer mehr Oppositionsgruppen gegen die Herrschaft des Schahs auflehnen, demonstriert sie mit ihnen und ist von der revolutionären Stimmung wie hypnotisiert. Der Schah verlässt den Iran, und am 1. Februar 1979 landet Ayatolla Khomeini in Teheran. Ebadi ist begeistert.

> „Ich hatte das Gefühl, dass nicht nur die Revolution, sondern auch ich selbst gesiegt hatte. Es dauerte kaum einen Monat, bis mir klar wurde, dass ich tatsächlich bereitwillig und voller Enthusiasmus an meinem eigenen Ende mitgewirkt hatte. Ich war eine Frau, und der Sieg der Revolution verlangte meine Vertreibung aus dem Amt."[2]

Das Schah-Regime wird von einer Mullah-Herrschaft abgelöst, die ein Gesetz verabschiedet, nach dem nur Männer Richter sein dürfen und Richterinnen Verwaltungsposten übernehmen müssen. Ebadi wird zur Sekretärin an dem Gericht zurückgestuft, an dem sie zuvor dem Senat vorstand. Nach einiger Zeit lässt sie sich pensionieren.

In den 1980er Jahren bringt sie nach zwei Fehlgeburten zwei Töchter zur Welt. Sie nutzt die gewonnene Zeit auch, um eine Reihe von Artikeln und Büchern zu veröffentlichen. Indes greift die Willkürherrschaft der Islamischen Republik, die sich nach den Revolutionswirren etabliert, tief in das Leben ihrer Familie ein: Die Firma ihres Mannes wird geschlossen, weil sie angeblich von Kommunisten infiltriert ist, und ihr junger Schwager Fuad wird, weil er als 17-Jähriger mit einer Oppositionsgruppe sympathisiert, auf dem Weg zur Universität festgenommen, gefoltert und – weil er die Namen seiner Freunde nicht verrät – zu 20 Jahren Haft verurteilt, dann aber nach sieben Jahren ohne ordentliche Gerichtsverhandlung hingerichtet.

Viele Menschen fühlen sich unterdrückt, zumal Frauen, die in die traditionelle Rolle im Haus und am Herd zurückgedrängt, gegenüber ihren Ehemännern schlechtergestellt und auf der Straße von fanatischen Tugendwächtern kontrolliert werden, ob sie das vorgeschriebene Kopftuch (Hidschab) auch richtig tragen.

Mehrere Freunde von ihr sehen in dem Land keine Zukunft mehr für sich und verlassen es. Das kommt für sie (noch) nicht in Frage: „Wenn jemand den Iran verlässt, ist es für mich so, als sei derjenige gestorben." Ebadi will ihr Heimatland von innen heraus verändern. Im Jahr 1992 – Frauen werden nach dem verlustreichen Krieg Saddam Husseins gegen den Iran wieder gebraucht – kann sie in ihrem Haus eine Rechtsanwaltskanzlei eröffnen. Sie übernimmt Handelsrechtsfälle, gibt diese Arbeit aber wegen der ausufernden Korruption in diesem Bereich auf und verlegt sich auf kostenlosen Rechtsbeistand bei Auseinandersetzungen, in denen sie auf die Folgen der Diskriminierung von Kindern und Frauen aufmerksam machen kann.

Wo die Gesetze der Islamischen Republik Frauen, Kinder und Minderheiten benachteiligen

Mit diesen Themen befasst sie sich seit einiger Zeit auch wissenschaftlich in Artikeln und Büchern. Um eine direkte Konfrontation zu vermeiden, geht sie dabei sowohl von der Allgemeinen Erklärung der Menschenrechte der Vereinten Nationen (New York 1948) als auch von deren Anpassung an islamisches Recht in der Islamischen Erklärung der Menschenrechte (Kairo 1990) aus – zwei Dokumenten, denen iranische Regierungen zugestimmt haben. Sie zeigt in sachlicher Juristensprache, wo die Gesetze der Islamischen Republik den Menschenrechten widersprechen und reformbedürftig sind.[3]

– Zum Familienrecht etwa: Die Frau darf nach dem Rechtssystem, das nach der Revolution eingeführt wurde, nur mit Erlaubnis des Mannes berufstätig sein. Der Mann kann mit einem einfachen Satz, den er drei Mal wiederholt, die Ehe scheiden; eine Frau muss jedoch in einem Prozess nachweisen, dass der Gatte eheuntauglich ist, und braucht allein, um diesen Prozess einleiten zu können, seine schriftliche Erlaubnis. Ein Mann kann also seine Ehefrau trotz häufiger Übergriffe wie eine Sklavin halten; kein Wunder, dass die Selbstmordrate bei Frauen steigt.

Bei vielen Strafrechtssachen sind die Aussagen von Frauen nur zu berücksichtigen, wenn auch Männer in ihrem Sinn aussagen; bei manchen Vergehen dürfen Frauen überhaupt nicht als Zeugen auftreten. Das Heiratsalter wurde nach der Revolution für Männer auf 18, für Frauen auf 15 Jahre herabgesetzt. Doch wenn Väter oder Großväter väterlicherseits unmündige Kinder „unter Berücksichtigung von deren Interessen" schon früher verheiraten, bleibt die Ehe gültig, auch wenn diese später die arrangierte Heirat widerrufen wollen. Bei einer Scheidung wird das Sorgerecht für die Kinder automatisch dem Vater oder Großvater väterlicherseits zugesprochen, weshalb viele Frauen an einer unglücklichen Ehe festhalten aus Angst, ihre Kinder zu verlieren. Männer können bei einem Erbfall einen höheren Anteil beanspruchen als Frauen.

- Zum Recht auf Leben: Das Strafmündigkeitsalter wurde auf neun Jahre für Mädchen und 15 Jahre bei Jungen festgelegt. Ebadi setzt sich für eine Erhöhung ein. Unter der Regierung von Präsident Ahmadinedschad werden allein im Jahr 2008 acht Minderjährige hingerichtet.
- Zur Religionsfreiheit und zu Minderheitenrechten: Die Verfassung der Islamischen Republik erkennt die Anhänger der Zoroasterreligion sowie Juden und Christen als religiöse Minderheiten an, schränkt deren Rechte aber stark ein, ganz zu schweigen von den anderen religiösen Gruppen, die schutzlos sind. Wenn ein Muslim zu einer anderen Religion konvertiert, muss er als Apostat mit drastischen Strafen rechnen; seine Freiheit und sein Leben sind gefährdet.

„Der Prozess machte das Morden weniger leicht"

Während solche Überlegungen nur in Fachkreisen beachtet werden, kann Ebadi durch ihre Tätigkeit als Rechtsanwältin einer breiten Öffentlichkeit die Missachtung von Menschenrechten bewusst machen. Beispielsweise im Jahr 1998 durch den Fall der neunjährigen Arian Golshani.

Nach der Scheidung der Eltern war das Sorgerecht für das Mädchen entsprechend geltendem Gesetz dem Vater zugesprochen worden, obwohl er wegen Drogendelikten vorbestraft und brutal war. Er hielt Arian wie in einem Verlies gefangen, ließ sie hungern und quälte sie. Ihre Lehrerin bemerkte bei ihr Brandwunden; die Mutter beantragte vor Gericht das Sorgerecht, wurde aber abgewiesen. Arian war bald unterernährt und verwirrt. Als sie ihr Stiefbruder mit den Händen zwischen den Beinen fand, trat er sie so heftig, dass sie über den Fußboden flog, mit dem Kopf an die Wand stieß und wenige Stunden später starb.

Ebadi und Freundinnen aus einer Kinderrechtsorganisation, die sie 1994 mitbegründet hat, organisieren in einer Moschee im Zentrum von Teheran eine Trauerfeier für das Mädchen und kündigen sie im Rahmen von Todesanzeigen in Zeitungen an. Der Onkel ihres Mannes, ein Geistlicher, spricht bei der Gedenkstunde über Kindesmissbrauch und Arians Schicksal. Während seiner Rede tritt ein Mann vor, hebt ein Kind hoch, das auch dem Vater zugesprochen wurde, aber bei seiner Mutter bleiben will, und bittet: „Leute, tut etwas für diese Kinder." Ebadi geht ans Mikrofon und sagt:

> „Heute sind wir hier, um für die Rechte anderer Arians zu kämpfen. Wir müssen das Gesetz reformieren, das zu ihrem Tod führte.' Die Leute begannen, Slogans zu skandieren, und wir baten sie, die Blumen auf ihrem Weg nach draußen zu verstreuen. Alle strömten gleichzeitig zum Ausgang, riefen ‚Das Gesetz muss reformiert werden!' und pflückten die Blütenblätter von den Stängeln ab. Innerhalb einer halben Stunde waren die belebten Straßen um die Moschee mit zahllosen Blütenblättern bedeckt, und die Taxifahrer und Pendler, die im Schneckentempo vorüber fuhren, hielten an, um einen Blick in die Moschee zu werfen. Die Zeitungen berichteten anderntags darüber, und in den Universitäten wurden in den folgenden Wochen Seminare zum Thema Kindesmissbrauch veranstaltet."[4]

Im Prozess, der folgt, vertritt Ebadi Arians Mutter. Zeitungs-, Rundfunk- und Fernsehreporter kommen in den Gerichtssaal, in dem auf einem Transparent zu lesen steht: DER PREIS FÜR ARIANS TOD IST EINE ÄNDERUNG DER GESETZE ZUGUNSTEN IRANISCHER KINDER. Arians Vater und Stiefmutter werden zu einem Jahr Gefängnis, der Stiefbruder zum Tode verurteilt. Medien und Menschenrechtsorganisationen im In- und Ausland werden auf Ebadi aufmerksam. So erschließen sich ihr neue Möglichkeiten, ihre Forderungen bekannt zu machen. „Es bedeutete, dass der abstrakte Begriff ‚Menschenrechte' im Iran nun ein Gesicht und einen Namen hatte."

Ende der 1990er Jahre begreift der Geheimdienst, dass öffentliche Prozesse gegen Oppositionelle dem Ruf des Regimes im Ausland schaden. Nun häufen sich geheime Morde und arrangierte Autounfälle, bei denen Dissidenten umkommen. Dutzende Intellektuelle werden getötet, auch das regimekritische Ehepaar Dariush und Parvaneh Forouhar. Dariush hat einst die Revolution unterstützt und war der erste Arbeitsminister der Islamischen Republik, trat aber wegen zunehmender Radikalisierung des Regimes zurück. Auf Bitten der Tochter bereitet Ebadi eine Anklage vor und ermittelt.

Die Zeit scheint günstig zu sein, denn um 1999 lockert sich unter Präsident Mohammed Khatami der politische Druck für einige Monate. Das Informationsministerium muss zugeben, dass „irregeleitete und einzelgängerische Kollegen" die Verbrechen begingen; der Minister muss zurücktreten. Sein Stellvertreter wird verdächtigt, kommt ins Gefängnis und stirbt angeblich durch Selbstmord. Ebadi erhält für wenige Tage Zugang zu den Akten – und liest darin, dass auch ihr Name auf der vom Minister gebilligten Liste des Todeskommandos stand. Der Prozess darf nur hinter verschlossenen Türen geführt werden. Der Mörder wird zum Tod, zwei Verdächtige zu lebenslanger Haft verurteilt, doch der Oberste Gerichtshof hebt die Urteile wieder auf.

Was kann Ebadi erreichen? Keine große Wende. Doch die Angehörigen von ermordeten Dissidenten brechen ihr angstvolles Schweigen und wagen zu sprechen. Der Skandal hat gezeigt, dass die Führungskräfte der Islamischen Republik gespalten sind, und das Informationsministerium ordnet keine weiteren Hinrichtungen von Dissidenten mehr an. „Der Prozess machte das Morden weniger leicht."

Friedensnobelpreis: „Allahu akbar!"

Doch die reformbereiten Kräfte werden zurückgedrängt. Es kommt bereits 1999 zu Unruhen und zu einem Angriff auf ein Studentenheim mit mehreren Todesopfern. Ebadi erfährt von einem Aussteiger der paramilitärischen Organisation der Gefolgsleute der Partei Gottes, dass die Gewaltaktion von zwei maßgeblichen Mullahs organisiert wurde. Sie bewegt ihn, als Augenzeuge auf einem Video über den Vorfall zu berichten, und spielt das Band dem Innenministerium zu. Daraufhin wird sie beschuldigt, das Band manipuliert zu haben. Man verurteilt sie zu 15 Monaten Gefängnis und fünf Jahren Berufsverbot. Gefoltert wird sie nicht, dazu ist sie im Ausland schon zu bekannt. Nach 20 Tagen Haft im berüchtigten Evin-Gefängnis kommt sie gegen Kaution frei.

Sie arbeitet weiter, obwohl ihr Telefon abgehört wird. Im Jahr 2003 entwirft sie für eine Gruppe fortschrittlicher Frauen, die es ins Parlament, den Majlis, geschafft haben, ein Familienrecht, das den Frauen mehr Rechte einräumt und mit der Scharia vereinbar ist. Es wird nicht angenommen. Die Reform-Ära wird gestoppt; Studentenunruhen werden brutal niedergeschlagen. Als sie einen verhafteten Journalisten juristisch betreuen will, verweigert man ihr das Besuchsrecht. Trotzdem vertritt sie die Familie einer im Gefängnis tödlich verletzten iranisch-kanadischen Fotojournalistin.

Sie wird zu Vorträgen ins Ausland eingeladen. Während sie im September 2003 in Paris an einem Seminar über Frauenfragen teilnimmt, erfährt sie, dass ihr der Friedensnobelpreis verliehen wird. Für das Mullah-Regime ist das eine Ohrfeige, für die Reformbewegung im Iran ein Hoffnungsschimmer. Die konservativen Blätter im Land verschweigen oder verstecken die Nachricht, doch über das Satellitenfernsehen wird sie trotzdem weithin bekannt. Tausende empfangen Ebadi am Flughafen in Teheran. Als sie aus dem Flugzeug steigt, ruft sie mit dem jedem Muslim vertrauten Gebetsruf „Allahu akbar!" (Gott ist der Allergrößte), so wie sie bei der Überreichung des Nobelpreises ihre Rede mit den

Worten beginnt: „Im Namen des Gottes der Schöpfung und der Weisheit."

Am Tag nach der Landung erklärt sie auf einer Pressekonferenz: „Der Preis gehört allen, die sich im Iran für Menschenrechte und Demokratie einsetzen." Sie fordert die Freilassung der politischen Gefangenen und betont, dass der Islam keine Religion des Terrors sei. Das wiederholt sie auch in ihrer Nobelpreisrede und bei anderen Auftritten. Sie versteht sich nicht nur als Gesicht der iranischen Menschenrechtsbewegung, sondern auch als Anwältin eines reformoffenen Islam. Anders als die Fundamentalisten, die auf den Buchstaben der jahrhundertealten Scharia fixiert sind, unterscheidet sie zwischen dem Kern des islamischen Glaubens und der zeitbedingten Kultur, in der er sich jeweils ausdrückt. Die überlieferten Rechtsnormen, sagt sie, haben die Ideale des islamischen Glauben im Rahmen der damaligen Kultur, die eindeutig patriarchalisch war, umzusetzen versucht, enthalten also viel Zeitbedingtes. Heute aber müsse man den Kern des Islam im Horizont der Menschenrechte und der Demokratie interpretieren und leben. Denn die Menschenrechte gälten universal, für alle Religionen und Kulturen:

> „Der Islam ist ein Glaube der Gerechtigkeit und Gleichberechtigung. Es ist die herrschende patriarchalische Kultur, die die Gleichberechtigung von Frauen und Männern verhindert. Der Islam ist nur ein Vorwand. Ich vertrete vehement die Meinung, dass der Islam interpretationsfähig ist, dass er, richtig interpretiert, ein starker Befürworter der Menschenrechte sein kann."[5]
>
> „Wenn die Frauen ihre Menschenrechte kennen und wenn sie ihre Religion kennen, gibt es einen Fortschritt. Die Frauen müssen wissen, dass nicht etwa die Religion gegen sie ist, sondern die patriarchalische Gesellschaft. Diese übt Druck aus und benutzt die Religion gegen die Frauen."[6]

Der Gang ins Exil

Die Konservativen in ihrem Land sehen das anders. Man verleumdet sie, sie sei eine schlechte Muslimin, weil sie im Ausland keinen Schleier trage. (Im Iran trägt sie ihn, weil sie sich an die Gesetze hält.) Sie erhält Morddrohungen und braucht Personenschutz. Trotzdem sagt sie noch im Jahr 2003 in einem Interview: „Ich bin ein sehr optimistischer Mensch und glaube, dass es jeden Tag ein bisschen besser wird." Doch unter dem radikal-fundamentalistischen Präsidenten Mahmud Ahmadinedschad, der von 2005 bis 2013 die Regierung führt, bekommen die Hardliner wieder Oberwasser.

Im Juni 2006 wird eine Demonstration für die Menschenrechte in Teheran gewaltsam niedergeschlagen und Ebadi für einige Tage in Haft genommen. Im August desselben Jahres verbietet das Innenministerium das von ihr mitgegründete Zentrum für Menschenrechte, das Regimegegnern juristischen Beistand bietet. Im Dezember 2008 wird ein anderes Menschenrechtszentrum, das Ebadi mit einem Kollegen leitet, von den Behörden geschlossen mit der Begründung, es treibe Propaganda gegen das System.

Am 11. Juni 2009, einen Tag vor Ahmadinedschads Wahl zu seiner zweiten Amtszeit, fliegt Ebadi zu einem dreitägigen Kongress nach Spanien. Sie kehrt nicht mehr zurück, weil sie im Iran vor einer Verhaftung nicht sicher wäre. Sie geht ins Exil nach Großbritannien: „Ich kehre an dem Tag zurück, an dem ich als Anwältin politische Gefangene vor Gericht vertreten kann." Die Wahl wird massiv gefälscht. Hunderttausende demonstrieren und fragen: „Wo ist meine Stimme?" Ebadi fordert die Vereinten Nationen und das Europäische Parlament auf, Sondergesandte in den Iran zu entsenden. Doch die sogenannte Grüne Revolution gegen den Wahlfälscher Ahmadinedschad wird vom Regime niedergeschlagen.

Ein enger Mitarbeiter von Ebadi wird verhaftet. Ihr Mann und ihre Schwester werden einige Tage inhaftiert, ihr Bruder verhört. Die iranischen Behörden beschlagnahmen ihren Besitz – auch die

Medaille und die Urkunde ihres Friedensnobelpreises, die sie in einem Bankschließfach aufbewahrt hat.

Ebadi erhält in der westlichen Welt zahlreiche hohe Auszeichnungen. Von ihrem Exil aus will sie sich weiterhin für die Sache der Menschenrechte einsetzen. Sie weiß, dass ein demokratischer Wandel von der Zivilgesellschaft des Landes selbst und nicht von außen ausgehen muss. Sie fordert zwar Druck von außen durch harte Sanktionen, lehnt aber jede militärische Intervention ab: „Die Menschenrechte kann man den Menschen gewiss nicht durch Bomben bringen."

Im Jahr 2010 initiiert sie in Paris eine Kampagne zur Unterstützung von 40 im Iran inhaftierten Journalisten. Als sich das Land um einen Sitz im Menschenrechtsrat der Vereinten Nationen bemüht, führt sie den Widerstand von Menschenrechtlern in aller Welt an, und die iranische Regierung zieht ihre Bewerbung zurück. Als die Regierung im Jahr 2012 Frauen, die inzwischen gut 60 Prozent der Studierenden ausmachen, von 77 Studienfächern ausschließt, schreibt sie einen Protestbrief an die Frauenorganisation der Vereinten Nationen. Sagte sie nicht nach ihrem Gang ins Exil, sie wolle auch in Zukunft „zu dem Unrecht im Iran nicht schweigen"?

Ebadi wendet sich aber auch gegen die „Islamfeindlichkeit in einigen europäischen Ländern", die Muslimen pauschal Fanatismus und Gewaltbereitschaft unterstellt. Sie hält beispielsweise die Mohammed-Karikaturen des Dänen Kurt Westergaard für Äußerungen, die Gläubige beleidigen und Hass schüren. Zwar lehne sie die teils hysterischen und gewalttätigen Reaktionen von Muslimen, die darauf erfolgten, ab, doch erlaube es das Recht auf freie Meinungsäußerung nicht, die Gefühle anderer Menschen zu verletzen. Gegen die Verspottung von Extremisten hätte sie wohl nichts einzuwenden, aber mit einem Religionsstifter verhöhnt man eben auch eine ganze Glaubensgemeinschaft und behandelt sie respektlos.

Wangari Muta Maathai (1940–2011)

„Mutter der Bäume", der Frauen und der kleinen Leute

Erste Frau in Ost- und Zentralafrika mit einem Doktortitel, erste Professorin und Leiterin eines Instituts für Veterinärmedizin an der Universität Nairobi, erste Afrikanerin, die mit dem Friedensnobelpreis ausgezeichnet wird: Wangari Maathai sagt nicht ohne Grund in einem Interview: „Ich habe eine Menge Rekorde gebrochen, erste Frau hier, erste Frau da, ich habe wohl viel Neid erzeugt, ohne es zu merken."

Als sie am 1. April 1940 im kenianischen Dorf Ihithe, 100 Kilometer nördlich von Nairobi im Distrikt Nyeri, geboren wird, ahnt niemand, dass sie einmal ein anderes Leben führen wird als das ihrer Mutter und anderer Frauen ihrer Ethnie, der Kikuyus: auf dem Feld arbeiten, Holz zum Kochen sammeln, Mahlzeiten zubereiten, Kinder aufziehen.[1] Ihr Vater, der der Unabhängigen Afrikanischen Kirche angehört, arbeitet als Fahrer und Mechaniker in Nakuru bei einem britischen Siedler und hat von vier verschiedenen Frauen zehn Kinder. Wangari und ihre Mutter ziehen für einige Zeit zu ihm, kehren dann aber wieder in ihr Dorf zurück. Die Tochter unterstützt die Mutter beim Betreuen der jüngeren Geschwister und steht ihr besonders nah: „Sie war der Anker in meinem Leben."

Mutter und Onkel bringen das nötige Schulgeld auf, damit Wangari die Grundschule besuchen kann. Danach kommt sie für vier Jahre in die Mittelschule und das Internat von italienischen Consolata-Schwestern. Dort lernt sie nicht nur Englisch:

> „Wenn ich nicht im Klassenzimmer saß oder spielte, engagierte ich mich, wie viele meiner Freundinnen, im christlichen Verein Legion Mariens. Diese Organisation führte uns in den Geist des Dienens ein und brachte uns nahe, wie wichtig es ist, sich ehrenamtlich für das Gemeinwohl einzusetzen. Wir besuchten Kranke und halfen bei der Arbeit im Krankenhaus, wuschen und bügelten die Kirchenwäsche und beteiligten uns an Gebetsversammlungen, arbeiteten im Schulgarten und halfen Mitschülerinnen bei den Hausaufgaben. Dahinter stand der Gedanke, Gott zu dienen, indem man seinen Mitmenschen diente."[2]

Nach vielen Stunden Religionsunterricht wird sie, ohne mit ihrer Familie darüber zu sprechen, katholisch. Sie besteht die Abschlussprüfung als Klassenbeste und kann 1956 in die einzige höhere Schule Kenias, die afrikanischen Mädchen offensteht, übertreten: in die von irischen Schwestern geführte Loreto Girl's High School mit Internat in Limuru, nahe Nairobi. Mutter Teresia, der sie oft im Labor beim Auswaschen von Reagenzgläsern hilft und mit der sie sich gern unterhält, „weckte und förderte mein lebenslanges Interesse an der Naturwissenschaft, damals Chemie, später Biologie".

1959 macht sie ihren Abschluss, wieder als Klassenbeste. Während ihre Mitschülerinnen nur Berufe ergreifen, die zu der Zeit Highschool-Absolventinnen offenstehen – Lehrerin oder Krankenschwester –, will sie an einer Universität studieren.

Für eine junge Frau, die aus einem Dorf stammt, wo schulische Bildung für Mädchen weitgehend als überflüssig gilt, ist dieser Wunsch fast vermessen. Doch da kommt ihr die internationale Politik zu Hilfe. Senator John F. Kennedy, der spätere US-Präsident, ist bereit, durch die Joseph-P.-Kennedy-Stiftung seiner Familie junge Afrikanerinnen und Afrikaner, die nach dem sich abzeichnenden Ende der Kolonialherrschaft zum Aufbau ihrer Länder gebraucht werden, durch Stipendien zu fördern. Der Bischof von Nairobi ermuntert die Absolventen von katholischen Schulen, sich zu bewerben, und Wangari kann im September 1960 mithilfe der „Kennedy-Luftbrücke" in den Vereinigten Staaten ein Studium beginnen. Wieder kommt sie in eine katholische Einrichtung, in das Mount St. Scholastica College in Atchinson, Kansas, das von Benediktinerinnen geleitet wird, die sich seit Jahrzehnten der Frauenbildung widmen.

Doktorin, Professorin, Powerfrau

Dort erwirbt Wangari den Grad eines Bachelors und studiert 1964 mit einer weiteren Studienbeihilfe an der Universität von Pittsburgh weiter. In der Rekordzeit von eineinhalb Jahren schafft sie den Abschluss als Master in Biologie, mit der Spezialisierung auf Tierphysiologie. Auch wenn sie sich mit aller Kraft ihrem Studium widmet, nimmt sie doch auch die ganz andere Welt der USA jener Jahre wahr. Alles erscheint ihr liberaler, als sie es in ihrer bisherigen Erziehung kennengelernt hat: die Beziehungen zwischen jungen Frauen und Männern, das kirchliche Leben, die politischen Verhältnisse. „Ich vergrub mich zwar oft in meinen Büchern, beschäftigte mich aber trotzdem auch mit der Bürgerrechtsbewegung und lernte dabei sehr viel." Auch mit den Anfängen der amerikanischen Frauenbewegung kommt sie in Berührung, und bald faszinieren sie auch die Ideen der lateinamerikanischen Befreiungstheologie.

Als sie im Januar 1966 nach Kenia zurückkehrt, bringt sie außer ihren biologischen Fachkenntnissen auch diese Einflüsse mit und mit ihnen den Willen, „den Armen zu helfen und mich um die Schwachen und Schutzlosen zu kümmern". Selbstbewusst ändert sie auch ihren Namen. Trug sie bisher den Taufnamen Miriam und den von den Eltern gegebenen Namen Wangari, so möchte sie jetzt nur nach diesem letzteren sowie nach dem Namen des Vaters genannt werden: Wangari Muta.

Wangari Muta will an der im Aufbau befindlichen Universität von Nairobi die Stelle einer Forschungsassistentin antreten, die ihr versprochen wurde. Doch diesen Posten hat der maßgebliche Professor unfairerweise einem männlichen Angehörigen seiner Ethnie zugeschanzt. So steht sie zunächst arbeitslos da. Diese Erfahrung sensibilisiert sie für die Diskriminierung als Frau und als Angehörige einer Ethnie. Glücklicherweise lernt sie den deutschen Professor Reinhold Hofmann kennen, der sie als Assistentin am Institut für Veterinärmedizin am Universitätscollege einstellt, wo sie ihre in Amerika erworbenen Fertigkeiten im Aufbereiten und mikroskopischen Untersuchen von Tiergewebe anwenden kann.

Dann bietet sich ihr eine Chance, die zwar wieder einen Auslandsaufenthalt erfordert, die sie aber beherzt ergreift: Derselbe Deutsche Akademische Austauschdienst, für den Professor Hofmann nach Kenia ging, gewährt ihr ein Stipendium für ein Doktoratsstudium in Deutschland. Deutsch hat sie in den USA gelernt. Sie forscht 20 Monate lang in Gießen und München, wie sich die männlichen Keimdrüsen beim Rind entwickeln, und kehrt 1969 mit dem gesammelten Material in ihr Heimatland zurück. Dort heiratet sie im selben Jahr den ebenfalls in den USA ausgebildeten Manager Mwangi Mathai, den sie in seinem Wahlkampf für einen Sitz im Parlament unterstützt. Sie hält Vorlesungen und bringt 1970 ihren Sohn Waweru zur Welt. „Ich war sehr gerne Mutter und genoss die frühen Jahre mit Waweru und später mit unseren beiden anderen Kindern." 1971, nach elf Jahren Studium, reicht die mit dem zweiten Kind schwangere 31-Jährige bei Professor Hofmann ihre Dissertation ein: Sie ist die erste Frau in Zentral- und Ostafrika, die einen Doktortitel erworben hat.

Sie wird zur Dozentin befördert – und erneut diskriminiert: Sie und eine Kollegin erhalten als verheiratete Frauen weniger Gehalt als ihre männlichen Kollegen und auch keinen Wohngeldzuschuss, keine Versicherung und Pension wie diese. Dagegen macht sie an der Universität mobil – und hat Erfolg. Sie wird 1976 Leiterin des Fachbereichs für Veterinäranatomie und ein Jahr später außerordentliche Professorin: wieder als erste Frau in Zentral- und Ostafrika. „Sie ist", wie ihr Mentor Professor Hofmann meint, „nun mal eine Powerfrau, aber sie ist eine liebenswürdige Powerfrau."

Von der Wissenschaftlerin zur Anwältin der Frauen und des Umweltschutzes

Frau Professor Wangari Mathai kauft sich mit ihrem Mann ein Haus und könnte bis zu ihrer Pensionierung das politisch gefahrlose und finanziell gesicherte Leben einer akademischen Lehrerin und Forscherin führen, doch entwickelt sie sich in diesen Jahren von der Wissenschaftlerin zur Anwältin der Frauen, des Umweltschutzes und der armen Landbevölkerung – und all das hängt miteinander zusammen.

Zunächst engagiert sie sich ehrenamtlich beim kenianischen Roten Kreuz und übernimmt ab 1973 dessen Leitung. Dann erwacht ihr ökologisches Bewusstsein. Sie tritt dem Internationalen Umwelt-Verbindungszentrum bei, das die Initiativen von Nichtregierungsorganisationen mit der Arbeit des in Nairobi angesiedelten Umweltprogramms der Vereinten Nationen (UNEP) verbinden soll. Als sie im Rahmen ihrer Forschungen das Land bereist, um den Lebenszyklus von Ohrenzecken zu untersuchen, die bestimmte Rinderarten gefährden, sieht sie mit eigenen Augen, wie sich die Region seit ihren Kindheitstagen infolge von Naturzerstörung verändert hat. Nach Regenfällen schwemmen Sturzflüsse die fruchtbare Erde von den Höhen herab. Es wächst in dem Land, das ohnehin zum größten Teil Halbwüste ist, immer weniger Gras; die Kühe sind abgemagert, die Menschen unterernährt.

1976 wird Wangari Mathai Mitglied des Nationalen Frauenrats (NCWK: National Council of Women of Kenya), denn Frau-
en sind für sie die Zukunft Afrikas: „Frauen fühlen sich verantwortlich für ihre Kinder. Sie können sich nicht zurücklehnen, Zeit
verschwenden und zusehen, wie ihre Kinder hungern." Dort erfährt sie in Vorträgen von weiteren Missständen und ihren Ursachen. Viele Bauern haben so viele Felder für den finanziell ein-
träglichen Tee- und Kaffeeanbau reserviert, dass zu wenig Platz
bleibt für Feldfrüchte, die ihrer Familie eine vollwertige Ernährung gewährleisten. An den Hauptnahrungsmitteln Maniok, Yams
und Süßkartoffeln wird gespart, weil man sie kochen müsste und
weil die Wege, um Brennholz zu finden, immer länger werden.
Die Frauen setzen ihren Familien Nahrungsmittel vor, die – wie
Weißbrot, Maismehl und geschälter Reis – schneller zubereitet
werden können, aber weniger Vitamine, Proteine und Minerali-
en enthalten. So kommt es zu Mangelernährung, die sich besonders bei Kindern und älteren Menschen auswirkt.

Warum aber ist das Brennholz so knapp? Weil man große Flä-
chen des Urwalds abholzt, um mit den Baumstämmen Geld zu
machen und Anbauflächen für Kaffee- und Teeplantagen zu gewinnen. Die Entwaldung hat jedoch zur Folge, dass das Wasser
nicht mehr vom Wurzelwerk der Bäume gehalten wird, zu schnell
abfließt und der Boden erodiert. Weniger Wald hat auch weniger
Regen zur Folge, so dass die Ernten schlechter und die Wüsten
größer werden. Wenn aber das bebaubare Land geringer wird,
kommt es zu Stammesfehden, zu Landraub mithilfe von bestochenen Beamten: zu Korruption. Kenia ist eines der korruptesten Länder der Welt; für unterbezahlte Forstaufseher wie auch für gut si-
tuierte Regierungsmitglieder ist die Versuchung groß, durch die
illegale Vergabe von Abholzungserlaubnissen Geld und mächtige
Freunde zu gewinnen.

Abholzung, Bodenerosion, schlechte Ernten, Armut, Mangelernährung, Landraub, Stammeskonflikte, Korruption – wo kann
man ansetzen, um diesen Teufelskreis zu durchbrechen? Mathai
hat eine Idee:

„Der Gedanke kam mir einfach: ‚Warum pflanzt du nicht Bäume?'
Die Bäume würden Brennholz liefern, damit die Frauen nahrhaf-
tes Essen kochen konnten, aber auch Baumaterial für Zäune und
Futter für Rinder und Ziegen. Die Bäume würden Menschen und
Tieren Schatten spenden, das Grundwasser schützen und den Erdboden zusammenhalten, und wenn es fruchttragende Bäume waren, würden sie auch Nahrungsmittel liefern. Sie würden auch zur
Heilung des Landes beitragen, indem sie Vögel und kleine Tiere
zurückholten; die Lebendigkeit der Erde würde wiederherge-
stellt."[3]

Die Grüngürtel-Bewegung entsteht

Ein erster Versuch, ein Unternehmen zu gründen, das Bäume
pflanzt, scheitert. Doch 1977 wird sie vom Nationalen Frauenrat
(NCWK) in den Ständigen Ausschuss für Umwelt und Siedlungs-
programm (Habitat) gewählt und schlägt dort vor, im Hinblick
auf die Bedürfnisse der Frauen auf dem Land Bäume zu pflanzen.
Am 5. Juni 1977 organisiert ihr Ausschuss in Nairobi zum Welt-
umwelttag einen Umzug zum Kamukunji Park am Rande der Stadt
und pflanzt im Beisein von Bürgermeister und anderen Honora-
tioren sieben Bäume zu Ehren von sieben Nationalhelden aus sieben Ethnien des Landes. Sie und ihre Mitstreiterinnen geloben:
„Wir wollen die Wüstenbildung vermeiden, indem wir, wo immer
möglich, Bäume pflanzen." Das ist die Geburtsstunde eines Auf-
bruchs, der sich später Grüngürtel-Bewegung (GBM: Green Belt
Movement) nennt. Sie ist Mathais Lebenswerk, an dem sie zusätzlich zu ihrer Tätigkeit an der Universität und den häuslichen Pflichten, bei denen ihr allerdings eine Angestellte zur Hand geht, arbeitet.

Der Frauenrat wirbt über Medien landesweit für die Wiederaufforstung mit dem Motto „Ein Mensch, ein Baum". Die Idee verbreitet sich, „und bald begannen Bauern, Schulen und Kirchen,

eigene Programme zu entwickeln". Mathai bittet den obersten Waldkonservator um Setzlinge. Nach einem Jahr muss sie schon mehr anfordern, als er zur Verfügung stellen kann. Also braucht die Bewegung eine eigene Baumschule. Und Geldgeber. „Die Finanzierung blieb immer ein Problem für die Bewegung; selten war im Vorfeld eines Jahres klar, wie es finanziell weitergehen sollte."

Das Jahr 1979 stürzt sie in eine private Krise: Ihre Ehe mit Mwangi ist zerrüttet; es kommt zur Scheidung. Die Medien berichten ausführlich über den Scheidungsprozess. Die Kinder bleiben einige Jahre bei ihrem Ex-Ehemann, kehren aber 1985 auf eigenen Wunsch zur Mutter zurück und besuchen später alle ein College in den USA. Wangari, 39 Jahre alt, geschieden und allein erziehend, lässt sich den Namen nicht nehmen, unter dem sie bekannt wurde, sondern fügt einfach ein zweites a ein: Maathai.

Mit dem Regierungsantritt von Präsident Daniel arap Moi, der von 1978 bis 2002 Kenia beherrscht, gerät Wangari Maathai in politisch gefährliche Wasser. Moi, auf dessen Betreiben das Parlament Kenia offiziell zu einem Einparteienstaat erklärt, will alle Nichtregierungsorganisationen auf unbedingte Gefolgschaft einschwören. Als Maathai 1980 für den Vorsitz des Frauenrats kandidiert, wird sie von Frauenorganisationen, die dem Präsidenten hörig sind, abgelehnt. Maathai wird trotzdem gewählt, weshalb die Regierung den Frauenrat bei der Vergabe von internationalen Geldern für Frauenprojekte benachteiligt.

Als 1982 in ihrer Heimatregion Nyeri eine Nachwahl ansteht, versucht Maathai einen Parlamentssitz zu erringen in der Hoffnung, Anliegen der Frauen besser durchsetzen zu können. Der Versuch endet mit einem Desaster. Zuerst muss sie aufgrund eines neuen Gesetzes ihre Stelle an der Universität kündigen, und dann erklärt ihr das Wahlkomitee mit fadenscheinigen Gründen, sie sei nicht wahlberechtigt. Die Universität weigert sich, sie wieder anzustellen. Nun steht sie da: ohne Gehalt, ohne Pensionsansprüche, ohne Krankenversicherung und muss unverzüglich die universitätseigene Wohnung verlassen, in die sie nach der Scheidung eingezogen war.

Bäume und Ideen setzen – Frauen und Demokratie fördern

Wangari Maathai gibt nicht auf, sondern stürzt sich in die ehrenamtliche Arbeit, die ihr verblieben ist: beim Nationalen Frauenrat und der Grüngürtel-Bewegung. Auf internationalen Konferenzen in Nairobi wird sie mit einflussreichen Persönlichkeiten bekannt, die sich für ihre Aufforstungsinitiative interessieren. Es kommt zu einer Zusammenarbeit zwischen ihrem GBM und der norwegischen Forstgesellschaft, für deren Koordination sie ein bescheidenes Gehalt bezieht. Auch eine Organisation der Vereinten Nationen gewährt Beihilfen, die die Ausdehnung und Zukunft des Aufforstungsprogramms sichern und ihr Einkommen verbessern.

Nun kann sie Mitarbeiter bezahlen, die Schulungen durchführen. Sie baut ihre Grüngürtel-Bewegung zu einem Motor der Frauenförderung und einem Verbündeten der Demokratiebewegung im Land aus. Später spricht sie von einer ganzheitlichen Entwicklungspolitik und sagt, sie habe nicht nur Bäume, sondern auch Ideen setzen wollen. Die Vertreter von GBM werben systematisch bei Bauern, Gemeinden und Schulen für ihre Sache. Es entsteht ein Netz von Gruppen mit je 15 bis 30 Frauen. Ihnen erklärt der Schulungsleiter von GBM, warum es wichtig ist, Bäume zu pflanzen, und welchen Nutzen sie davon haben: Als finanziellen Anreiz erhalten sie für jeden überlebenden Setzling eine minimale Summe, die vier amerikanischen Cent entspricht. Damit die Pflänzchen überleben – was kontrolliert wird –, müssen sie sie gießen und schützen. Sie müssen Land für eine Baumschule suchen und Samen in den Wäldern und Feldern sammeln. In den Tropen wachsen sie Bäume schnell, in einigen Jahren werden die Frauen von ihnen profitieren.

Die Landfrauen lernen bei der Schulung auch einiges über ihre Rechte, über den Landmissbrauch durch Reiche, über Anbau von Gemüse, Nahrungsmittelverarbeitung, Imkerei und andere Erwerbsmöglichkeiten, über Entwicklungspolitik und gute Regierungsführung. Auch heute zielt die Grüngürtel-Bewegung nicht nur auf Umweltschutz, sondern auch auf die Entwicklung sozialer Gemeinschaften und auf zivilgesellschaftliche Bildung. Schon in den 1980er Jahren gibt es in Kenia fast 2000 Frauengruppen, die Baumschulen unterhalten. 1986 dehnt Maathai, die „Mutter der Bäume", mit finanzieller Hilfe des Umweltprogramms der Vereinten Nationen die Schulungskurse auf andere afrikanische Länder aus, die von Versteppung, Wassermangel und Hunger bedroht sind: Äthiopien, Tansania, Uganda, Ruanda, Mosambik. Nach Angaben der Internationalen Grüngürtel-Bewegung wurden von 1977 bis 2014 in 13 afrikanischen Ländern über 30 Millionen Bäume gepflanzt und mehr als 30 000 Frauen ausgebildet.

Maathai erntet internationale Anerkennung. 1987 wird sie mit dem Global Award 500, zwei Jahre später zusammen mit Mutter Teresa mit dem Women of the World Award ausgezeichnet. Das hindert das Regime von Präsident Moi allerdings nicht, ihre Arbeit zu hintertreiben, denn es hat längst bemerkt, dass die Landfrauen nicht nur Bäumchen pflanzen, sondern auch über Behördenwillkür und Korruption sprechen. Es kommt zu mehreren Konfrontationen.

Im Clinch mit dem Moi-Regime

1985 organisiert Maathai eine Demonstration gegen die Abholzung von Kenias Wäldern. Während der 3. Weltfrauenkonferenz in Nairobi schleppen auf ihre Einladung hin Hunderte Landfrauen Holzbündel auf dem Rücken zum Konferenzzentrum, wo die Delegierten tagen und auch das Hauptquartier der Einheitspartci KANU liegt.

1989 plant die Regierung im Uhuru Park, einem Erholungsgebiet mitten in Nairobi, vergleichbar dem Hyde Park in London oder dem Englischen Garten in München, ein Hochhaus mit 60 Stockwerken und dem höchsten Turm Afrikas. Die Baufirmen würden ihr sicher fette Provisionen zahlen. Maathai alarmiert die Presse. Präsident Moi wirft ihr in einer öffentlichen Rede vor, sie sei keine richtige Frau in afrikanischer Tradition, denn sonst würde sie die Männer achten und den Mund halten. Die Regierung kündigt ihrem GBM die Büroräume, die sie jahrelang zur Verfügung gestellt hat; die Polizisten räumen sie und werfen schriftliche Unterlagen zum Fenster hinaus. Auf internationalen Druck hin muss die Regierung den begonnenen Bau wieder einstellen.

1992 wird Präsident Moi von westlichen Regierungen, die ihn zuvor, bis zum Ende des Kalten Krieges, als Bollwerk gegen den Kommunismus unterstützt haben, gedrängt, ein Mehrparteiensystem zuzulassen. Plötzlich kommt das Gerücht auf, er wolle die Macht der Armee übergeben und damit eine Demokratisierung verhindern. Maathai fordert ihn mit Mitstreitern in einer Presseerklärung auf, Neuwahlen anzusetzen. Daraufhin wird sie verhaftet und in eine feuchte Zelle gesperrt, wo sie ohne Decke mit schwerer Arthritis einsitzen muss. Von Hunger geschwächt und von Schmerzen gepeinigt muss sie von Polizistinnen zur Gerichtsverhandlung getragen werden; die Anklage wird nach einer Intervention von amerikanischen Senatoren zurückgezogen.

Kaum hat sich Maathai im Krankenhaus von den gesundheitlichen Schädigungen ihrer Haft erholt, bittet sie eine Gruppe von Müttern, die die Freilassung von politischen Gefangenen fordern, um Hilfe. Maathai organisiert mit ihnen im Uhuru Park einen Sitz- und Hungerstreik. Die Frauen besetzen eine „Ecke der Freiheit" (Corner of Freedom). Viele andere stoßen dazu; sie erzählen von ihren Verhören und Folterungen – und die Presse berichtet. Polizisten räumen das Lager mit Tränengas und Schlagstöcken. Maathai wird von einem Schlag getroffen und ohnmächtig ins Krankenhaus gebracht. Die Frauen finden in der nahe gelegenen anglikanischen Bischofskirche Zuflucht und setzen in deren Krypta die Mahnwache fort, wobei sie sich ablösen – ein Jahr lang. Maathai ist fast immer bei ihnen und lässt Flugblätter drucken, die die Schicksale der Verhafteten erzählen. „Bald wurde die Mahnwache zu einem nationalen Sit-in, einem Forum für jedermann, einschließlich der Presse, um zu erfahren, wie Menschen unter der allgemeinen Missregierung gelitten hatten." Anfang 1993 gerät die Regierung Moi so unter Druck, dass sie 51 politische Gefangene freilassen muss.

In den folgenden Jahren unterstützt Maathai Oppositionsparteien, die zwar zugelassen, aber von der Regierung durch Schlägertrupps, Entführungen, politische Morde und angezettelte Stammesfehden bekämpft werden. Sie muss eine Zeit lang untertauchen, weil sie ihres Lebens nicht mehr sicher ist.

> „Mein Netzwerk war sehr groß und bestand aus Freunden, Geistlichen, anderen Demokratie-Aktivisten und sogar ausländischen Diplomaten. [...] Im ersten Halbjahr 1993 kauerte ich oft auf dem Boden eines Wagens von Freunden und wurde im Schutz der Dunkelheit durch Nairobi gefahren. Manchmal setzte ich eine Perücke oder ein Kopftuch auf, um nicht erkannt zu werden. [...]
> Ich kann ohne Übertreibung sagen, dass diese Freunde, ebenso wie die mir verliehenen Auszeichnungen und die Konferenzen, an denen ich teilnahm, mir das Leben gerettet haben."[4]

Erst nach einem Schreiben von Michail Gorbatschow an Präsident Moi kann sie wieder auftauchen, einen Pass bekommen und zu Auszeichnungen und Konferenzen ins Ausland reisen. Auch in den folgenden Jahren betrachtet sie es als wichtige Aufgabe ihrer Grüngürtel-Bewegung zu verhindern, dass staatliches Land in Privatbesitz übergeht. Immer wenn diese Gefahr besteht, macht das GBM mit einer Tafel in den Farben der kenianischen Flagge darauf aufmerksam. Dieser Kampf spitzt sich zu, als die Regierung 1998 den staatseigenen Karura-Forst, den letzten zusammenhängenden Grüngürtel um Nairobi, Günstlingen zum Bau von Privathäusern überlassen will.

Maathai startet eine Kampagne nach bewährtem Muster. Sie teilt den Behörden ihre Besorgnis mit, mobilisiert, als diese nicht antworten, die Medien und die Öffentlichkeit und geht schließlich mit ihren Frauen in den Wald, um Bäume zu pflanzen. Die Polizei verbietet ihnen den Zutritt. Sie dringen auf Schleichpfaden ein. Die Regierung erklärt nun, die Privatbesitzer seien für die Sicherheit verantwortlich. Diese engagieren Schlägertrupps, die die Frauen mit Peitschen und Knüppeln angreifen. Maathai wird mit einer gefährlichen Platzwunde am Kopf verletzt, geht zur Polizei, erstattet Anzeige und unterschreibt sie, indem sie mit ihrem Blut ein X auf das Papier zeichnet. Wieder werden internationale Organisationen auf den Skandal aufmerksam. 1999 untersagt Präsident Moi die Privatisierung von staatlichem Land. Trotzdem sollen im Jahr 2001 wieder 400 Hektar bewaldetes Land einem einflussreichen Minister überlassen werden. Bei einer Protestaktion dagegen kommt Maathai noch einmal ins Gefängnis. Sie meint: „Was letztlich zählte, war zu zeigen, dass wir uns nicht einschüchtern ließen."

Friedensnobelpreis für nachhaltige Entwicklung, Demokratie und Menschenrechte

Ende 2002 kann in Kenia endlich eine faire Parlamentswahl stattfinden. Mehrere Oppositionsparteien bilden ein Wahlbündnis. Wangari Maathai kandidiert und erhält in ihrem Wahlkreis 98 Prozent der Stimmen; ihre Koalition kann mit einer Zweidrittelmehrheit regieren. Kibaki, der neue Präsident, der nach mehreren Schlaganfällen geschwächt und zu Kompromissen gezwungen ist, speist die Unbeugsame mit dem Posten einer stellvertretenden Umweltministerin ab. Ihr Vorgesetzter hat weder die Fachkenntnisse noch den Willen, den Naturschutz voranzubringen. Maathai setzt ihre Hoffnung auf ein Waldgesetz, das sie entwirft, doch es wird vom Parlament abgelehnt.

Sie agiert ungeschickt, als sie – gegen alle einheimischen Vorstellungen von der den Toten geschuldeten Verehrung – vorschlägt, Verstorbene in Särgen aus recyceltem Kunststoff zu bestatten, um Holz zu sparen und den Wald zu schonen. Als sie einheimische Verschwörungstheorien übernimmt und behauptet, die Immunschwäche Aids sei von teuflischen westlichen Wissenschaftlern entwickelt worden, um die Schwarzen auszurotten, löst sie in aller Welt Befremden aus.

Sie ist frustriert. Soll sie zurücktreten? Da erreicht sie im Jahr 2004 auf dem Weg von Nairobi in ihren Wahlkreis die Nachricht, dass ihr der Friedensnobelpreis zuerkannt wird. Die Regierung lässt sie mit dem Hubschrauber in die Hauptstadt zurückbringen: Jubel allenthalben. Die Universität von Nairobi, die ihr einst die Rückkehr in den Dienst verweigert hat, verleiht ihr das Ehrendoktorat. Sogar Politiker, die sie früher bekämpft haben, wollen sich in ihrem Ruhm sonnen, und der Wirtschaftsberater Sunny Bindra spottet: „Die ihr geholfen haben, können an den Fingern ihrer zwei schwer beschäftigten Hände abgezählt werden; die ihr im Weg standen, könnten locker einen 62-stöckigen Wolkenkratzer füllen." Ihr Ansehen im In- und Ausland wächst. Doch wie Nelson Mandela rächt sie sich nicht an ihren früheren Feinden, sondern äußert Verständnis: Sie hätten unter dem Druck der früheren Regierung gegen sie agieren müssen.

> „Persönlicher Hass scheint ihr fremd zu sein. [...] Versöhnlich, voller Bereitschaft zu vergeben, positiv – so ist Wangari Maathai tatsächlich ein Paradebeispiel für die Kunst des positiven Denkens. Immer wieder betont sie, ihren Durchhaltewillen verdanke sie ihrem christlichen Glauben, und nichts spricht dagegen, dass auch ihre Versöhnungsbereitschaft darauf zurückzuführen ist."[5]

Wichtig ist ihr, dass mit dem Friedensnobelpreis das Konzept, das sie entwickelt hat und das Schule machen soll, anerkannt wird. Das Nobelkomitee formuliert es so: „Sie hat einen ganzheitlichen Ansatz auf eine nachhaltige Entwicklung angewandt, die Demokratie, Menschenrechte und besonders Frauenrechte umfasst. Sie denkt global und handelt lokal." Sie selbst beschreibt ihre Idee anschaulicher im Bild eines Schemels mit drei Beinen:

> „Für mich symbolisieren die drei Beine die drei wesentlichen Säulen einer gerechten, stabilen Gesellschaft. Das erste Bein steht für

demokratische Freiheit, die alle Rechte respektiert, ob allgemeine Menschenrechte oder die der Frauen, der Kinder, der Umwelt. Das zweite Bein symbolisiert nachhaltigen und gerechten Umgang mit Ressourcen, und das dritte Bein eine Kultur des Friedens, die innerhalb von Gemeinschaften und Nationen bewusst gefördert wird."[6]

Nach zwei Jahren in der Regierung tritt sie 2005 zurück. Sie engagiert sich als Sonderbotschafterin des Ökosystems Kongobecken und wird 2006 in die französische Ehrenlegion aufgenommen. Gemeinsam mit Albert von Monaco übernimmt sie die Schirmherrschaft über die von ihr angestoßene Kampagne des UN-Umweltprogramms One Billion Trees (Eine Milliarde Bäume), die nach eigenen Angaben bis 2012 weltweit zur Pflanzung von 12,5 Milliarden Bäumen geführt hat. Maathai äußert sich kritisch zur Globalisierung und zur Gentechnik und spricht auf der Weltklimakonferenz der Vereinten Nationen 2009 in Kopenhagen.

In den letzten Jahren hat sie die Werte und die Spiritualität herausgestellt, die der Grüngürtel-Bewegung zugrunde liegen und die auch die Ausbildungsangebote des Wangari-Maathai-Instituts für Frieden und Umweltstudien an der Universität Nairobi beseelen sollen. Sie stellt vier Grundwerte heraus: Liebe zur Umwelt, Dankbarkeit und Achtung gegenüber den Ressourcen der Erde, Selbstermächtigung und Selbstverbesserung, den Geist des Dienens und des ehrenamtlichen Engagements. In ihrem Buch bezieht sie sich immer wieder auf die Bibel, stellt dem Leser aber auch die Tradition ihrer Ethnie, der Kikuyus, vor Augen.[7] Es ist ihr geistiges Vermächtnis. Sie stirbt am 25. September 2011 in Nairobi an den Folgen einer Krebserkrankung.

Cicely Saunders
(1918–2005)

Ein Leben für ein Sterben ohne Schmerzen
und in Würde

Jährlich sterben in Deutschland mehr als 850 000 Menschen – nicht immer unter menschenwürdigen Bedingungen. Oft fehlt es noch an den nötigen Kenntnissen, um Schmerzen und Übelkeit wirksam behandeln und Schwerstkranke und Sterbende angemessen pflegen zu können. Für das moderne Gesundheitswesen war dies lange Zeit kein Thema, weil es sich einseitig auf die heilende, kurative Medizin konzentriert und die lindernde, palliative (lateinisch palliare: mit einem Mantel umhüllen) Medizin vernachlässigt hat.

Glücklicherweise kam es in den letzten drei Jahrzehnten in vielen Ländern zu einer Wende. Es entstand eine von Ärzten, Pflegenden und Bürgerinitiativen getragene Bewegung, die dem Gedanken der Palliative Care (Palliativversorgung), wie der Oberbegriff für Palliativmedizin, -pflege und Hospizarbeit heißt, überall zum Durchbruch verhelfen will, wo Menschen schwerstkrank sind oder sterben: in Pflegeheimen, Krankenhäusern und zu Hause. Eine wichtige Etappe auf dem Weg zur Anerkennung dieses Anliegens wurde zurückgelegt, als die Weltgesundheitsorganisation (WHO) 1990 erstmals Palliative Care beschrieb und sie in einem zweiten Anlauf 2002 mit folgenden Zielen und Chancen konkretisierte, die dem Tabuthema Sterben mit einer gelassenen, positiven Grundhaltung begegneten und neue Maßstäbe vorgaben:

> „Palliativmedizin:
> - ermöglicht Linderung von Schmerzen und anderen belastenden Symptomen
> - bejaht das Leben und erkennt Sterben als normalen Prozess an
> - beabsichtigt weder die Beschleunigung noch Verzögerung des Todes
> - integriert psychologische und spirituelle Aspekte der Betreuung
> - bietet Unterstützung, um Patienten zu helfen, ihr Leben so aktiv wie möglich bis zum Tod zu gestalten
> - bietet Angehörigen Unterstützung während der Erkrankung des Patienten und in der Trauerzeit
> - beruht auf einem Teamansatz, um den Bedürfnissen der Patienten und ihrer Familien zu begegnen, auch durch Beratung in der Trauerzeit, falls notwendig
> - fördert Lebensqualität und kann möglicherweise auch den Verlauf der Erkrankung positiv beeinflussen
> - kommt frühzeitig im Krankheitsverlauf zur Anwendung, auch in Verbindung mit anderen Therapien, die eine Lebensverlängerung zum Ziel haben, wie z. B. Chemotherapie oder Bestrahlung und schließt Untersuchungen ein, die notwendig sind, um belastende Komplikationen besser zu verstehen und zu behandeln."[1]

Den Anstoß zu dieser Entwicklung gab nicht eine medizinische Berühmtheit oder eine Expertenkommission, sondern – neben der Sterbeforscherin Elisabeth Kübler-Ross – die Krankenschwester, klinische Sozialarbeiterin und Ärztin Cicely Saunders, die 1967 in London das erste moderne Hospiz gründete. Hospizarbeit und Palliativversorgung haben sich inzwischen professionalisiert und entwickeln sich ständig weiter, doch sind ihre zentralen Grundsätze gleich geblieben: Die Beschwerden und Schmerzen von Schwerstkranken und Sterbenden können körperlicher, emotionaler, sozialer und spiritueller Art sein, sind also, wie Saunders es nannte, „totaler Schmerz" (total pain) und müssen darum ganzheitlich, von verschiedenen Seiten her angegangen werden.

> „Es wurde uns bald deutlich, dass jeder Tod so individuell war wie das jeweilige Leben, das ihm vorausgegangen war, und dass die ganze Erfahrung dieses Lebens sich im jeweiligen Sterben reflektierte. Dies wiederum führte zur Konzeption von Schmerz als ‚total pain'. Dieses Verständnis von Schmerz umfasst körperlichen, emotionalen, sozialen und spirituellen Schmerz. Die Erfahrungen der Patienten beinhalten auch Angst, Furcht und Depression, Sorge um die Angehörigen, die in die Trauer gestürzt werden, und oft das Bedürfnis, der Situation einen Sinn geben zu können, eine tiefere Wirklichkeit zu finden, der sie vertrauen können."[2]

„Mach daraus ein Fenster in deinem Haus"

Die Notwendigkeit einer intensiven, ganzheitlichen Betreuung von Sterbenskranken erkennt Cicely Saunders, als sie mit 29 Jahren ihre erste Stelle antritt – und sich prompt in einen Patienten verliebt.[3] Damals ist sie noch keine Ärztin. Die am 22. Juni 1918 im Norden Londons geborene Tochter eines vermögenden, begeisterungsfähigen Vaters und einer verschlossenen, kalten Mutter beginnt zunächst ein Studium in Politik, Ökonomie und Philosophie, lässt sich aber, als 1940 der Zweite Weltkrieg ausbricht, als Krankenschwester ausbilden. Sie liebt diesen Beruf, doch schon zu Beginn ihrer Ausbildungszeit erleidet sie einen Bandscheibenschaden. Außerdem verursacht eine angeborene Verkrümmung der Wirbelsäule immer stärkere Schmerzen, die sie durch Am-Boden-Liegen in Freizeit und Studium nicht mehr vermeiden kann.

Sie muss den Beruf aufgeben und absolviert, um weiterhin mit Patienten arbeiten zu können, eine Ausbildung als Krankenfürsorgerin (heute: klinische/medizinische Sozialarbeiterin). Als solche nimmt sie im September 1947 im St.-Thomas-Krankenhaus in London, das viele Krebskranke behandelt, ihre Arbeit auf.

Dort trifft sie auf der ersten Station, in der sie eingesetzt wird, David Tasma, einen polnischen Juden aus dem Warschauer Ghetto, der noch vor dem Aufstand gegen die deutsche Besatzungsmacht (1943) nach England gekommen ist. Der 40-Jährige leidet an einem nicht operablen Krebsgeschwür und hat unsägliche Schmerzen: die körperliche Seite von „total pain". Er versucht wieder zu arbeiten, muss aber erneut in ein Krankenhaus gebracht werden. Cicely begleitet ihn beim Krankentransport, und als er sie fragt, ob er sterben müsse, antwortet sie: wahrscheinlich.

Die beiden sehen sich noch 25 Mal, und sie hält jede Begegnung in ihrem Tagebuch fest. Er leidet nicht nur an Schmerzen, sondern auch an Einsamkeit, hat er doch weder Heimat noch Familie, und Cicely ist die einzige Person, die ihn besucht: die soziale Komponente von „total pain". David ist auch verzweifelt, weil er sich sagt, dass er, ohne richtigen Beruf, sein Leben verpfuscht und sinnlos verbracht hat. Die beiden Einsamen finden bald zueinander. Er: „Mein ganzes Leben lang habe ich ein liebes Mädchen gesucht, und da stehst du nun und schaust mich an." Sie: „Als ich vom Bus wegging nach diesem Nachmittag, der so von Lachen erfüllt war, dachte ich, und wenn ich gar nichts weiter habe, so hatte ich doch wenigstens einen vollkommenen, herrlichen Nachmittag mit ihm."

Offensichtlich kann sie ihn aufrichten, und so kommt ihr der Gedanke, man müsse sterbenden Menschen ganz anders beistehen, als es damals in Krankenhäusern üblich ist. Sie spricht mit David darüber. Vielleicht kann er mit seinen Erfahrungen und Ratschlägen noch etwas Wertvolles hinterlassen. Er: „Was du in deinem Kopf und in deinem Herzen trägst, genau das wünsche ich mir."

Als er einmal sehr niedergeschlagen ist, fragt er: „Kannst du mir nicht etwas sagen, was mich wirklich tröstet?" Cicely deutet dies als spirituelle Anfrage und spricht ein Gebet, das Juden und Christen gemeinsam ist, den Psalm 23: „Muss ich auch wandern in finsterer Schlucht, ich fürchte kein Unheil; denn du bist bei mir ..." Er bittet sie fortzufahren, und sie betet noch Psalm 95. David, Enkel eines Rabbiners, versteht sich zunächst als Agnostiker, der das Dasein Gottes weder leugnet noch annimmt. Cicely respektiert seine Haltung. Sie selbst ist in der anglikanischen Kirche getauft, aber von den Eltern nicht religiös erzogen worden. Gelegentlich bezeichnet sie sich sogar als Atheistin, wird aber während ihrer Ausbildung durch die Arbeit mit Kranken eine Suchende. Sie schließt sich in Oxford der „Sokratischen Gesellschaft" an, in der unter der Leitung des Schriftstellers C. S. Lewis Agnostiker, Atheisten und Christen diskutieren. Sie liest mehrere Bücher über den Glauben und ist unter dem Einfluss von streng an der Bibel orientierten, evangelikalen Freundinnen zu einer eifrigen Christin geworden, die das Neue Testament und die Psalmen immer in ihrer Handtasche mit sich trägt.

David bemerkt kurz vor seinem Tod gegenüber einer Stationsschwester, er habe nun seinen Frieden mit Gott gefunden. Und Cicely, die sich nach ihrer Hinwendung zum Glauben gefragt hat: „Wie kann ich dir, Herr, danken und dienen?", entdeckt ihre Lebensaufgabe, beraten und bestärkt von David. Er setzt sie als Testamentsvollstrecker ein und vererbt ihr 500 Pfund mit der Bemerkung: „Mach daraus ein Fenster in deinem Haus."

Schmerzmittel erforschen und von Patienten lernen

Dieses Haus wird 19 Jahre nach Davids Tod eröffnet. Einen ersten Schritt zur Verwirklichung ihrer Vision tut Saunders, indem sie, neben ihrer Haupttätigkeit im St.-Thomas-Krankenhaus, freiwillig in einem Heim mitarbeitet, in dem Todkranke betreut werden.

Dort lernt sie eine in der Schulmedizin unbekannte Art der Schmerzbehandlung kennen, bei der man nicht wartet, bis akute Schmerzen auftreten, und diese dann mit einer oft bis zum Koma führenden hohen Dosis von Betäubungsmitteln bekämpft, sondern regelmäßig geringere Mengen verabreicht, so dass die Patienten bis zu ihrem Ende ansprechbar bleiben. Auf diese Weise hat sie auch Gelegenheit, Erfahrungen im Umgang mit emotionalen, sozialen und spirituellen Problemen der Patienten zu sammeln. Wie aber kann man die körperlichen Schmerzen noch wirksamer lindern?

Dazu, erklärt ihr der Arzt dieses Heims, sollte sie am besten Medizin studieren: „Es sind nämlich die Ärzte, die die hoffnungslos Erkrankten im Stich lassen." Also stürzt sich Saunders mit 33 Jahren noch in ein Medizinstudium. Die Energie zu diesem Kraftakt verleiht ihr das Ziel, das sie damals in einem Brief so umschreibt:

„Die Probleme der hoffnungslos Erkrankten beschäftigen mich mehr und mehr, vor allem die Fälle mit tödlichen Krebsgeschwüren. Ich bin der Meinung, dass diese Kranken in der Tat von Ärzten im Stich gelassen werden. Es ist nun mein innigster Wunsch, mehr über die Möglichkeiten einer Linderung der körperlichen Schmerzen wie auch der damit verbundenen seelischen Not herauszufinden, und das kann ich nur, wenn ich selbst Medizin studiere."[4]

Sie studiert äußerst konzentriert. Ihre Freizeit verbringt sie großenteils in der Christlichen Union, deren Mitglieder sich zu Gebet und Vorträgen treffen. Außerdem singt sie mit ihrer hellen Sopranstimme in deren Krankenhauschor und in einer Musikgesellschaft. 1957, mit 39 Jahren, legt sie das Staatsexamen in Chirurgie und Gynäkologie ab, und zwar mit Auszeichnung. Durch Vermittlung ihres Vaters wird sie in das Team eines Pharma-Fachmanns aufgenommen, der in Paddington die Wirkung von Schmerzmitteln erforschen will. Um den Kontakt mit Patienten nicht zu verlieren, verbringt sie drei Tage in der Woche im St.-Josephs-Krankenhaus in Hackney, wo sie die Anwendung der Medikamente überwachen und mit den Kranken reden kann.

St. Joseph's wird ein wichtiges Versuchsfeld für ihre Idee einer ganzheitlichen Begleitung von Schwerstkranken und Sterbenden. Das Krankenhaus war 1905 von katholischen irischen Ordensschwestern gegründet worden und betreut mit seinen 150 Betten neben älteren, gebrechlichen Menschen auch chronisch Kranke, die die Ärzte nicht mehr therapeutisch behandeln wollen. Einerseits herrscht in dem Haus eine ausgesprochen liebenswürdige, fröhliche Atmosphäre, andererseits sind von den dort arbeitenden Klosterfrauen nur drei ausgebildete Krankenschwestern, und der ärztliche Dienst wird von außen, von zwei Ärzten neben ihrer Praxis versehen.

Mit Saunders haben die Schwestern endlich eine Ärztin im Haus. Sie zeigen sich denn auch für deren Änderungsvorschläge sehr aufgeschlossen, und so darf sie bei vier Patienten mit regelmäßig gegebenen kleineren Mengen von Schmerzmitteln experimentieren. Sie hat nachweislich Erfolg mit dieser Methode, die heute in allen Hospizen angewendet wird. Sie kann auch belegen, dass eine individuell dosierte Mischung aus Opiaten (etwa Morphin) und anderen Schmerzmitteln nicht, wie Fachleute befürchten, abhängig und durch Gewöhnung eine immer höhere Dosis notwendig macht. Die Patienten bleiben dabei auch lange geistig rege und ansprechbar. Sie ermuntert sie, sich zu beschäftigen und an den Unterhaltungsprogrammen des Hauses teilzunehmen, und lässt praktisch zu jeder Zeit Besuche von Angehörigen und Freunden zu. Die Kranken sollen sich wie zu Hause fühlen, und das soziale Umfeld soll in die Betreuung einbezogen werden. Saunders dokumentiert mehr als 1000 Fallgeschichten für die Forschung.

Zu zwei Frauen und dem Polen Antoni pflegt sie überaus freundschaftliche Beziehungen, die es ihr erlauben, herauszufinden, was ihnen – außer der medizinischen Betreuung – bei der Bewältigung ihrer Lage hilft. Sie bezeichnet sie darum, zusammen mit

David Tasma, als die „Gründerpatienten" ihres Werkes. Von ihnen lernt sie, wie sehr emotionale und spirituelle Unterstützung von der Beziehung zwischen Patient und Pflegekraft abhängt, wie wichtig wortlose Kommunikation durch Berühren der Hände oder Schweigen mit Blickkontakt ist und dass eine geistig aktive Gestaltung der letzten Lebensphase meistens das Wissen voraussetzt, dass es die letzte ist:

> „Diese Zeit kann als eine erlebt werden, in der [...] erfahren werden kann, dass vieles sich überraschend schnell bewegt und verändert. Damit das aber gelingen kann, ist es wichtig, dass der Ernst der Situation zumindest teilweise angesprochen wird. Familien haben oft das Gefühl, die sterbende Person vor der vollen Wahrheit schützen zu müssen, aber fast immer ist das der falsche Weg. Denn meist erfahren es die Patientinnen und Patienten auf anderen Wegen und fühlen sich dadurch noch stärker isoliert, weil sie ihre eigenen Anliegen und Sorgen um andere mit niemandem besprechen können. Immerzu zu verdrängen, ist für beide Seiten hemmend und erschöpfend."[5]

Wie gewinnt man die öffentliche Meinung?

Über ihre Erkenntnisse veröffentlicht Saunders mehrere Artikel in Fachzeitschriften. Inzwischen bestätigen auch Untersuchungen zum britischen Gesundheitswesen ihre Beobachtung, dass Patienten, die nicht mehr zu heilen sind, in den Krankenhäusern und in ihren Familien unzulänglich versorgt werden. Sie will diese Lücke schließen, sieht aber auch voraus, welche Widerstände in der öffentlichen Meinung zu überwinden sein werden:

> „Es wird Leute geben, die sich schockiert zeigen, wenn wir vom ‚Tod annehmen' reden oder von der ‚Vorbereitung auf den Tod'. Sie werden behaupten, dass beide, Arzt wie Patient, an die Heilung der Krankheit glauben und bis zum Schluss für die Erhaltung des Le-

bens kämpfen sollten. Sie mögen daran zweifeln, wie sich jemand mit einer solchen ,passiven' Rolle zufrieden geben kann. Aber den Tod anzunehmen, wenn er unvermeidlich geworden ist, hat nichts mit Resignation zu tun. [...] Für den Kranken besteht die Möglichkeit, in der verbliebenen Zeit noch sehr viel mehr zu erreichen als jemals zuvor, eine Zeit der Aussöhnung und der Erfüllung daraus zu machen. Das wird, mehr als alles andere, auf die Angehörigen tröstlich wirken und ihnen dabei helfen, nachher ihr Leben ohne Bitterkeit weiterzuführen."[6]

Als Cicely Saunders am 24. Juni 1959 in der biblischen Tageslosung liest: „Befiehl dem Herrn deine Wege und vertrau ihm; er wird es fügen" (Psalm 71), spürt sie in sich die Aufforderung, ihre Vision zu verwirklichen. Sie formuliert Grundlinien für ein Pflegeheim, das ein Hospiz (lateinisch hospitium: Herberge) für Reisende auf der letzten Strecke ihres Lebensweges sein soll, so wie Christen in früheren Jahrhunderten Pilgerunterkünfte unterhielten, die sich im Laufe der Zeit zu Hospitälern entwickelten, in denen Kranke als Gastfreunde (lateinisch: hospites) aufgenommen und versorgt wurden. Nach dem Schutzheiligen der Pilger und Reisenden soll es St. Christopher's heißen. Und es soll ein Neubau sein.

Sie schart einen Kreis von Gleichgesinnten um sich, mit denen sie ihr Konzept berät und die sie unterstützen. Cicely will eine sowohl medizinische als auch christliche Einrichtung gründen. Sie löst sich in jenen Jahren von einem engen Evangelikalismus und liest mit Interesse die Schriften der englischen Mystikerin Juliana von Norwich, die das Mitleiden (compassion) Gottes mit den Menschen hervorhebt. Sie tauscht sich auch mit der schottischen Theologin Olive Wyon aus und beschäftigt sich mit den Gedanken von Pierre Teilhard de Chardin, der die Evolutionstheorie in der Sicht des christlichen Glaubens gedeutet hat.[7] So wird sie eine Anglikanerin mit evangelikalen Wurzeln und Sympathien für das Judentum sowie die katholische Kirche. Sterbende begleiten ist für sie, schreibt sie einmal, wie die Bitte erfüllen, die Jesus in sei-

ner Todesangst an seine Jünger gerichtet hat: „Wachet mit mir!"
(Markusevangelium 14,34)

Das Hospiz soll Angehörigen verschiedener Konfessionen und
auch Ungläubigen offenstehen; es soll dort – auf „überkonfessio-
neller Basis" – Morgen- und Abendgebete sowie Gottesdienste geben, wobei die Kapelle allen Konfessionen zur Verfügung stehen
soll. Eine andere Frage ist, ob die Gründung auch mit Geldern des
staatlichen Gesundheitswesens unterstützt oder nur von Spenden
getragen werden soll. Saunders ringt gut eineinhalb Jahre lang
mit ihren Gesprächspartnern und mit sich selbst – getragen von
einer Gewissheit, in der ungewöhnliches Sendungsbewusstsein
und demütiger Gehorsam zusammenzufallen scheinen:

> „Ohne Gott gelingt mir nichts. Wenn ich jemals Erfolg haben wer-
> de, dann nur durch Ihn und weil Sein Wille in meinem Inneren
> wirkt. Nicht der kleinste Anteil davon wird mein Verdienst sein,
> alles ist Er. Ohne Zweifel bin ich ein Teil in Seinem Plan, den Er
> durch mich verwirklicht sehen will. Das ist meine Aufgabe und
> meine Erfüllung, Seinen Willen durch mich wirken zu lassen."[8]

St. Christopher's Hospice – Mekka der Palliativversorgung

Anfang 1961 wird das St. Christopher's Hospice als Stiftung gegründet. Es wird ein Komitee ins Leben gerufen, das Spenden zu
sammeln und zu verwalten hat. Zu den vorhandenen 500 Pfund
von David kommen kleine Beträge wie die 13 Schilling und acht
Pence, die ihr von der Männerstation des St. Joseph's in einer Blech-
dose geschickt werden, und große Summen von bis zu 50 000
Pfund. Saunders kann mit charismatischer Überzeugungskraft
einflussreiche Persönlichkeiten in Gesellschaft, Kirche, Gesundheitsbehörden und Hilfswerken für ihre Idee gewinnen – manchmal indem sie ihnen auf Fotos zeigt, wie Patienten vor und nach

der Betreuung in St. Joseph's aussahen, manchmal indem sie sie einfach dorthin mitnimmt.

Am 24. Juli 1967 wird das Hospiz in London eröffnet. Zusammen mit dem Team, das Cicely für dieses Projekt gewonnen hat, muss sie alles von null auf einrichten, und sie ist anfangs die Einzige, die fundierte Kenntnisse über die Bedürfnisse von sterbenskranken Menschen mitbringt. Konsequent setzt sie sich für die medizinische, pflegerische, soziale und spirituelle Betreuung ein, die ihrem ganzheitlichen Verständnis von „totalem Schmerz" entspricht. Die praktische Arbeit soll auch stets mit wissenschaftlicher Forschung verbunden sein. Die Pflegenden und die Patienten sollen eine Familie bilden, in die auch die freiwilligen Mitarbeiter eingegliedert werden, die sie bald für verschiedene Dienste im Haus gewinnt.

Sie leitet St. Christopher's etwa 20 Jahre lang und macht es zur Keimzelle der modernen Hospizbewegung. Mit den Partys und Festen, die sie dort feiert, schafft sie eine frohe, freundschaftliche Atmosphäre. Der erste fest angestellte Arzt des Hauses rühmt besonders ihre Fähigkeit, mit jedem Patienten, der neu ankommt, Kontakt aufzunehmen:

> „Sie besitzt jene Qualität des Zuhörens, die jeden öffnet und innerhalb kurzer Zeit zum Reden bringt. Manchmal genügen weniger als zehn Minuten, und schon haben sie ihr von ihren geheimsten Ängsten erzählt [...]. Cicely inspiriert sie, sie fassen Vertrauen zu ihr, sie fühlen, dass Cicely ihrerseits mit nichts zurückhält, sondern mit einer Selbstverständlichkeit ohnegleichen jedes Problem akzeptiert ..."[9]

Die hohen Ansprüche, die sie an sich und ihre Mitarbeiterinnen und Mitarbeiter stellt, führen allerdings auch zu Spannungen. Eine Pflegerin beschreibt sie mit feiner Ironie so:

> „Sie war ein Autokrat, sie ist es auch heute noch, und sie machte sogar Szenen, wenn etwas nicht nach ihrem Willen ging. [...] Es sind die Kleinigkeiten, die sie so zornig machen. [...] Eine Topf-

pflanze am falschen Platz – solche Sachen! Die wichtigeren Angelegenheiten werden dem Heiligen Geist anbefohlen, der sich darum kümmern soll. Jedoch hatte dieser keine Zeit für Topfpflanzen, also musste Cicely danach sehen. Mit dem ganzen autokratischen Getue, das sicher nicht immer leicht zu ertragen war, hatte sie dennoch ein Feingefühl dafür, welchen Dingen man Zeit lassen muss, oder sie hatte Einfälle und beobachtete dann, wie sich alles entwickelte."[10]

„Sie sind bis zum letzten Augenblick Ihres Lebens wichtig"

Cicely weiß um ihre Schwäche und sagt einmal selbstkritisch, sie werde wohl die ersten 100 000 Jahre in der Ewigkeit mit Entschuldigungen zubringen müssen. Nicht zu entschuldigen hat sie sich indes bei den vielen Sterbenden, die sie betreut. Die positive Entwicklung, die sie bei ihnen in den letzten Wochen und Tagen ihres Lebens beobachten kann, beflügelt sie immer wieder. Sie leugnet aber nicht, dass Schwerstkranke in seltenen Fällen auch aktive Sterbehilfe wünschen. Was sie dazu meint, lässt sich plakativ so zusammenfassen: Wir sollen das Leben verlängern, aber nicht das Sterben.

„Auch wenn ein unheilbar kranker Patient den Wunsch äußert, Selbstmord zu begehen, darf ihm der Arzt beim Selbstmord nicht behilflich sein. [...] Doch gilt es, durch vermehrte Aufklärung das in der Öffentlichkeit weit verbreitete Missverständnis auszuräumen, dass jeder Arzt dazu verpflichtet sei, das Leben seiner Patienten zu verlängern, ungeachtet der Qualität dieses zu verlängernden Lebens, und die einzige Möglichkeit, einen friedvollen Tod zu finden, bestünde in einer absichtlich verabreichten Überdosis. Die Linderung des Todesschmerzes hat immer zu den wichtigen Aufgaben medizinischen Handelns gehört, und wenn ein Arzt, um

Leid zu lindern, Maßnahmen ergreifen muss, die den Tod unter Umständen beschleunigen können, ist das erlaubt, solange das Ziel ärztlicher Handlung in der Linderung des Leidens besteht."[11]

Cicely Saunders' Gedanken verbreiten sich in vielen Ländern. Sie wird zu Vorträgen eingeladen, und Hunderte von Interessierten kommen zu Kursen in das Aus- und Weiterbildungszentrum von St. Christopher's. Dort, im Mekka der Palliativversorgung, können sie mit Saunders' Fachkenntnissen auch ihren Wahlspruch verinnerlichen:

> „Sie sind wichtig, weil Sie eben Sie sind, und Sie sind bis zum letzten Augenblick Ihres Lebens wichtig. Wir werden tun, was wir nur können, um Ihnen zu helfen, nicht nur in Frieden zu sterben, sondern auch bis zuletzt zu leben."[12]

Die berühmt gewordene Pionierin muss allerdings auch erleben, wie sich St. Christopher's mit der zweiten Generation von einer charismatisch geführten Stiftung und Gemeinschaft zu einem Betrieb mit modernem Management und Team wandelt. Persönlich werden ihr glückliche Jahre geschenkt durch die Freundschaft mit dem polnischen Maler Marian Bohusz-Szyszko, die 1980 in eine Heirat einmündet. Sie ist damals 61, er ist 79 Jahre alt und lebt noch bis 1995.

Die Anerkennung für ihre Pionierarbeit auf dem Gebiet der Schmerzkontrolle und Palliativversorgung bleibt nicht aus. 1980 ernennt sie Königin Elisabeth II. zur „Dame Commander of the Order of the British Empire" und erhebt sie damit in den Adelsstand; 1989 erhält sie die höchste britische Auszeichnung „The Order of Merit" – und im Laufe der Jahre 20 Ehrendoktorate. Eitel wird sie dadurch nicht. Als ein amerikanischer Autor ihr sowie Elisabeth Kübler-Ross und Mutter Teresa sein nächstes Buch widmen will und sie darum um ihr Foto bittet, schickt sie ihm eine Aufnahme von ihrem Hospiz mit der Bemerkung: „Die ganze Gemeinschaft von St. Christopher's zusammen hat sich verdient gemacht – nicht ich allein." 2004 wird bei ihr Brustkrebs mit Metastasen festgestellt. Eine Operation bringt vorübergehend Besserung. Als der Tod aber unausweichlich wird, findet sie Aufnahme in St. Christopher's. Dort stirbt sie am 14. Juli 2005 mit 87 Jahren.

Im Jahr 2015 gibt es in Deutschland etwa 1500 ambulante Hospizdienste, die Schwerstkranke in ihren Wohnungen versorgen, dazu mehr als 250 Palliativstationen in Krankenhäusern und über 200 stationäre Hospize – sowie viele, viele ehrenamtliche Hospizhelfer.

Mutter Teresa
(1910–1997)

Der „Engel von Kalkutta" und sein
„Urgestus der Nächstenliebe"

In Kalkutta, wo Mutter Teresa gelebt hat, kann man an vielen Straßenecken Poster mit ihrem Bild kaufen. In Deutschland hat man im Dezember 2012 Frauen und Männern über 16 Jahren eine Liste von Persönlichkeiten vorgelegt, auf der sie 19 Namen ankreuzen konnten, von denen sie schon einmal gehört haben. Dann fragte man sie, welche von ihnen „heute ein Vorbild sein könnten". Mutter Teresa lag mit Abstand an erster Stelle – vor Nelson Mandela, Helmut Schmidt, Mahatma Gandhi und Albert Schweitzer. Sie ist zu einem Symbol geworden – so sehr, dass man eine Mitarbeiterin schon einmal lobt, indem man sie mit ihr vergleicht: „Sie ist die Mutter Teresa unseres Betriebs."

Gonxha Agnes Bojaxhiu, wie sie mit bürgerlichem Namen heißt, wird am 26. August 1910 im heutigen Skopje (Mazedonien) geboren. Ihre Eltern gehören der katholischen Minderheit in der mehrheitlich muslimischen Metropole an. Die Mutter ist tiefreligiös. Der Vater ist ein vermögender Geschäftsmann, stirbt aber plötzlich mit 46 Jahren. Gonxha kann ein Mädchengymnasium besuchen. Sie spielt hervorragend Mandoline, beeindruckt mit ihrem Sopran im Kirchenchor und zeigt gute schulische Leistungen. In einer Jugendgruppe ihrer Pfarrgemeinde hört sie von der Missionsarbeit der Jesuiten in Kalkutta. Das möchte sie auch: in die Mission gehen. Sie erkundigt sich und erfährt, dass irische Loreto-Schwestern in Bengalen, im Norden Indiens, Mädchen heranbilden. Mit 18 Jahren bittet sie um Aufnahme in den Orden und reist zu dessen Mutterhaus in Irland.

Nachdem sie in Irland zwei Monate Englisch gelernt hat, fährt sie 1928/29 mit dem Schiff nach Indien ins Noviziat des Ordens nördlich von Kalkutta. Dort lernt sie Bengali, die Sprache der Region, legt 1931 die noch zeitlich begrenzten Gelübde ab und nimmt den Ordensnamen Maria Teresa an, aus Verehrung für die Französin Theresia von Lisieux. An der St. Mary's High School für Mädchen in Kalkutta absolviert sie eine Ausbildung als Lehrerin und unterrichtet Geografie, Geschichte und Katechismus.

17 Jahre lang arbeitet sie dort als glückliche und engagierte Lehrerin – ein Jahr auch als Leiterin der Grundschule und ab 1939 als Direktorin der High School. In einem Land, in dem heute noch fast jede zweite Frau, zumal aus den niederen Kasten, weder lesen noch schreiben kann, ist diese Schularbeit sicher ein wichtiges Stück Entwicklungs- und Lebenshilfe für junge Menschen; aber sie kommt hauptsächlich den höheren Töchtern zugute. Die Lehrerin Teresa blickt jedoch über ihren Schulhorizont hinaus:

„Jeden Sonntag besuche ich die Armen in den Slums von Kalkutta. [...] Beim letzten Mal waren es ungefähr 20 Kinder, die ihre ‚Ma‘ bereits ungeduldig erwarteten. Als sie mich sahen, strömten sie mir schon entgegen und traten mir dabei sogar auf die Füße. Ich trat ein. In dieser ‚Para‘ – so nennt man eine Häusergruppe dort – lebten zwölf Familien. Jede Familie hat nur einen Raum, zwei Meter lang und anderthalb Meter breit. Die Tür ist so schmal, dass ich kaum eintreten, und die Decke so niedrig, dass ich nicht aufrecht stehen konnte. Jetzt wundere ich mich gar nicht mehr, dass meine armen Kleinen ihre Schule so sehr lieben, und dass so viele von ihnen an Tuberkulose leiden."[1]

1937 legt Teresa die endgültigen, „ewigen" Gelübde der Armut, der Ehelosigkeit und des Gehorsams ab. Sie ergänzt diese Versprechen fünf Jahre später um ein Privatgelübde, das einen tiefen Einblick in ihr religiöses Leben gewährt. Dem Erzbischof schreibt sie dazu:

> „1942 legte ich, mit Erlaubnis meines Beichtvaters, Gott gegenüber ein Gelübde ab, durch das ich unter Todsünde verpflichtet wurde, Gott alles zu geben, was er verlangte: ‚Ihm nichts zu verweigern'."[2]

„Komm, sei mein Licht" – in den Slums

„Gott nichts verweigern" – diese Formulierung entnimmt sie vermutlich den Worten, mit denen Papst Pius XI. Theresia von Lisieux heiliggesprochen hat. Teresa bewundert diese Karmelitin und pflegt wohl wie sie eine intensive emotionale Gebetsbeziehung zu Jesus, die sie drängt, ihm ihr Ehrenwort zu geben, dass sie seine Erwartungen stets erfüllen will. So etwas tun Verliebte. Sie selbst sagt dazu: „Ich wollte Gott etwas sehr Schönes geben", und ist überzeugt: „Uns selbst ganz Gott zu geben ist ein Weg um Gott selbst zu empfangen. Ich für Gott und Gott für mich."[3]

Für ihre Liebesmystik ist ein Opfer, das aus Liebe gebracht wird, kein schmerzhafter Verzicht, sondern eine Quelle von Freude: Auf die Liebe kommt es an. Ihre Absicht, für die Sünden der Menschen zu „sühnen", wirkt zunächst sicher befremdlich, doch denkt sie dabei nicht an einen rachsüchtigen Gott, der beschwichtigt werden muss, sondern sie will nur die Liebe ersetzen, die Menschen Gott schulden und ihm durch ungerechtes Handeln vorenthalten.

Ein Vertrauter von ihr, der den männlichen Zweig der „Missionare der Nächstenliebe" mitbegründet und ihren Seligsprechungsprozess betreut hat, bescheinigt ihr „Verrücktheit aus Liebe". Davon beschwingt will sie auf jede Einzelheit achten, die Gottes Willen andeuten könnte. Das Gebet in der Stille wird für sie wichtig:

„Du musst erfüllt sein von der Stille, weil in der Stille des Herzens Gott spricht. Gott erfüllt ein leeres Herz. Sogar der allmächtige Gott wird kein Herz füllen [können], das bereits voll ist – voller Stolz, Verbitterung, Neid."[4]

„Angetrieben von ihrem Gelübde entwickelt Mutter Teresa außerdem die Gewohnheit, unmittelbar auf die Erfordernisse des Augenblicks zu reagieren. Ein starker Impuls, unverzüglich zu handeln – sobald sie sich sicher war, dass dies Gottes Wille für sie sei – war ein Charakteristikum all ihrer Unternehmungen."[5] Dieser Spontaneismus wurde ihr manchmal als Naivität und Planlosigkeit angekreidet.

Aus der „Verrücktheit aus Liebe" und dem Achten auf innere Eingebungen entsteht ihr späteres Werk. Als Britisch-Indien 1947 unabhängig und in Indien sowie das muslimische Pakistan aufgeteilt wird, strömen aus Ostbengalen, das ein Teil Pakistans (heute: Bangladesch) wird, Millionen Hindus nach Westen, viele nach Kalkutta. Teresa leidet darunter, dass sie viel zu wenig für sie tun kann: „Ich hatte ein schlechtes Gefühl, wenn ich mich in mein Bett kuschelte und die Menschen draußen auf der Straße ohne jeden Schutz waren. Ich finde es falsch, nicht zu teilen." Am 10. September 1946 fährt sie im Zug zu ihren jährlichen Exerzitien nach Darjeeling. Am Bahnhof sieht sie Hunderte abgemagerte Heimatlose und Kinder, die in Lumpen gehen und betteln. Während der Fahrt vernimmt sie plötzlich eine innere Stimme und Eingebung:

„[Es] war eine Berufung in der Berufung. Es war ein zweiter Ruf. Es war eine Berufung, sogar Loreto aufzugeben, wo ich sehr glücklich war, und auf die Straßen hinauszugehen, um den Ärmsten der Armen zu dienen. Es war in diesem Zug, wo ich den Ruf hörte, alles aufzugeben und Ihm in die Slums zu folgen – um Ihm in den Ärmsten der Armen zu dienen. [...] Ich wusste, es war Sein Wille und dass ich Ihm folgen müsste. Es bestand kein Zweifel, dass es Sein Werk sein würde."[6]

Bis zur Mitte des folgenden Jahres erlebt sie mehrmals deutlich die „Stimme", mit der Jesus sie zu teilweise konkreten Schritten ermutigt. In seinen Worten spiegeln sich wohl die Gedanken wider, die sich Teresa in den letzten Jahren gemacht hat und die sie nun als seinen Wunsch wahrnimmt, den sie ihm „nicht verweigern" kann. Er bittet sie:

> „Komm, komm, trag mich in die Löcher der Armen. Komm, sei mein Licht."
>
> „Es gibt Klöster mit vielen Schwestern, die sich um die Reichen und Wohlhabenden kümmern, doch für meine ganz Armen gibt es absolut niemand. Nach ihnen sehne ich mich – sie liebe ich – willst du mich zurückweisen?"[7]

Von der Loreto-Schule ins Elendsviertel Motijhil

Die Worte Jesu am Kreuz „Mich dürstet" deutet sie als seinen Durst „nach Liebe und nach Seelen": Sie soll ihn stillen durch ihre Hingabe im Gebet und durch ein Werk, das die Armen Gottes Liebe erfahren und so bereit werden lässt, ihn zu lieben. Die Worte „Mich dürstet" sind heute in jeder Kapelle ihres Ordens zu lesen. Teresa antwortet Jesus wie einem Bräutigam. Eindringlich erlebt sie auch in Visionen, wie er sie auffordert, zu den Armen zu gehen.

Es ist eine außergewöhnliche Zeit: „so viel Vereinigung – Liebe – Glaube – Vertrauen – Gebete – und Opfer". Doch diese Phase des Hochgefühls geht auch wieder zu Ende. Hat sie sich idealistisch in eine große Helferrolle hineingesteigert? Sie macht sich Notizen zum Erlebten, denkt über eine neue Schwesterngemeinschaft nach und bespricht alles mit ihrem geistlichen Begleiter sowie dem Erzbischof von Kalkutta. Letzterer äußert einige Bedenken und dringt auf ein klares Konzept. Doch schließlich unterstützen sie beide Geistlichen – und sogar ihre Generaloberin in Irland. 1948 erhält sie die Erlaubnis, probehalber ein Jahr außerhalb des Ordenshauses zu leben.

Sie ist nun 36 Jahre alt und tauscht das Ordenskleid der Loreto-Schwestern gegen einen billigen weißen Baumwoll-Sari mit blauen Borten, dem Gewand der armen Frauen der Region; die bloßen Füße stecken in groben Ledersandalen. Vier Monate lang absolviert sie bei amerikanischen missionsärztlichen Schwestern im Nachbarstaat Bihar einen Krankenpflegekurs, lernt Spritzen zu geben, bestimmte Arzneimittel zu verordnen und assistiert bei Geburtshilfe und Chirurgie. Zurück in Kalkutta, wohnt sie im Konvent der Kleinen Schwestern der Armen und später in einem alten Haus, in dem ihr ein Wohltäter ein Zimmer zur Verfügung stellt. Und sie beginnt ihr Werk. Es wird sich sehr vielseitig gestalten – mit drei Schwerpunkten: Häuser für Kranke und Sterbende, Kinderheime und Adoptionen sowie Leprastationen.

Am 20. Dezember 1948 geht sie in das Slumviertel Motijhil, sammelt zerlumpte Kinder, die keine Schule haben will, um sich und lehrt sie unter freiem Himmel das Alphabet, Rechnen, Handarbeit und Gesundheitspflege. Ein Pfarrer spendet ihr 100 Rupien. Damit kann sie zwei Räume mieten, eine Krankenversorgungsstation einrichten und Medikamente, die sie in Apotheken zusammenbettelt, verteilen. Jahre später wird sie am selben Ort eine Schule für mehr als 500 Kinder eröffnen. Einen systematischen Plan verfolgt sie nicht, sondern lässt sich von der Not leiten, die sie auf der Straße und in den Behausungen, aus denen ihre Kinder kommen, gerade antrifft.

> „Damals lebten in der Stadt etwa eine Million Obdachlose. Ich ging von Hütte zu Hütte und versuchte, mich nützlich zu machen. Ich half denen, die am Straßenrand schliefen und von Abfällen lebten. Ich begegnete furchtbarem Leid: Blinden, Lahmen, Leprakranken, Menschen mit entstelltem Gesicht und verkrüppeltem Leib, Kreaturen, die sich nicht auf den Beinen halten konnten und mir, um ein wenig Essen bettelnd, auf allen Vieren folgten."[8]

Sie bittet Krankenhäuser, Schwerkranke aufzunehmen, und schreibt Briefe, geht zu Schulinspektoren, zum Manager eines Pharma-Unternehmens und anderen, um zu betteln. Bald kann sie in einem anderen Slum eine weitere Schule gründen. Lehrerinnen, Ärzte und andere freiwillige Helfer unterstützen sie. Doch

müssen diese ja auch für ihre eigenen Familien sorgen. Darum
sucht sie junge Frauen, die sich mit voller Kraft für die Ärmsten
einsetzen können.

Ein Orden entsteht – und ein Sterbehaus

Sie will eine Ordensgemeinschaft ins Leben rufen und sie „Missionarinnen der Nächstenliebe" (Missionaries of Charity) nennen.
Als Erste schließt sich ihr eine ehemalige Schülerin an; weitere
folgen. Teresa arbeitet mit ihnen bald in fünf weiteren Slums. Ihr
geistlicher Begleiter hilft ihr beim Erarbeiten einer Ordenssat-
zung. Am 7. Oktober 1950 wird sie vom Vatikan gebilligt: Die zwölf
Missionarinnen der Nächstenliebe sind nun eine Kongregation
diözesanen Rechts; mit der päpstlichen Approbation 1965 kann
sie sich auch über die Bistumsgrenzen hinaus ausbreiten.

Die Missionarinnen der Nächstenliebe versprechen zusätzlich
zu den herkömmlichen Gelübden, „den Ärmsten der Armen von
ganzem Herzen ohne Gegenleistung zu dienen". Die Schwestern
leben zwar in einer Gemeinschaft, die für ihre Grundbedürfnis-
se sorgt; doch sollen sie möglichst so leben wie die Armen, damit
sie immer mit ihnen fühlen können. Jede besitzt nur drei Baum-
woll-Saris, einen Rosenkranz, ein kleines Kruzifix, mit dem sie
den Sari zusammensteckt, eine Strohmatte zum Schlafen, eine Bibel und ein Essbesteck – keine Bücher, keine Andenken. Sie sollen
„Kontemplative im Herzen der Welt" sein. Der Tag beginnt mit
eineinhalb Stunden Gebet und Gottesdienst, nach dem Frühstück
und nochmals nach der Mittagspause arbeiten die Schwestern jeweils vier Stunden bei den Armen und ziehen sich vor dem Abend-
essen zu einer Stunde Anbetung zurück.

1953 kann Teresa mit 27 Missionarinnen in ein Haus in der Lo-
wer Circular Road Nr. 54 in Kalkutta einziehen. Kurz zuvor hat
sie ihr erstes Sterbehaus, Nirmal Hriday, eingerichtet. Die Krankenhäuser und die staatlichen Hilfsstellen können des Flücht-

lingselends nicht mehr Herr werden und überlassen die Alten und Schwerstkranken, die ohnehin bald sterben werden, ihrem Schicksal. Diese schleppen sich zum Straßenrand und siechen dahin. Das ruft Teresa auf den Plan:

> „Die erste Frau, die ich sah, habe ich selbst von der Straße aufgelesen. Sie war bereits von Ratten und Ameisen angenagt. Ich brachte sie ins Hospital, aber man konnte nichts für sie tun. Man nahm sie nur auf, weil ich mich weigerte, fort zu gehen, bis man sie aufgenommen hatte. Von dort ging ich zur Stadtverwaltung und bat sie, mir einen Platz zu geben, wohin ich die Leute bringen konnte, denn am selben Tag hatte ich andere Sterbende auf der Straße gefunden. Der Gesundheitsbeamte der Stadtverwaltung nahm mich mit zum Tempel, dem Kalitempel, und zeigte mir den Dormashalah, wo die Menschen zu ruhen pflegten, nachdem sie die Göttin Kali verehrt hatten. Es war ein leeres Gebäude; er fragte mich, ob ich es haben wollte. Ich war aus vielen Gründen sehr glücklich, diesen Platz bekommen zu haben, aber besonders, weil ich wusste, dass er ein Mittelpunkt der Anbetung und Hingabe der Hindus war. Innerhalb von 24 Stunden hatten wir unsere Patienten dort, und wir begannen die Arbeit des Heims für die Kranken und Sterbenden, die Ausgestoßene sind. Seit damals haben wir [Stand: 1971] über 23 000 Menschen von den Straßen Kalkuttas aufgelesen, von denen ungefähr 50 Prozent gestorben sind."[9]

Die Sterbeheime, die Teresa nun einrichtet, sind nur für die Schwerstkranken gedacht, die von den Krankenhäusern nicht mehr aufgenommen werden oder um die sich niemand mehr kümmert. Die anderen Patienten versuchen die Schwestern an Krankenhäuser zu vermitteln, wo sie behandelt werden. Was können die Schwestern den Sterbenden geben?

> „Zuallererst möchten wir ihnen das Gefühl geben, dass sie erwünscht sind. Wir möchten sie wissen lassen, dass es Menschen gibt, die sie wirklich lieben [...]. Dass sie auch erfahren, dass sie Kinder Gottes sind."[10]

Die „unorganisierteste Gruppierung der Welt"?

Als Gerüchte aufkommen, Teresa spende den Schwerstkranken die Sterbesakramente und begrabe sie christlich, und als deshalb Fanatiker Steine auf das Heim werfen, wollen der Gesundheitsreferent von Kalkutta und ein Polizeioffizier dem Missionierungsvorwurf nachgehen.

> „Als sie Nirmal Hriday betraten, sahen sie Mutter Teresa über eine Gestalt gebeugt, deren Gesicht eine einzige große offene Wunde war. Mutter Teresa war so konzentriert, dass die Besucher sie mehrere Minuten lang beobachten konnten, bevor sie ihrer gewahr wurde. Mit Hilfe einer Pinzette zog sie Maden aus dem Fleisch [...]. Sie hörten Mutter Teresa zu der Patientin sagen: ,Sprich du ein Gebet in deiner Religion, und ich werde ein Gebet sprechen, wie ich es kenne. Zusammen sprechen wir dieses Gebet, und es wird etwas Schönes sein für Gott.'"[11]

Teresa und ihre Schwestern sprechen nur über ihren christlichen Glauben, wenn sie gefragt werden; sie wollen ihn aber durch liebevolle Zuwendung bezeugen und glauben fest, dass dies alle Menschen verstehen und so Gott näherkommen können. Das ist für sie Mission. Teresa hat sich eine Zeit lang sogar überlegt, ob sie in ihrem Orden einen Zweig für Hindu-Frauen gründen soll.

Teresas Sterbehäuser sind keine Hospize nach westlichen Maßstäben. Dazu fehlen ihr die Kenntnisse und die Mittel; auch heute sind ihre Schwestern nicht für einen so anspruchsvollen Dienst ausgebildet. Ähnlich genügen die Krankenhäuser, die sie bald gründet, nicht den heutigen Qualitätsanforderungen entwickelter Länder. Kritiker bemängeln, dass nur die üblichen leichten Schmerzmittel und andere allgemeine Medikamente verteilt werden. Nur zwei Mal jede Woche kommt ein Arzt in das Sterbeheim.

Der britische Arzt Jack Preger, der in Kalkutta ein eigenes Hilfswerk mit drei Kliniken gegründet hat, behauptet: „Sie [die Ordensschwestern] verwechseln Tuberkulose mit anderen Krankheiten. Sie haben ein Sterbehaus, in dem 50 Prozent der Patienten überleben – und wenn die Hälfte mit derart einfacher Pflege überlebt, würden vielleicht 75 Prozent mit professioneller Behandlung überleben. Anders gesagt: Viele Sterbende dort müssen im medizinischen Sinn nicht sterben, sie sind nur sehr arm und sehr krank."[12] Preger hat zwar nur sechs Monate mit Teresa zusammengearbeitet, und Ende der 1980er Jahre stirbt von denen, die in Nirmal Hriday aufgenommen werden, nur noch ein Fünftel, doch weist seine Kritik vermutlich auf eine Grenze von Teresas Werk hin. Eine Wirksamkeitsprüfung und Qualitätssicherung durch ein unabhängiges Institut gibt es bei ihr nicht. Alles ist spontane, von Herzen kommende Notfallhilfe und „Urgestus der Nächstenliebe".[13]

Teresa und ihre Nachfolgerinnen haben sich immer gescheut, eine moderne Organisation aufzubauen. Lange kam man im Mutterhaus des Ordens in Kalkutta mit drei klapprigen Schreibmaschinen aus; als man ihr eine neue schenken wollte, soll sie abgelehnt haben: „Die Armen haben auch keine. Wir sind vielleicht die unorganisierteste Gruppierung der Welt." Andere Antworten von ihr lauten, sie seien keine Sozialarbeiter, keine Krankenpfleger, keine Ärzte, keine Lehrer, sondern Nonnen. Auf den Einwand, sie denke nicht politisch über die Ursachen der Not nach, antwortet sie, sie verstehe zu wenig von Politik und widme sich darum dem Einzelnen.

Die Befürchtung, die Schwestern könnten sich den Armen entfremden und ihr Mitgefühl einbüßen, hält sie von einer modernen Ausstattung der Häuser ab: „Moderne Küchen, Fernsehen, Mobiltelefone, Computer und Autos sind bis heute nicht üblich. Also auch Geräte, die die Verwaltung des Ordens leichter und effizienter machen könnten, bleiben im Allgemeinen untersagt. Diese Priorität der unmittelbaren liebenden Zuwendung zu den Armen in allen ihren Konsequenzen ist beeindruckend. Innerhalb einer großen Ordensgemeinschaft, in der Koordination und Management unentbehrlich sind, stößt diese Haltung allerdings an Grenzen."[14] Wer Teresa jedoch vorwirft, sie betrachte die Armen bloß als Mittel, um in ihnen die Nähe zu Jesus zu erleben, tut ihr unrecht: Er verkennt, mit welchem Einfühlungsvermögen und Mitgefühl sie von den Armen spricht und sich geradezu mit ihnen identifiziert.

Unbestritten ist, dass in die Sterbehäuser Zehntausende aufgenommen wurden. Auch in den Krankenhäusern wurden Tausende arme Kranke betreut. Teresa hat auch früh Heime für die in Indien stark stigmatisierten Aidskranken eingerichtet. So entsteht das Bild, das sich Menschen in aller Welt einprägt: eine Nonne im Sari, die sich einem Schwerstkranken zuwendet und ihm einen Löffel Suppe reicht.

Heime für behinderte Kinder und Lepra-Zentren

Ebenso emblematisch wird das Foto mit der faltenreichen, mütterlichen Schwester, die ein Kind auf dem Arm trägt, das sich an sie anschmiegt. Den Hintergrund dafür bilden die Shishu Bahwan, die Kinderheime, in die Teresa und ihre Schwestern Kinder ab zwei Jahren aufnehmen, die körperlich und geistig behindert und verlassen sind. Sie werden in farbenfrohen Räumen mit viel Spielzeug betreut und besuchen manchmal auch eine Vorschule. Auch Säuglinge, die eine Fehlgeburt oder Abtreibung überlebt haben, sind ihr willkommen. Teresas Aufruf: „Wenn es irgendwo ein ungewolltes Baby gibt, lasst es nicht sterben, sondern schickt es mir" führt dazu, dass manche Säuglinge in Zeitungspapier gewickelt den Missionarinnen der Nächstenliebe vors Haus gelegt werden, andere lesen die Schwestern am Straßenrand auf. Es sind oft weibliche Neugeborene, weil Mädchen wegen der zu zahlenden hohen Mitgift in Indien häufig unerwünscht sind.

> „Für mich darf selbst ein Kind, das nach wenigen Minuten stirbt, nicht allein und unversorgt sterben. Auch der kleinste Säugling kann schon menschliche Wärme spüren. Darum muss ein sterbendes Kind Liebe und Trost erhalten."[15]

Abtreibung lehnt Mutter Teresa entschieden ab; sie betrachtet sie als Verweigerung von Liebe. In ihrer Nobelpreisrede sagt sie – ganz aus der Perspektive der Ungeborenen –, nicht Krieg, sondern Abtreibung sei die größte Gefahr für den Frieden. Das nehmen ihr Vertreter einer liberalen Abtreibungspolitik sehr übel. Teresas Alternative sind die zahlreichen Adoptionen, die sie in Indien und in westliche Länder vermittelt. Anfangs begleitet sie die Kinder selbst zu den Adoptiveltern und lobt jene, die auch behinderte aufziehen. Jungen, die für eine Adoption zu alt sind, erhalten in Heimen des männlichen Zweigs ihres Ordens, den sie 1963 unter dem Namen „Missionare der Nächstenliebe" gründet, eine Schul- und Berufsausbildung; die Mädchen bekommen eine kleine Mitgift, um heiraten zu können.

1957 setzt sie zu einem dritten Schwerpunkt an, als fünf Leprakranke zum Mutterhaus kommen und um Hilfe bitten. Obwohl sie geachtete Mittelschichtbürger waren, mussten sie betteln, weil sie von ihren Arbeitplätzen und Familien verstoßen und von Krankenhäusern abgewiesen worden waren. Glücklicherweise findet Teresa bald einen Arzt, der sich in der Behandlung dieser schrecklichen Krankheit auskennt und ihre Schwestern auf dem neuesten Stand ausbildet. Wenn die Infizierten rechtzeitig kommen, kann man die Krankheit stoppen. Nach dem Vorbild eines belgischen Arztes lässt sie in mobilen Ambulanzen Kranke behandeln. Ergänzend dazu richtet sie mit ihren Schwestern und später auch mit den Brüdern feste Zentren ein.

Das originellste ist sicher Shantinagar. Auf einem großen Grundstück, das ihr zur Verfügung gestellt wurde, entsteht eine sich selbst versorgende und verwaltende Leprakolonie. Im Krankenhaus behandeln gut ausgebildete Ärzte und Schwestern die Erkrankten, auch mithilfe von plastischer Chirurgie. Im Hinblick auf ihre Rehabilitation und spätere Selbstversorgung wird ihnen vermittelt, wie sie trotz ihrer Behinderung Stoffe weben, Reis anpflanzen, Obst anbauen sowie Hühner und Schweine züchten können. Im Jahr 1989 werden dort 17 613 Leprapatienten ambulant behandelt, 966 ins Krankenhaus aufgenommen, 449 operiert und

400 täglich mit einer warmen Mahlzeit versorgt – Menschen aller Glaubensrichtungen.[16] Die Arbeit des Ordens mit den Leprakranken gilt heute in Indien als vorbildlich. Hier kann man Teresa sicher keine Leidverherrlichung vorwerfen.

Nach 1960 weitet Teresa ihre Arbeit über den Bereich der Erzdiözese Kalkutta hinaus aus; im Jahr 1991 arbeiten ihre Schwestern und Brüder bereits in 168 Heimen in Indien. Sie werden von zahlreichen Laien unterstützt. Gruppen dieser Mitarbeiter (Co-Workers) können sich ab 1969 einer internationalen Vereinigung mit Teresas Namen anschließen. Doch als sie sieht, dass sich da eine Organisation entwickeln könnte, die mit säkularen Methoden und eigener Verwaltungsstruktur Spenden und Beiträge sammelt, zieht sie es vor, die Vereinigung wieder aufzulösen. Ihr Werk soll nicht über regelmäßige Einkünfte oder eine Stiftung verfügen, sondern ganz von der jeweiligen Spendenfreudigkeit der Menschen abhängen; denn in ihr zeige sich, ob Gott ein Vorhaben gefalle oder nicht: die „unorganisierteste Gruppierung" eben.

Ab 1965 wird Teresa immer häufiger von ausländischen Bischöfen um Hilfe gebeten. In vielen sozialen Brennpunkten gründet sie Zentren für ihre Schwestern: in Caracas (Venezuela), Colombo (Sri Lanka), New York, Haiti, Jemen, Japan, Brasilien, Russland und anderswo. Im Jahr 2014 gibt es weltweit 406 Brüder- und etwa 5000 Schwesternmissionare der Nächstenliebe. Letztere betreuen in 145 Ländern und 700 Stationen Sterbende, Lepra- und Aidskranke, Obdachlose und Kinder. In den sieben deutschen Niederlassungen unterhalten sie Suppenküchen, bieten bedürftigen Männern und Frauen Übernachtungsmöglichkeiten an und besuchen Einsame und Kranke. Wer in diesem Wohlstandsland zu ihnen kommt, so sagen sie, sucht nicht so sehr materielle Hilfe, sondern eher jemanden, bei dem man sich willkommen fühlt.

Äußere Ehrungen und innere Dunkelheit und Leere

Mit den Jahren kommt der Ruhm. In Indien wird der „Engel von Kalkutta" schon in den 1960er Jahren bekannt. Premierminister Nehru schlägt Teresa für den renommierten Lotus-Orden (Padma Shri) vor. Sie empfängt ihn 1962, und Nehrus Schwester schreibt: „Sie nahm den Preis entgegen, als schlösse sie ein krankes Kind oder einen sterbenden Mann in die Arme." In ihrem ersten Sterbehaus hängt sie dann die kostbare Medaille einer kleinen Marienstatue um den Hals.

1979 wird ihr der Friedensnobelpreis verliehen; sie erklärt dem Komitee, sie werde die Ehrung „im Namen der Armen" annehmen. 1983 folgt der britische Order of Merit, den auch Cicely Saunders erhielt, 1992 der Unesco-Preis für Friedenserziehung, und 1996 wird sie Ehrenbürgerin der Vereinigten Staaten. Die Preisgelder verwendet sie für ihre Heime; ihre Auftritte nutzt sie, um die Öffentlichkeit auf die Lage der Armen aufmerksam zu machen.

Die Reisen und Auszeichnungen empfindet sie als Last. Doch noch mehr setzt ihr eine innere Not zu, von der man erst nach ihrem Tod durch die Veröffentlichung von Dokumenten zu ihrem Seligsprechungsprozess erfährt. Seit sie ihr „Werk" anfing, fühlt sie in ihrem Gespräch mit Gott, das ihr doch so wichtig ist, eine Dunkelheit und Leere, die nur gelegentlich aufgehellt werden. In einem fiktiven Brief an Jesus schreibt sie:

> „Es heißt, dass die Menschen in der Hölle ewige Pein leiden, weil sie Gott verloren haben [...]. In meiner Seele fühle ich eben diesen furchtbaren Schmerz des Verlustes – dass Gott mich nicht will – dass Gott nicht Gott ist – dass Gott nicht wirklich existiert. Diese Dunkelheit, die mich von allen Seiten umgibt – ich kann meine Seele nicht zu Gott erheben – kein Licht, keine Eingebung dringt zu meiner Seele vor."[17]

Die Theologen, denen sie sich anvertraut, sind letztlich ebenso ratlos wie sie. Eine Depression im psychologischen Sinn war diese

Nacht nicht, denn damit hätte Teresa ihr immenses Arbeitspensum nicht leisten können. Sie verliert auch nicht den Glauben an ihre Berufung oder an Gott, denn sonst würde sie ihm nicht ihr Leid klagen. Der Schmerz rührt wohl daher, dass ihre hochemotionale Beziehung zu Gott nicht mehr so ist wie früher. Hat die ständige Identifizierung mit dem Leid der Armen, verbunden mit chronischer Arbeitsüberlastung und einer altersbedingten „Verflachung" des Erlebens, dieses Hochgefühl unmöglich gemacht?

Am 5. September 1997 stirbt sie und nimmt dieses Rätsel nach einem Staatstrauerakt mit ins Grab. Im Jahr 2003 spricht sie Papst Johannes Paul II. selig. Der Bewunderung, die man ihr allenthalben zollt, setzen Autoren wie Christopher Hitchens und Aroup Chatterjee eine Kritik entgegen, die etwas seltsam Eiferndes an sich hat und in deutlichem Gegensatz zu Berichten von Zeitzeugen steht, zumal zur Biografie von Navin Chawla, der sie und ihre Arbeit jahrelang beobachtet hat und Hindu war. Als wenig glaubwürdig werden die teilweise hohen Zahlen von Betreuten empfunden, die der Orden nannte.[18] Vieles ist nicht überprüfbar und muss offenbleiben. Dass Teresa keine „Medienheilige" ist, die durch Kampagnen aufgebaut wurde, muss aber selbst der kritische Gëzim Alpion einräumen.[19]

Wie lautet die Botschaft, mit der diese Missionarin junge und alte Menschen verschiedener Religionen und Kulturen, auch Atheisten, immer noch berührt – so sehr, dass sie über Teresas stark traditionelle Herz-Jesu- und Marienfrömmigkeit (mit ihren kitschigen Bildern), ihr konservatives Frauenbild und sogar ihre Ablehnung einer Empfängnisverhütung mit Pille und Kondom hinwegsehen? Vielleicht einfach so: „Jeder Mensch ist kostbar und es wert, unterstützt und geliebt zu werden – gerade der Arme." Premierministerin Indira Gandhi, die mit ihr befreundet war, hat Teresas Charisma so beschrieben:

„In ihrer Gegenwart fühlt man sich ganz und gar demütig, man spürt die Macht der Güte und die Kraft der Liebe."[20]

Ruth Pfau (* 1929)

„Sie hat Hunderttausenden Menschen schweres Leid und vielen den Tod erspart"

Das ist Ruth Pfau in Aktion: In einem unwegsamen Bergdorf des von Pakistan beanspruchten Teils von Kaschmir hat die Ärztin soeben festgestellt, dass die männlichen Mitglieder einer Großfamilie von Lepra im Anfangsstadium befallen sind, ohne es zu wissen. Sie muss nun das voll infizierte Familienmitglied finden, um alle untersuchen zu können, mit denen es Kontakt hatte. Sie fragt die Familie, doch die weiß angeblich von nichts und sagt nur, dass der Vater mit der Ziegenherde in den Bergen sei. Ruth Pfau will die Sache klären. Sie steigt die schmalen Trampelpfade hinauf, die sich an den steilen Hängen entlangziehen. An einer Stelle rutscht ihr der Boden unter den Füßen weg. Die dünne Erdschicht hat sich unter der Grasnarbe gelöst und zieht sie wie ein Teppich mit. Sie fällt und landet direkt vor dem Eingang einer Höhle. Da erscheint in der Öffnung eine zerlumpte Gestalt und sieht sie mit dem flackernden Blick eines Schwerkranken an. Der Mann ist so ausgehungert, dass er sich nur mit Mühe auf den Beinen halten kann; sein Körper ist schmutzbedeckt, und Läuse peinigen ihn. Er leidet an Lepra in fortgeschrittenem Stadium.

Die Angehörigen haben den hochgradig kranken Vater aus Angst vor Ansteckung in diesem unzugänglichen Versteck ausge-

setzt und ihm auch den Zutritt zu öffentlichen Wasserstellen verwehrt. Ruth Pfau und ihre Helfer tragen ihn auf einer groben Prit-
sche den Berg hinab, baden ihn und fahren ihn mit einem Jeep
nach Rawalpindi in ein Leprakrankenhaus. Unterwegs platzen
zwei Reifen. Zwei Helfer bleiben beim Sterbenskranken. Ruth Pfau
geht mit einem Mitarbeiter zu Fuß mehrere Stunden zu einem
Militärkrankenhaus. Der diensthabende Offizier, im Mittagsschlaf
gestört, erklärt ihr, er sei nur für militärische Notfälle zuständig.
Zum Glück erbarmt sich ein Assistenzarzt und stellt einen Gelän-
dewagen samt Ersatzreifen zur Verfügung. Das Team kann die
Fahrt fortsetzen. „Inzwischen sind der Vater und seine Angehörigen geheilt, und die Familie lebt wieder zusammen."[1]

Ruth Pfau ist Deutsche, Ärztin und Ordensschwester; sie wird
1979 zur Beraterin für die Lepra- und Tuberkuloseprogramme der
pakistanischen Regierung im Rang eines Staatssekretärs ernannt.
Wie kommt sie in diese Position?

Die Bereitschaft, Menschen zu helfen, muss ihr schon früh etwas bedeutet haben, sonst hätte sie wohl kaum Medizin studiert.
Am 9. September 1929 in Leipzig geboren, wächst sie zusammen
mit vier älteren Schwestern in der Familie eines kaufmännischen
Verlagsdirektors auf. 1943 wird das Elternhaus durch Bomben zerstört, bei Kriegsende ist ihre Mutter so krank, dass sie ihr fünftes
Baby nicht stillen und auch nicht genügend Milch für es auftrei-
ben kann. Es stirbt. Diese Tragödie lässt in Ruth den Entschluss
reifen, Ärztin zu werden.

Der Betrieb, in dem der Vater beschäftigt war, wird verstaatlicht; er verlässt die DDR und geht nach Westdeutschland. Die Familie folgt nach; Ruth überschreitet 1948 illegal die grüne Grenze. In Mainz und später in Marburg nimmt sie das Studium auf
und legt 1956 das medizinische Staatsexamen ab. Es sind für sie
auch Jahre des Suchens nach einem Lebensinhalt. Als Abiturien-
tin hat sie „die Religion bereits abgelegt". Dem Glauben der Eltern,
die der sektenähnlichen Freien Evangelischen Gemeinde zur Förderung des Christentums e. V. angehören, kann sie nichts abge-
winnen. Im Westen tritt sie dem linken Sozialistischen Deutschen

Studentenbund bei, sucht ihr Glück in freizügigem Lebensgenuss und liest, was der Existentialist Jean-Paul Sartre über Absurdität und Freiheit des Menschen schreibt.

Doch dann verliebt sie sich in einen evangelischen Theologie-studenten, entdeckt ein anderes Christentum als das ihrer Familie und lässt sich 1951 in der evangelischen Studentengemeinde in Mainz taufen. Gespräche mit einem katholischen Studien-freund bringen sie der katholischen Kirche nahe. Sie liest Autoren wie Sören Kierkegaard und Josef Pieper und wird 1953 katholisch.

Vom deutschen Wirtschaftswunder ins Lepra-Viertel von Karachi

Ihre Gedanken und Gespräche kreisen um zwei große Themen: Liebe als zentraler Sinn des Lebens und Tod, der alles in Frage zu stellen scheint. Was kann dem Leben einen tragenden Sinn geben? Bald nach ihrem Eintritt in die katholische Kirche erwacht in ihr der Wunsch nach einem Ordensleben, in dem sie ihr „Genüge finden" würde. Sie entscheidet sich 1957 für eine Gemeinschaft, die zur Zeit der Französischen Revolution von einer bretonischen Adeligen gegründet wurde, damals als eine Art Untergrundgruppe ohne Ordenstracht in weltlicher Umgebung wirkte und diese Lebensweise beibehielt:

> „Mir schien dies eine spannende Möglichkeit: Im Beruf stehen. Sich engagieren, wo Not ist, mitten in der Welt. Ganz in der Nachfolge Christi leben, und doch Rückhalt finden in einer Gemeinschaft."[2]

Noch als Novizin absolviert sie eine internistische Fachausbildung in Köln und bildet sich in Bonn in Frauenheilkunde und Geburtshilfe weiter. Das deutsche Wirtschaftswunder nimmt Fahrt auf. Während ihres praktischen Jahres in einem sauerländischen

Krankenhaus reden die Arztkollegen beim Mittagessen eifrig über Autokauf:

„Wir unterhielten uns, welche Kiste wir kaufen würden. Den Käfer? Orangefarben oder taubengrau? Oder doch besser einen Opel? Plötzlich dachte ich: Wenn *das* der Sinn des Lebens ist. Verdienen. Auto kaufen. Verdienen. Auto wechseln ... Am Abend rief ich meine Provinzialin an: Ich wolle raus. Bald, möglichst sofort. Nach Asien – wo man am Tag von einer Handvoll Reis lebt."[3]

Ihr Orden kommt ihrem Wunsch, in der Entwicklungshilfe zu arbeiten, gern entgegen und will Ruth Pfau nach Bombay schicken, wo sie als Ärztin bei einem Mutter-Kind-Projekt gegen die hohe Mütter- und Säuglingssterblichkeit ankämpfen soll. 1960 fliegt sie nach Karachi (Pakistan) und will dort warten, bis sie endlich ihr Visum für Indien bekommt. Doch dann widerfährt ihr ein Erweckungserlebnis, das ihr weiteres Leben bestimmen wird. Ihre Mitschwester Berenice Vargas, eine promovierte Apothekerin, die vormittags einen Kindergarten für Oberschichtkinder führt, wovon die Ordensgemeinschaft weitgehend lebt, und nachmittags eine Lepra-Ambulanz für aussätzige Bettler in einem Slum betreut, nimmt sie mit in das Elendsviertel.

„Es gibt keinen Ort der Welt, wo das Elend so zusammengeballt ist wie in diesem Lepra-Viertel." Mitten in Karachi, in einer Senke, die die Regenzeit in einen stinkenden See verwandelt, hausen etwa 150 leprakranke Bettler in Hütten aus Pappkartons und Bambusstöcken mit darübergehängten Säcken. Ihre Glieder, die durch die Krankheit gefühllos geworden sind, werden nachts von Ratten angenagt – Schmutz, Ungeziefer und auch Haschisch und Schlägereien. Eine von Ruth Pfaus Mitschwestern, die auf Bitten des Erzbischofs von Karachi ins Land gekommen sind, hat dort vier Jahre zuvor eine Ambulanz eingerichtet und sie nach ihrer Ordensgründerin Marie Adelaide Lepra Center (Marie Adelaide Leprosy Center) genannt. Täglich kommen weit über 100 Männer und Frauen zur Behandlung. Ruth ist erschüttert, als ein Patient, der wie sie nicht älter ist als 30, auf Händen und Füßen durch

Staub und Schmutz herankriecht und mit dumpfer Resignation in der Stimme spricht. Sie wird bei den Leprakranken in Pakistan bleiben: „Ich musste mich auf die Seite dieser getretenen und ausgestoßenen Menschen stellen."

Das „Zentrum", in das sie nun jeden Tag geht, ist eine aus alten Holzkisten zusammengenagelte Hütte, ohne Wasser und Strom: acht mal acht Meter, mit einer Ecke als „Sprechzimmer", einer weiteren für Laboruntersuchungen, einer dritten für Operationen an verstümmelten Zehen- und Fingerknochen und einer vierten für Medikamentenausgabe.

Ruth Pfau operiert auf dem Erdboden kniend, während ein Patient neben ihr mit dem Bambuswedel die Fliegen verscheucht. Aber sie will nicht als Kurpfuscherin arbeiten. Sie studiert die neueste Fachliteratur über Lepratherapie, die sich in jenen Jahren entwickelt. Zusammen mit Mitarbeitern behandelt sie mehr und mehr Kranke; im Jahr 1962 sind es jeden Monat bis zu 2500.

MALC – eine Zentrale zur Leprabekämpfung entsteht

Die junge Slum-Ärztin will die Stadtverwaltung auf die verzweifelte Lage der Kranken aufmerksam machen. Aber die Beamten erklären der Deutschen, in Pakistan gebe es keine Lepra. Auch die zuständigen Regierungsstellen wollen nichts von einer Leprabekämpfung wissen. Die Krankheit ist tabu; der Weltgesundheitsorganisation werden keine Fälle gemeldet. Wer von ihr befallen ist, versucht, es zu verheimlichen. Das gelingt auch einige Zeit, denn bei Lepra ist zunächst nur ein kleiner heller Fleck auf der Haut zu sehen, an dem der Kranke keinen Schmerz spürt. Doch nach einem Jahr wird aus dem Fleck eine faustgroße, eitrige Wunde. Wird die Krankheit nicht behandelt, bildet sich der Fuß zurück, und die Hand verfault. Dann werden viele von ihren Eltern, Ehepartnern und Dorfgemeinschaften verstoßen.

Ruth Pfau gibt nicht nach. Mit der Zeit gelingt es ihr, Verbündete zu gewinnen. 1961 liest Hermann Kober, der Gründer des Deutschen Aussätzigen-Hilfswerks (DAHW, heute: Deutsche Lepra- und Tuberkulosehilfe), in einem Zeitungsartikel von Pfaus Arbeit und fragt an, ob er sie unterstützen könne. Sie schildert ihm, wie die Regierungsstellen leugnen, dass es in Pakistan Lepra gibt, dass die Krankenhäuser keine Leprapatienten behandeln und wie die Angst vor Ansteckung die Kranken völlig aus der Gesellschaft ausschließt: „Die letzten Operationen haben wir in der Leichenhalle des städtischen Krankenhauses ausführen müssen, weil buchstäblich nicht einmal eine Garage in Karachi für diesen Zweck zu haben war."

Dann kann sie aber die pakistanischen Gesundheitsbehörden doch noch von ihren Plänen überzeugen, und das DAHW stellt sofort 15 000 D-Mark zur Verfügung. In den folgenden Jahren überweist es mehrere Millionen an Spendengeldern. Auch das Entwicklungshilfswerk der deutschen Bischöfe Misereor kommt ihr zu Hilfe. Sie kann in ihrer Slum-Ambulanz mit einer zusätzlichen Krankenschwester, einer Hautärztin und einem Sozialarbeiter praktizieren und ein Jahr später ein Hotel, das den Leprabekämpfern gestiftet wird, zu einem Hospital umbauen, auf das der Name der Bettlerkolonie-Station übergeht: Marie Adelaide Leprosy Center (MALC).

1962 besucht Ruth Pfau ein Fachseminar über Lepratherapie in Indien; ein Jahr später zieht sie mit ihrem Team aus der Bettlerkolonie ins MALC-Hospital um, wo sie Patienten ambulant und stationär behandeln kann. Das Krankenhaus liegt mitten in Karachi und hat den Vorteil, dass es leicht erreichbar ist. Es fehlt freilich nicht an Nachbarn, die es bekämpfen. Den Einzug bewerkstelligen Ruth Pfau und ihre Helfer heimlich in der Nacht, damit ihn niemand verhindern kann. Fensterscheiben werden erst später eingesetzt, denn durch die Öffnungen werfen Gegner Eier, Steine und Tomaten. Sie führen auch Prozesse bis in die dritte Instanz – und erwirken einen Räumungsbefehl, den jedoch der Bürgermeister nicht in Kraft setzt, nachdem er die Klinik in Augenschein genommen hat.

Die „charmante und gut aussehende junge Ärztin aus Deutschland" (Inis Schönfelder) findet in Karachi auch einheimische Unterstützer. Beispielsweise gewinnt sie das begüterte Ehepaar Fazalbhoy als Mitstreiter. Die beiden helfen ihr beim Aufbau eines Mitarbeiterstabs, einer Spendenverwaltung und in der Öffentlichkeitsarbeit. Letztere hat nicht nur Spenden einzuwerben – was verhältnismäßig leicht ist –, sondern muss auch die verbreitete Furcht, man könnte sich durch den Kontakt mit Geheilten anstecken, überwinden, denn diese behindert die Wiedereingliederung der einst Ausgestoßenen in die Arbeitswelt und Gesellschaft massiv.

Um sich dieser Herausforderung zu stellen, richtet Ruth Pfau 1965 in ihrem Hospital ein Sozialhilfebüro ein. Auch in ihrer weiteren Arbeit betrachtet sie Lepra nicht nur – wie manche Beamte der Gesundheitsbehörden – als medizinisches Problem, sondern kümmert sich außerdem um die sozialen Spätfolgen und redet mit geheilten Patienten darüber, wie sie mit den bleibenden Behinderungen, den schlechten Aussichten auf einen Arbeitsplatz, den verpassten Ausbildungschancen und den zerstörten Familienbanden zurechtkommen.

Mit dem Jeep und zu Fuß durch ganz Pakistan

Schon in ihrer Slumstation hat Ruth Pfau Herkunft und Zahl ihrer Patienten registriert und festgestellt, dass viele von außerhalb von Karachi, zum Teil aus entlegenen Gebieten kommen. Das MALC, obwohl modern ausgebaut, kann sie unmöglich alle betreuen. Also, sagt sie sich, müssen die Ärzte ihre Patienten finden und nicht umgekehrt. In ihr reift nun der Plan, das ganze Land – Provinz für Provinz – leprafrei zu machen und die Bevölkerung auf die frühen Anzeichen dieser Krankheit hin zu untersuchen. Denn Früherkennung ermöglicht eine ambulante Behandlung und schnellere Heilung; außerdem hilft sie, eine Übertragung der

Krankheit während ihrer langen Inkubationszeit zu vermeiden. Ein solches Netz von Stationen kann die Kranken – anders als Leprakolonien – ortsnah versorgen und leichter wieder in die Gesellschaft integrieren.

Darum sucht Ruth Pfau mit ihrer Oberin ab 1965 im ganzen Land Freiwillige und bildet sie zu Lepraassistenten aus. In einem Land wie Pakistan kommen dafür nur Männer in Frage. Die Ärzte am MALC beantragen die staatliche Anerkennung entsprechender Schulungen, und Vertreter der Behörden, die inzwischen kooperativer geworden sind, nehmen an den Prüfungen teil, so dass die erfolgreichen Kursteilnehmer ein staatliches Diplom erhalten. Mithilfe ihrer „Jungs" kann Ruth Pfau mobile Lepra-Teams bilden, die sie bei ihren abenteuerlichen Fahrten in die Dörfer begleiten und ihre Erklärungen in die verschiedenen Regionalsprachen übersetzen. Sie können aber auch in den Leprastationen, die sie um Karachi und in den Provinzen gründet, zuverlässige Diagnosen durchführen und dafür sorgen, dass die Patienten ihre Medikamente regelmäßig einnehmen.

Frau Dr. Pfau kann ein Nationales Leprakontrollprogramm auf den Weg bringen, das ab 1968 der Regierung unterstellt wird. 1979 wird sie zur ehrenamtlich arbeitenden Lepraberaterin der Regierung im Rang eines Staatssekretärs berufen; drei Jahre später gibt es eine Nationale Leprabehörde, die die einzelnen Programme koordiniert und verwaltet. Ruth Pfaus Mitarbeiter sind hoch motiviert – mitgerissen vom Pioniergeist der unermüdlichen Anführerin. Einer von ihnen berichtet:

„Wenige Monate, nachdem ich 1972 zum MALC-Team gestoßen war, sollte eine Reihenuntersuchung in Orangi durchgeführt werden. [...] Unser Team wollte Cholera-Schutzimpfungen durchführen und zugleich Lepravorsorgeuntersuchungen organisieren. Das Team bestand aus sechs oder sieben Mitgliedern, darunter Dr. Pfau. Zu zweit, zu dritt durchkämmten wir das Wohnviertel in verschiedenen Richtungen. Gegen drei Uhr wurden wir langsam hungrig und kehrten zur Ausgangsstation zurück. Nur Dr. Pfau kam nicht, und wenn sie keine Pause einlegte, wie konnten dann wir anderen uns hinsetzen und essen? Also nahmen wir nur einen Schluck Wasser zu uns und gingen wieder an die Arbeit. Um halb fünf sahen wir uns wieder beim Treffpunkt um – keine Dr. Pfau. Schließlich mussten wir doch eine Pause machen und essen; wir hatten einfach nicht die gleiche Kraft wie sie.

Ich weiß nicht, wie sie das macht; manchmal denke ich mir, sie ist eine Art ‚Supermensch‘. Diese Erfahrung beeindruckt mich zutiefst, und aus der Geschichte folgt auch eine Moral: Wenn du eine starke und hingebungsvolle Anleitung hast, zieht sie dich durch ihr eigenes Beispiel mit. Automatisch wird jeder, der mit ihr arbeitet, es ihr gleichtun wollen."[4]

Mit ihren Lepraassistenten durchkämmt sie das Land im Jeep und in den Bergen zu Fuß, in der Frauentracht der jeweiligen Region und in Sandalen; denn die deutschen Wanderschuhe lässt sie im Schrank, weil sie gegenüber ihren Mitarbeitern nicht privilegiert erscheinen will. Typisch das Aufspüren von Kranken im Yalkot-Tal im Norden Pakistans:

„Ein Patient hatte sich im Januar bis zu einer Außenstation durchgefragt. Bei seinem Sohn, der ihn begleitete, wurde ein Frühfall erkannt. Wir diagnostizierten weitere fünf Frühfälle in der Familie. Es wurde uns über zwei weitere Patienten, die weiter oben im Tal lebten, berichtet. Wir schliefen nachts in der Hütte des Patienten zu fünft auf den drei geflochtenen Bettstellen, zusammen mit fünf Kühen und dem hustenden Leprapatienten in dem einen dunklen fensterlosen Raum."[5]

Für einen Jungen, den sie mit einer Lungenentzündung antrifft, kommt jede Hilfe zu spät, auch einer schwangeren Frau, der wegen Eisenmangels während der Schwangerschaft und Stillzeit schon sechs Neugeborene weggestorben sind, kann sie kaum Hoffnung machen. Viele Patienten mit weniger schweren Beschwerden stehen Schlange, doch im nächsten Dorf warten bereits Leprapatienten auf das Team.

„Nein, es sind nicht die Felspfade und nicht die schwankenden Brücken, nicht die Nächte in den Berghütten und nicht die kargen zwei Mahlzeiten am Tage, die das Leben hier draußen hart machen für uns – es ist die unendliche Not, in der wir allein nicht helfen können, die uns immer und überall begegnet, die das Herz zerreißt und zermürbt."[5]

Afghanistan, Tuberkulosebekämpfung und „soziale Nachsorge"

Ruth Pfau lässt sich jedoch nicht entmutigen, auch nicht von den Schwierigkeiten in Dörfern, deren Bewohner durch die Blutrache miteinander verfeindet sind und ihr Team mit Misstrauen empfangen. Zwischen 1984 und 1990 fährt sie vier Mal illegal ins Nachbarland Afghanistan, um dort einen Gesundheitsdienst aufzubauen. Es sind die Jahre, in denen afghanische Widerstandskämpfer (Mudschaheddin) gegen die sowjetischen Besatzungstruppen kämpfen, die das kommunistische Regime stützen sollen. Ein Afghane, der nach Karachi geflohen und dort von Lepra geheilt worden ist, stellt die Verbindung mit den Aufständischen in der Heimat her, und Ruth Pfau kann, verkleidet mit der Burka, dem Ganzkörperschleier, unter Gefahr für Leib und Leben in umkämpftem Gebiet Gesundheitsstationen einrichten.

Lepra ist heilbar. Die seit 1983 im pakistanischen Leprakontrollprogramm angewandte Kombinationstherapie mit mehreren Antibiotika tötet Lepra-Erreger innerhalb von 6 bis 18 Monaten ab. Allerdings sind danach eine sorgfältige Überwachung und oft auch eine Behandlung der Verstümmelungen sowie orthopädische Hilfen nötig. Das pakistanische Gesundheitsministerium, das mit nur einem Prozent des Staatshaushalts auskommen und diesen Betrag auch noch mit dem staatlichen Bildungswesen teilen muss, fragt eines Tages an, ob man die Lepradienste nicht auflösen könne – wegen ihres Erfolgs. Die Behörden sind nämlich geblendet von dem Befund, dass im Jahr 1996 nicht mehr als ein Leprafall pro 10 000 Einwohner registriert wird, dass sich Lepra also angeblich nicht mehr als Seuche ausbreiten kann. Sie sehen nicht, dass es infolge der langen Inkubationszeit des Erregers immer noch zu Neuerkrankungen kommt, sehen nicht, dass zur Leprabekämpfung auch die vorbeugende Aufklärung der Bevölkerung gehört – und die Rehabilitation der Geheilten.

Ruth Pfau und ihre Mitstreiter stellen nun ihr Netz von Hilfsstationen auch der Tuberkulose- und Erblindungsbekämpfung zur Verfügung und können so ihr Leprahilfsprogramm im staatlichen Gesundheitsdienst, der die Angestellten finanziert, erhalten. Von jetzt an führt sie auch Augenoperationen durch, klärt mit ihrem Team die Landbevölkerung darüber auf, wie man (viele) Erblindungen vermeiden kann, und behandelt Tuberkulosepatienten. Bis zum Jahr 2003 sind es 33 000. Ihr Aufgabengebiet hat sich noch einmal erweitert.

Doch hat die Unermüdliche auch ihre Leprabekämpfung nie bloß medizinisch verstanden, sondern in einem weiteren, sozialen Rahmen gesehen. Sie schildert einmal die Situation einer Frau, deren Lepra im medizinischen Sinn zwar geheilt ist, die aber immer wieder mit Geschwüren im Krankenhaus behandelt werden muss. Ihr Mann ist zu alt, um noch verdienen zu können. Sie hat einen 25-jährigen Sohn zu versorgen, der geistig so schwer behindert ist, dass sie ihm das Essen eingeben und ihn wickeln muss. Sie selbst, ohne jede Berufsausbildung, verdient sich durch Tellerwaschen einige Cent und bekommt Essensreste. Ist diese Frau geheilt? Pfaus Diagnose lautet: „Das eigentliche Geschwür dieser Frau ist ein Sozialgeschwür." Es bedarf einer „sozialen Nachsorge". Darum entwirft sie mit ihren Mitarbeitern eine Zukunftsvision mit dem Titel „Programm ACTION 2020":

> „Ein Patient ist erst dann ausgeheilt, wenn er Zugang zu sieben Menschenrechten hat. Er soll wissen, dass er Rechte hat:
> 1. Das Recht auf Essen und Trinken
> 2. Das Recht auf Kleidung

3. Das Recht auf ein Dach über dem Kopf
4. Das Recht auf Zugang zu Basisgesundheitsdiensten
5. Das Recht auf Zugang zu Alphabetisierung und Schulbesuch für seine Kinder
6. Das Recht auf soziale Akzeptanz
7. Gleiches Recht auf dem Arbeitsmarkt."[7]

Das ist ihr Traum, dass Lepraarbeit auch in die Gesellschaft hineinwirkt „bis hin zu Menschenrechtsfragen, Bekämpfung der Folgen der Dürrekatastrophe, Impulsen im Bildungssektor und in der Frauenfrage ... Wenn der Sauerteig aufgeht, geht der ganze Teig auf." Sie stellt fest:

> „Wir haben einen solchen Vertrauensvorschuss in der Bevölkerung, dass wir uns gar nicht aus wirklich schwerwiegenden Problemen heraushalten können. Wenn die Menschen überhaupt nicht mehr wissen, wohin sie gehen sollen, dann kommen sie zum Lepraprogramm, auch wenn ihre Not mit Lepra nichts zu tun hat."[8]

Viele Helfer – von Ruth Pfau animiert

Ruth Pfau weiß diesen Vertrauensvorschuss und ihr wachsendes Ansehen zu nutzen. Sie tritt der pakistanischen Menschenrechtsorganisation bei. Als 1988 der General und Präsident Zia ul Haq öffentliche Exekutionen durchführt, spricht sie mit ihm darüber, doch erwidert er, das sei das einzige Mittel, um in Zukunft brutale Mordtaten, wie sie zuletzt geschehen seien, zu verhindern. Später, als er ihr in einer Feier die pakistanische Ehrenstaatsbürgerschaft verleiht, dankt sie mit den Worten:

> „Seit einer halben Stunde bin ich Bürger von Pakistan – wie Sie. Und ich bin verantwortlich für unser Land – wie Sie. Ich sorge mich darum, dass mit diesen öffentlichen Exekutionen die Atmosphäre bis in die Kinderstuben hinein brutalisiert wird."[9]

Die Anwesenden applaudieren, und der Militärdiktator, der Scharia-Strafen wie das Abhacken der Hand für Diebstahl und die Steinigung für Ehebruch eingeführt hat, setzt die öffentlichen Hinrichtungen aus. Den vielen misshandelten Frauen im Land können Ruth Pfau und ihre Mitschwestern freilich nur in Einzelfällen helfen; Frauenhäuser würden den Männern nur zeigen, wo sie ihre entflohenen Opfer suchen und straflos zurückholen können.

Auch wenn die pakistanische Ehrenbürgerin und ihre Mitarbeiter den fehlenden sozialen Rechtsstaat nicht zu ersetzen und aufzubauen vermögen, können sie doch bei nationalen Katastrophen punktuell als Feuerwehr und Samariter eingreifen. Als während des Kampfes der Amerikaner und ihrer Verbündeten gegen das Taliban-Regime in Afghanistan (2001/2002) eine halbe Million Flüchtlinge in die 14-Millionen-Stadt Karachi strömen, setzt Ruth Pfau ihre guten Beziehungen zu Regierungsstellen und internationalen Hilfsorganisationen ein. Sie versorgt mit ihrem MALC-Team 18 000 Menschen, die in inoffiziellen Lagern in unbeschreiblichem Elend leben, mit Mehl, Öl und Zucker und kann später auch 14 000 illegal Eingewanderte auf nicht ganz legalem Weg in Bussen nach Afghanistan zurückführen lassen.

Auch im Jahr 2005, als das stärkste Erdbeben, das Pakistan je erlebt hat, Millionen Menschen obdachlos macht, sowie bei der Überschwemmungskatastrophe von 2010, nach der über sechs Millionen Menschen auf humanitäre Hilfe angewiesen sind, sorgt sie dafür, dass das landesweite MALC-Netz mit seinen ortskundigen, engagierten Mitarbeitern Hilfsgüter verteilen und Härtefälle, Leprakranke und Blinde berücksichtigen kann. Sie geht mit ihren 80 Jahren noch ins Katastrophengebiet, koordiniert die Einsätze und berichtet laufend den Hilfsorganisationen in Deutschland und Österreich, die sie unterstützen. Eine packende Erzählerin war sie ja schon immer.

Anfang 2003 zieht sie Bilanz: 50 000 Leprapatienten wurden behandelt. Davon müssen nur noch 1300 Betroffene Medikamente einnehmen; es sind also nach den Kriterien der Weltgesundheitsorganisation 48 700 geheilt. Ihr ist bewusst, dass dieser Erfolg vielen Spendern und Mitarbeitern zu verdanken ist. Doch diese wurden und werden von ihr animiert. Sie kommt mehrmals zu Vortragsreisen nach Deutschland, tritt auch im Fernsehen auf und sammelt eine begeisterte Hörer- und Unterstützergemeinde um sich. Im Jahr 1996 gründet die Deutsche Lepra- und Tuberkulosehilfe e. V. eine Ruth-Pfau-Stiftung, um ihre Arbeit langfristig zu sichern. Zu ihrer Erfolgsgeschichte gehören freilich auch ihre Lepraassistenten und andere Mitarbeiter. Es sind hauptsächlich Muslime, aber auch Hindus, Buddhisten und Christen:

„Wenn wir ein Fest feiern: Divali – Id – Weihnachten, dann feiert immer die ganze Belegschaft zusammen. Begonnen wird es mit einer Rezitation aus dem Heiligen Koran – dann ein freies Gebet eines Christen, eine Bibellesung – dann Rezitation eines Verses der Gita – wir würden etwas vermissen, wenn nicht alle vertreten wären."[10]

Es schmerzt sie, dass in Pakistan nach dem Anschlag vom 11. September 2001 in New York fanatische Gruppen entstehen und christliche Krankenhäuser und Schulen angreifen, denn sie ist überzeugt, dass die drei monotheistischen Religionen „den Frieden unter den Menschen zum Ziel" haben und eine wichtige Orientierung bieten, bei der sie besonders die Werte Verantwortung und Liebe hervorhebt:

„Ich halte es für wichtig, dass die drei monotheistischen Religionen sich zusammentun: die Religionen, die der Überzeugung sind, dass wir unser Leben und unser Tun irgendwann jemandem verantworten müssen. Es macht einen großen Unterschied aus, ob man sich durch eine solche eingeforderte Antwort in die Pflicht genommen fühlt oder ob man sagt, lass es dir gut gehen, denn morgen bist du tot. Dieses In-die-Verantwortung-genommen-Sein verbindet die abrahamitischen Religionen: Juden, Christen und Muslime. Wenn es kein Christentum gäbe und ich mich für eine Religion entscheiden sollte, wäre ich sicherlich Muslimin. Aber die bedingungslose, überbordende Liebe, die man nicht verstehen kann, finde ich nur im Christentum. [...]

Ich weiß nicht, wie ich das Leben bestehen könnte, wenn ich Ihn nicht hätte, diesen Dialog-Partner. Von dem ich irgendwie doch weiß, dass Er der Grund, die Quelle jenes Geheimnisses ist, das wir, trotzig, hilflos, als Geste der Liebe auch dann noch ahnen, wenn wir uns aussichtslosem Leid ausgesetzt fühlen."[11]

Dieser Dialog ist ihr besonders wichtig, wenn sie sich auf ihren Reisen gefährdet und einsam fühlt. Da trägt sie mit Erlaubnis des Kardinals von Karachi konsekrierte Hostien mit sich: „Diese Möglichkeit, so intensiv zu erfahren, dass Er mit uns ist!"

Sie wird vielfach geehrt. 1978 erhält sie den höchsten pakistanischen Zivilorden und in Deutschland das Große Bundesverdienstkreuz, 1989 den Orden Hilal-i-Pakistani, 2002 den Ramon Magsaysay Award, der als asiatischer Friedensnobelpreis gilt, und 2012 den Medien- und Fernsehpreis Bambi in der Kategorie Stille Helden. Die Leitung des Hilfswerks MALC übergibt sie einem Team von Einheimischen. Es unterhält im Jahr 2015 über 150 Außenstationen.

Ruth Pfau erklärt zwar schon im Jahr 2003 mit Blick auf ihren Tod: „Ich habe genug gelebt, geliebt, genossen, erlebt, gemanagt", arbeitet aber immer noch jeden Tag einige Stunden mit ihren Leuten. Zu ihrem 85. Geburtstag 2014 sagt der Geschäftsführer der Deutschen Lepra- und Tuberkulosehilfe, Burkard Kömm, in einem Interview: „Sie hat Hunderttausenden Menschen schweres Leid und vielen Menschen den Tod erspart."

Rosi Gollmann (* 1927)

Von einer Waisenhausaktion zur Entwicklungszusammenarbeit mit benachteiligten Bevölkerungsgruppen

Das Glück zu sehen" – der TV-Dokumentarfilm von Franz Alt trägt diesen Titel zu Recht. Er schildert, wie in Bangladeschs Hafenstadt Chittagong im Rahmen des Hilfsprogramms Andheri-Hilfe die einmillionste Augenoperation durchgeführt wird. Sie soll der 14-jährigen Hasna das Augenlicht zurückgeben. Das Mädchen hat früh seine Mutter verloren; der Vater setzte sich mit einer neuen Frau ab. Die achtjährige Tochter, die er zurückließ, arbeitete für 15 Cent pro Tag bei einer reichen Familie, bis sie mit elf Jahren erblindete. Der ältere Bruder nahm sie bei sich auf, verdient aber als Rikschafahrer kaum genug für das eigene Überleben. Hasna hat von der Möglichkeit einer kostenlosen Operation erfahren und stellt sich in die Warteschlange. Die Untersuchung ergibt: grauer Star, Linsentrübung auf beiden Augen. Die Operation wird vor laufender Kamera durchgeführt, die Nachuntersuchung zwei Tage danach auch.

Am 3. Januar 2003 nimmt der Arzt Hasna die Binde ab, zeigt ihr verschieden viele Finger, die sie zählen soll. Ihr wird bewusst: Sie kann sehen. Da entdeckt sie an der gegenüberliegenden Wand einen Spiegel, läuft auf ihn zu und schaut sich an. Nach so vielen

Jahren der Blindheit kann sie ihr Gesicht kaum wiedererkennen. Doch dann bricht es aus ihr heraus: „Das bin ich!" und lacht und weint. Rosi Gollmann, die Gründerin des Hilfsprogramms, ruft aus etwa zehn Meter Entfernung: „Hasna!" Sie erkennt die Stimme dieser mütterlichen Frau von den Besuchen an ihrem Krankenbett, läuft auf sie zu und fällt ihr dankend in die Arme. Später, mit über 80 Jahren, wird Rosi Gollmann sagen:

> „Für mich selbst war jener Tag einer der beglückendsten meines langen Lebens. Das Erlebnis der sehenden Hasna würde ich um nichts in der Welt missen wollen."[1]

Bis zu diesem Glückstag war es ein langer Weg. Käthe Rosalie Gollmann wird am 9. Juni 1927 in Bonn geboren, „in einfachen Verhältnissen", wie sie sagt. Der Vater ist Handelsvertreter, die Mutter muss als Putzhilfe dazuverdienen, um die Familie mit den drei Kindern ernähren zu können. Rosi besucht die Handelsschule; sie geht seit ihrem 14. Lebensjahr aus eigenem Antrieb jeden Morgen zur Messe, macht Dienst in einer Arztpraxis, muss 1945 mit den Eltern das zerbombte Bonn verlassen und wird kurz vor Kriegsende in Altenstadt (Oberbayern), wo sie mit ihnen bei Bauern untergekommen ist, als Rechnungshelferin in einer Kaserne dienstverpflichtet.

Zurück in ihrer Heimatstadt, studiert sie als erste Frau an der dortigen Fakultät Theologie und engagiert sich, angeregt vom charismatischen Kaplan der Hochschulgemeinde, in der Hilfe für Kinder und Jugendliche, die durch den Krieg entwurzelt und obdachlos geworden sind. 1951 legt sie in Beuron ihre Abschlussprüfung als Katechetin ab und arbeitet einige Jahre im Bonner Raum als Pfarrhelferin in der Jugendarbeit und als Religionslehrerin an Grund- und Hauptschulen, bis sie an die Kaufmännische Berufs- und Handelsschule in Köln wechselt.

400 Findelkinder in Andheri: „Da müssen wir doch etwas tun"

„Die Arbeit mit jungen Menschen im Alter von 15 Jahren und aufwärts machte mir viel Freude." Mit ihnen betreut sie in Köln auch alte und kranke Menschen und besucht jugendliche Strafgefangene. Im Jahr 1959 bringt eine „sozial infizierte" Schülerin, sichtlich betroffen, eine Reportage der Illustrierten *Stern* in den Religionsunterricht mit. Darin wird geschildert, wie im St. Catherine's Home in Andheri, einem Vorort von Bombay (heute: Mumbai), zwölf Ordensschwestern unter der Leitung der deutschen Oberin Anna Huberta Roggendorf 400 Findelkinder betreuen und oft nicht wissen, wie sie jedem täglich eine Handvoll Reis besorgen können. „Da müssen wir doch etwas tun", meint das Mädchen. „Wir können nicht alles tun", antwortet Rosi Gollmann.

Sie lässt den Bericht ein Jahr lang auf ihrem Nachttisch liegen, erkundigt sich dann aber bei der *Stern*-Redaktion nach der Anschrift des Kinderheims und fragt in einem Brief, wie man konkret helfen könne. Ende September 1960 antwortet ihr die Oberin begeistert, und Rosi Gollmann gewinnt ihre Schülerinnen und Schüler für die Idee, zu Weihnachten für jedes Heimkind in Bombay ein Päckchen mit Toilettenartikeln, die dringend gebraucht werden, zusammenzustellen: Seife, Waschlappen, Bürste, Kamm, Zahnbürste, Zahnpasta und Handtuch. So ist es mit der Heimleitung abgesprochen. Jede Berufsschülerin, jeder Berufsschüler richtet das Päckchen selbst her und bringt es zur Post. In Bombay hat der Briefträger Mühe, die ganze Ladung ins Heim zu bringen, und erkundigt sich, ob denn alle diese Kinder Verwandte in Deutschland haben. Die Beschenkten sind hocherfreut.

Was als einmalige Aktion gedacht war, wird zum Ausgangspunkt eines umfangreichen Hilfswerks. Einerseits erfährt Rosi Gollmann durch den Briefwechsel mit Schwester Anna Huberta, in welcher Not sich das Heim befindet; andererseits fragen Eltern von Schülern sowie Freunde und Verwandte von Frau Gollmann in Köln und Bonn, wie sie helfen können. So kann sie bereits im

Dezember einige Hundert D-Mark nach Andheri überweisen und auch Sachspenden abschicken. Sie fängt an, über die Spenden Buch zu führen, Einfuhr- und Zollbestimmungen zu studieren, sich eingehend über die Bedürfnisse in Andheri zu informieren, und schon vor der zweiten Weihnachtspaketaktion Ende 1961 schreibt ihr Schwester Anna Huberta:

> „Es scheint, als ob Sie nur noch für uns lebten und arbeiteten und nichts anderes mehr im Kopf hätten, als nach neuen Ideen zu suchen, wie uns zu helfen sei. [...] Mit einer geradezu unwahrscheinlichen Begabung bringen Sie konkrete und feste Vorschläge mit solch einer Klarheit vor, dass wir jedes Mal wieder von neuem überrascht sind."[2]

Mag in diesem Lob auch eine Portion Vorschusslorbeeren stecken, so zeichnet es doch mit überraschend klaren Strichen ein Bild von der Persönlichkeit, zu der sich die 34-jährige Rosi Gollmann in den folgenden Jahren entwickeln wird: Sie ist eine Frau, die sich mit erstaunlichem Einfühlungsvermögen die Bedürfnisse ferner Menschen zu eigen macht, sie genau studiert und analysiert, klug auf Abhilfe sinnt, sich in ihr zunächst fremde organisatorische Probleme einarbeitet und mit ihrer Hilfsbereitschaft zahlreiche andere Menschen anzustecken versteht – ein großes Motivationstalent. Das umfangreiche Werk, das daraus erwächst, kann hier nur in seinen großen Schritten und Linien geschildert werden.

Waisenhäuser, die sich selbst versorgen

Am Anfang steht das Waisenhaus in Andheri. Rosi Gollmann sammelt in kurzer Zeit neun Tonnen Sachspenden: eine Waschmaschine, Babykleidung, Säuglingsnahrung und anderes. Sie verstaut alle diese Schätze in der Mietwohnung, die sie mit ihren Eltern teilt. 1962 fährt sie während der Schulferien auf dem billigsten Weg mit einem Schiff und vielen Kisten voller Hilfsgüter nach Indien; die Reederei transportiert ihr diese Fracht kostenlos: Einem Motivationstalent schlägt man eben nicht so leicht eine Bitte ab. Hier zeigt sich bereits ein erster Grundsatz ihres Handelns:

> „Keine einzige meiner vielen Projektreisen nach Indien und Bangladesh wurde von Spendengeldern finanziert, immer fand sich eine andere Lösung. Und so war es auch damals. Ich sparte, lebte noch bescheidener als sonst. Und als sich herumsprach, dass ich plante, Andheri persönlich zu besuchen, da drückte mir so manch einer einen Schein in die Hand mit den Worten: ‚Es ist so wichtig, dass du nach Indien fährst.'"[3]

In Andheri erlebt sie nicht nur, wie sie die Kinder begeistert empfangen, sie sieht auch, wie die größeren unter ihnen zu je 100 in ein und demselben Raum essen, lernen, spielen, für Wohltätigkeitsbasare basteln und auf Matten schlafen. Sie lässt es sich nicht nehmen, auch eine Nacht mit ihnen auf dem Boden zu schlafen. Sie erfährt, wie die Kinder ihren Hunger teilweise mit Essensresten aus Flugzeugen stillen, die man am Airport Santa Cruz für sie sammelt; wie notwendig sauberes Trinkwasser und Toilettenanlagen sind, damit nicht mehr fast alle von Würmern befallen werden, und wie wichtig hochwertige Nahrung für die oft kaum lebensfähigen Säuglinge ist, die von Polizisten irgendwo aufgelesen und ins Heim gebracht werden.

Sie beschließt, von Deutschland aus Hilfe zu mobilisieren. Nach ihrer Rückkehr lässt sie sich in Schulen, Pfarrgemeinden und Vereine einladen und schildert in Diavorträgen, was sie gesehen hat. Die Zahl ihrer Unterstützer wächst von 16 auf etwa 100. Inzwischen verdoppelt sich aber auch die Zahl der zu versorgenden Kinder in Andheri auf 800. Um Spendenquittungen ausstellen zu können, gründet Rosi Gollmann zusammen mit dem Franziskanerpater Dr. Martin Bodewig, den sie aus gemeinsamen Studentenaktionen in Bonn kennt und der sie bis zu seinem Tod beraten wird, 1967 den Verein Andheri-Hilfe e. V.

Sie reduziert ihr Unterrichtspensum auf 50 Prozent, was auch ihr Gehalt halbiert, und wirbt für ihr Kinderheim in Rundbriefen, Kalendern und Basaren. Im Jahr 1971 kommen schon 700 000 D-Mark und 30 Tonnen Sachspenden zusammen. Um diese Fülle unterzubringen, muss der Verein ein Haus bauen. Grundstück, Baumaterial, Inneneinrichtung und Geld für die Baukosten erbetteln sie und ihre ehrenamtlichen Helfer. 1982 gibt sie ihren Schuldienst ganz auf, um sich mit voller Kraft ihrer Hilfstätigkeit widmen zu können.

In Andheri sorgt sie für sauberes Trinkwasser, eine Abwasseranlage und Badeeinrichtungen für die Kleinkinder sowie für Medikamente. Bald bittet sie ein indischer Geistlicher, der für 24 Waisenhäuser zuständig ist, um Hilfe. In Andheri wie auch in den anderen Heimen schweben ihr als Ziel Häuser vor, die sich selbst versorgen.

Damit sollen sie weniger von Spenden abhängig sein; Zuwendungen von außen sollen vielmehr als Starthilfe zur Selbsthilfe wirken. Sie entwickelt – ein weiterer Grundsatz ihrer Arbeit – mit einheimischen Heimleitungen und Fachleuten Pläne, wie die Heime ihren Grund und Boden so bewirtschaften können, dass sie mehr Reis, Obst und Gemüse ernten, wie eine angepasste Tierhaltung für Milch und Eier sorgt, wie Mädchen lernen, Kleider zu nähen, und wie von all diesen Erzeugnissen auch einiges verkauft werden kann. Nach einigen Jahren wird dieses Ziel erreicht.

Selbsthilfegruppen von Frauen: Entwicklung ist weiblich

Doch warum sind viele Kinder in Andheri keine echten Waisen, sondern werden von ihren Müttern dem Heim übergeben, und warum werden andere Kinder sogar als Arbeitssklaven verkauft? Liegt die Wurzel des Elends nicht in den Familien? Rosi Gollmann geht in verschiedene Dörfer und redet oft stundenlang mit Frauen. Sie fassen Vertrauen, schildern ihr ihre erbärmlichen Lebensbedingungen und denken mit ihr über die Ursachen nach:

„Warum solche Armut, warum Hunger und Krankheit? Hatten sie bisher alle Not und alles Leid als unabänderliche Gegebenheit hingenommen, so wurde ihnen jetzt bewusst, dass Ausbeutung, Unterdrückung, Ungerechtigkeit und Rechtlosigkeit die Ursachen für ihr trostloses Dasein waren [...]

Es ging um die Motivation der Frauen, selbst tatkräftig mit anzupacken, um ihre untragbare Situation zu verändern. [...] Was lag näher, als dass sich Frauen in gleicher Notlage unter gleichen schweren Lebensbedingungen, zu Gruppen zusammenschlossen. Sie vereinbarten regelmäßige Treffen, um miteinander Lösungsansätze zu suchen und mit Veränderungen Ernst zu machen."[4]

Die Frauen legen beispielsweise jede Woche etwas Reis zur Seite, verkaufen ihn und stellen den Erlös ihrer Gruppe zur Schaffung eines finanziellen Grundstocks zur Verfügung. Wenn sie einen bestimmten Betrag angespart haben, stockt ihn die Andheri-Hilfe mit einem Kleinkredit auf. Dann entscheiden die Frauen, welches Gruppenmitglied als erstes ein Darlehen erhalten soll, weil es gute Chancen hat, damit sein Einkommen zu verbessern, indem es sich etwa ein paar Hühner, zwei Ziegen oder eine Nähmaschine anschafft und etwas für den Verkauf produziert. Die Rückzahlung wird genau kontrolliert, damit die Summe zur Förderung anderer Mitglieder der Gruppe frei wird. Es entsteht „ein erstes dorfinternes Spar- und Kreditsystem von Frauen für Frauen". Die Frauen lernen, ihr Kapital selbst zu verwalten und nach Einkommensquellen zu suchen. Sie sind nicht mehr Almosenempfängerinnen, werden selbstbewusster und fordern im männerbeherrschten Indien bei Behörden sauberes Trinkwasser, den Bau von Straßen, Busverbindungen und anderes mehr.

In Zusammenarbeit mit der einheimischen Entwicklungsorganisation CODP (Canara Organisation for Development and Peace) im Gebiet von Mangalore wird dieses System der Kleinkredite, lange bevor die Vereinten Nationen das Jahr 2005 zum Internationalen Jahr der Mikrokredite erklären, auch auf Kleinbauern ausgeweitet. Die Andheri-Hilfe stellt der CODP Geld für zinslose

Darlehen an 70 bis 100 Bauern jährlich zur Verfügung, und eine seriöse Bank in Mangalore zahlt die gleiche Summe in diesen Fonds. Mitarbeiter von CODP beraten die Kleinbauern und die Frauengruppen, wie sie mit einem bestimmten Saatgut, Düngemittel, Tierhaltung und Bewässerungsanlagen reichere Ernten erzielen können. In Chennai, dem früheren Madras, gründen, unterstützt von der Andheri-Hilfe und begleitet von einer Entwicklungsorganisation für Frauen, 373 Selbsthilfegruppen von Frauen eine eigene Genossenschaftsbank, die ihnen günstige Kleinkredite gewährt und damit den Gang zu privaten Geldgebern erspart, die oft horrende Zinsen verlangen und sie in die Leibeigenschaft treiben.

Damit weitet Rosi Gollmanns Andheri-Hilfe ihre Waisenhausaktion zu einer breiten Frauenförderung, Dorfentwicklung und Entwicklungszusammenarbeit aus. Die Armen – oft sind es Angehörige der untersten Kasten ohne jede Aufstiegsmöglichkeit – sollen keine passiven Almosenempfänger bleiben, sondern als aktive, selbstbewusste Frauen und Männer ihr Leben selbst gestalten. Gollmann ist überzeugt: „Der Mensch kann nicht entwickelt werden; er kann sich nur selbst entwickeln."

Sie leitet einen Richtungswechsel ein und verlangt, dass die Eltern sich der Verantwortung für ihre Kinder bewusst, aber auch beraten und unterstützt werden. Heime sollen nur noch für Notfälle bereitstehen und von der Andheri-Hilfe gefördert werden. Unter dem Motto „Glückliche Kinder in glücklichen Familien" können dadurch 40 000 Kinder aus den Heimen und der Sklavenarbeit in die Familien zurückgeführt werden, auch wenn sie dort nicht auf Rosen gebettet sind.

„Mädchentötungsfreie" Dörfer und selbstverwaltete Leprasiedlungen

Arbeitet die Andheri-Hilfe anfangs vor allem mit kirchlichen Projektpartnern zusammen, so erweitert sich der Kreis der von ihr geförderten Nichtregierungsorganisationen in Indien immer mehr: „Wir fördern sie gern, unabhängig von Religion, Region oder Bildungshintergrund."

> „Mit Stolz schauen wir auf die vielen Tausende von Frauengruppen, die in Indien und auch in Bangladesch ihr Leben in die eigenen Hände genommen haben und ihren Weg in eine bessere Zukunft bald allein, ohne fremde Hilfe, schaffen werden. Wir stehen bewundernd vor den Leistungen dieser inzwischen fast einer Million organisierter, selbstbewusster Frauen."[5]

Seit 1972 arbeitet Rosi Gollmann Vollzeit, aber ehrenamtlich als Vorsitzende des Vereins Andheri-Hilfe. Mit den Jahren entwickelt sie eine Strategie, mit der sie ihre weiteren Vorhaben angeht: eine Notlage erkennen und untersuchen, sich mit den Betroffenen beraten, einen verlässlichen Kooperationspartner in der Region suchen, finanzielle Starthilfe gewähren – durch die Andheri-Hilfe sowie öffentliche Mittel in Deutschland und der Europäischen Union –, einheimische Behörden für stützende Maßnahmen gewinnen und durch Beratung, Bildung sowie Selbsthilfegruppen sicherstellen, dass die Armen ihre Zukunft finanziell möglichst bald selbst bewältigen. Sie erreicht Erstaunliches:
– Kinderarbeit wird eingeschränkt. Obwohl sie in Indien gesetzlich verboten ist, arbeiten arme 6- bis 15-Jährige bis zu zwölf Stunden in Webereien, Teppichfabriken, Streichholzfabriken und Steinbrüchen, weshalb sie keine Schule besuchen können. Partner der Andheri-Hilfe erwirken bei Unternehmern Arbeitszeitverkürzungen und sorgen für eine Stunde Unterricht täglich sowie Gesundheitskontrollen. Um Kinder ganz von der Arbeit zu befreien, werden Frauengruppen finanziell und durch Beratung so unterstützt, dass die Eltern auf die Löhne ihrer Bu-

ben und Mädchen verzichten können. Durch Demonstrationen setzen sie auch Behörden unter Druck, damit sie gegen die Kinderarbeit einschreiten. „Es ist für mich eine der beglückendsten Erfahrungen meines langen Lebens, dass die Andheri-Hilfe mehr als 100 000 ,befreite Kinder' als Erfolg verzeichnen darf."

– Straßenkinder, die obdachlos sind, sich mit kleinen Arbeiten und Müllsammeln durchschlagen und sich nicht an ein Heimleben gewöhnen würden, erhalten Anlaufstellen, wo sie abends unterkommen, sich waschen, Essen zubereiten und mit Betreuern reden können.

– Obwohl Tempelprostitution vom Gesetz verboten ist, sind im Bundesstaat Andhra Pradesh mehrere Tausend Mädchen diesem Schicksal ausgeliefert. Ihre Eltern haben sie – etwa damit ihre Bitte um einen Sohn erhört würde – der Göttin Mathamma geweiht. Sie leben im Tempel, lernen den kultischen Tanz, müssen sich aber, wenn sie geschlechtsreif geworden sind, von Männern missbrauchen lassen. Die Andheri-Hilfe bezahlt einem einheimischen Aktivisten, der solchen Frauen beim Ausstieg hilft, ein Gehalt und geeignete Maßnahmen. „Inzwischen sind weit über tausend Mathammas befreit."

– In vielen Dörfern der südindischen Region Madurai werden 30 bis 50 Prozent der neugeborenen Mädchen getötet. Frauen und Männer, die sich Rosi Gollmann anvertrauen, berichten von 14 verschiedenen Tötungsmethoden. Der Grund: Die Mitgift, die man der Familie des Schwiegersohns bei einer Heirat zahlen muss, stürzt die Väter, die oft Tagelöhner sind, in den finanziellen Ruin. Die Andheri-Hilfe finanziert das Programm einer einheimischen Entwicklungsorganisation, deren geschulte Mitarbeiterinnen Frauen während der Schwangerschaft beraten, ihnen aber auch durch Weiterbildung zu besseren Einkünften verhelfen und in den Dörfern für die Akzeptanz von Mädchen werben. Demonstrativ feiern Selbsthilfegruppen von Frauen die Geburt eines Mädchens und stellen der Mutter schon auch mal als „Sparbuch" zwei Ziegen und drei Kokosnusssetzlinge für die Kosten der späteren Ausbildung zur Verfügung. Inzwischen sollen 150 Dörfer „mädchentötungsfrei" sein.

– Ein kanadischer Priester, der Lepradörfer betreut, bittet Rosi Gollmann um finanzielle Hilfe. Sie kann mit großzügiger deutscher Unterstützung in elf Leprasiedlungen Kranke zu einer medizinischen Behandlung motivieren, die Regierungsverantwortlichen in die Pflicht nehmen, Grundstücke besorgen, auf denen die Geheilten Häuser bauen und durch Gemüseanbau, Tee und Fischzucht so viel verdienen, dass sie nicht mehr betteln müssen. Ähnlich unterstützt sie ein einheimisches Programm, das Frauen, die von ihren Männern mit Aids angesteckt und verlassen wurden, zu eigenem Einkommen verhilft und vom Zwang zum Betteln und zur Prostitution befreit.

Eine Million Augenoperationen

Ein Projekt, das die Andheri-Hilfe ungewöhnlich lange fördert, ist die Blindenhilfe Bangladesch. Als Rosi Gollmann 1973 zum ersten Mal in dieses Land reist, um Kinder zu unterstützen, die zu Kriegswaisen geworden sind, fallen ihr die vielen blinden Bettler am Straßenrand auf. In Bangladesch erblinden jährlich 30 000 bis 50 000 Kinder aufgrund von Mangelernährung während der Schwangerschaft der Mutter und durch Wurminfektion. Viele Blinde könnten durch medikamentöse Behandlung oder eine Staroperation geheilt werden.

Da weitet Frau Gollmann den Aktionsradius ihres Vereins noch einmal aus. Sie hat großes Glück und findet einen in London ausgebildeten einheimischen Augenspezialisten, der mit seiner Privatpraxis sein Auskommen hat und mehr als drei Jahrzehnte lang ehrenamtlich an einem Programm mitarbeitet, das eine einheimische Hilfsorganisation trägt und das die Andheri-Hilfe sowie seit 1998 auch die Europäische Kommission finanziert. Es entstehen, über das Land verteilt, acht Augenhospitäler mit je 25 bis 30 Betten und einer mobilen Augenversorgung, die eine kostenlose Behandlung anbietet. Es spielen sich berührende Szenen ab, wenn Kinder erstmals ihre Eltern und Großeltern wieder ihre Enkel sehen oder wenn Menschen im arbeitsfähigen Alter ihren Beruf wieder ausüben können. Mehrere Berichte im deutschen Fernsehen beleben die Spendenbereitschaft. Im Jahr 2003 kann man die einmillionste Augenoperation feiern. Um Augenärzte auszubilden, baut man mithilfe der Regierungen von Bangladesch und Deutschland eine zentrale Ausbildungsklinik, die innerhalb von 25 Jahren 218 Ärzte auf ihren Dienst vorbereitet.

> „Die Errichtung dieses Zentrums hat mich allerdings unbeschreibliche Mühe und ungezählte schlaflose Nächte gekostet: immer wieder neue Probleme und Schwierigkeiten! Trotzdem gab es für mich nie die Versuchung aufzugeben. [...] Ich kann die vielen Kinder nicht vergessen – mit dem leeren Blick ihrer Augen, mit Augenentzündungen und -geschwülsten."[6]

Es wäre noch vieles zu erwähnen: Projekte für taubstumme Kinder und Erwachsene in Bangladesch, eine Behindertenschule in Kerala, ein Berufszentrum („Rosi-Village") mit einjährigen Kursen für Schweißer, Automechaniker, Näherinnen und Bürokräfte, die Ausbildung von Dorfhelfern, der Wiederaufbau von Dörfern nach dem Tsunami von 2004, ein Wasserbewirtschaftungssystem in Dürregebieten, die Einführung von Sonnenkollektoren und anderes mehr. Gibt es keine Rückschläge? Davon spricht ein Motivationstalent und eine Optimistin wie Rosi Gollmann nur versteckt in Andeutungen wie: „Wir mussten lernen, dass ..."

Hinter allen Projekten, der zunehmenden Professionalität und den umwerfenden Erfolgszahlen der Andheri-Hilfe steht eine Frau, die keine eigene Familie gegründet hat (sie hat nur ein indisches Mädchen adoptiert), die jedoch für unzählige benachteiligte Menschen wie eine Mutter geworden ist.

Mit 74 Jahren gibt sie den Vorsitz des Vereins Andheri-Hilfe in jüngere Hände, bleibt ihm aber als Ehrenvorsitzende und durch

Vorträge weiterhin verbunden. Inzwischen kann das Hilfswerk auch auf Zinsen der 2002 gegründeten Rosi-Gollmann-Andheri-Stiftung zurückgreifen. Es hat nach eigenen Angaben seit 1967 mehr als 3000 Selbsthilfeprojekte abgeschlossen, die etwa zehn Millionen Menschen zugutekamen. Im Jahr 2015 werden über 200 Projekte in Indien und Bangladesch gefördert, die mehr als 700 000 Menschen erreichen.

Mehrere Fernsehsendungen machen Rosi Gollmanns Werk bekannt. Sie wird mit dem päpstlichen Orden Pro Ecclesia et Pontifice (1980) und dem Großen Bundesverdienstkreuz sowie dem Change the World Award (2005) ausgezeichnet, erhält das Caritas-Ehrenzeichen in Gold (2009) und ebenfalls in Gold die Ehrennadel des Paritätischen Wohlfahrtsverbands. Rosi Gollmann hat viel bewegt. Was hat sie bewegt? Sie will ihren Glauben „nicht auf dem Präsentierteller zeigen", verrät dann aber doch:

> „Hinter allen Handlungen muss daher eine Haltung stehen, die von der Anerkennung, ja der Liebe zum Menschen geprägt ist. Ich liebe die Menschen! Und das ganz sicher nicht zuletzt deshalb, weil ich in einem christlichen Elternhaus und später in meinem Beruf als Religionslehrerin den Menschen als Geschöpf Gottes, jeden einzelnen Menschen als einmaligen Gedanken Gottes schätzen gelernt habe."[7]

Einer Reporterin, welche die Zentrale der Andheri-Hilfe in Bonn, die keine kirchliche Einrichtung ist, besucht, fällt auf, dass in dem Haus Kreuze mit einem Christus ohne Arme hängen. Darauf angesprochen, erklärt Rosi Gollmann, sie lasse sich von dem Gedanken leiten, dass Jesus unsere Arme brauche, um heute in der Welt Menschen zu helfen.

Sœur Emmanuelle
(1908–2008)

„Mutter der Müllmenschen" von Kairo

Sie ist fast 100 Jahre alt geworden und hat drei Leben gelebt. In den letzten Jahren war sie die beliebteste Frau Frankreichs, vor allen Sängerinnen und Schauspielerinnen: Sœur Emmanuelle. Begonnen hat sie ihren zweiten Lebensabschnitt, der 22 Jahre dauern sollte, in einem Alter, in dem andere an Ruhestand denken, mit 62 Jahren. Da zieht die studierte Gymnasiallehrerin aus dem wohlgeordneten Haus ihres Schwesternordens in Kairo aus und fährt mit ein paar Habseligkeiten auf einem Eselkarren in das Elendsviertel Azbet el Nakhl im Nordosten der Millionenmetropole, wohnt in einem Ziegenstall und hilft Menschen, die vom Müllsammeln leben.

Dieses Lied wurde ihr nicht an der Wiege gesungen. Madeleine Cinquin, so ihr bürgerlicher Name, wird am 16. November 1908 in Brüssel in eine wohlhabende Familie hineingeboren.[1] Die Mutter ist Belgierin, der Vater Franzose, Textilfabrikant. Für Madeleine, ihre Schwester und ihren Bruder kann man sich ein Kindermädchen leisten. Die Kleine ist ein schwieriges Kind, das mit seinem Eigensinn und seinen Wutanfällen nerven kann: „Die Menschen in meiner Umgebung litten sehr unter mir." Vielleicht rebelliert sie damit gegen die etwas autoritäre Mutter; vielleicht trägt sie auch zu schwer an der Tragödie, die sie mit sechs Jahren am Strand erlebt hat, als ihr Vater beim Schwimmen im Meer ertrank.

Madeleine besucht ein Lyzeum und legt die Reifeprüfung ab. Doch der hübsche Teenager ist so sehr dem Vergnügen, dem Tanz, der Mode, dem Luxus und dem Flirt mit männlichen Verehrern zugetan, dass die Mutter, die mit strenger Selbstdisziplin den Familienbetrieb weiterführt, ihren Wunsch, an der Universität Löwen zu studieren, ablehnt: „Du bist zu kokett, du denkst nur ans Vergnügen. Du interessierst dich mehr für die Schnurrbärte als für die Studien." So ein Mädchen kann nur für eine bürgerliche Heirat bestimmt sein. Sie spielt Tennis, nimmt Gesang- und Klavierstunden, besucht aber auch Abendkurse in Philosophie, liest mit Leidenschaft Bücher über Philosophie, Theologie und Geschichte, und dann meldet sich bei der 19-Jährigen mit einem Mal eine ganz andere Seite ihres Wesens.

„Die Freuden des Daseins ließen mich unbefriedigt." Hat sie nicht mit zwölf Jahren Geschichten von mutigen Afrikamissionaren gelesen und sich für diese Helden begeistert? Hat sie nicht den Belgier Damian de Veuster bewundert, der freiwillig als Seelsorger zu den Leprakranken auf der Insel Molokai ging und 1889 an der Krankheit, mit der er sich angesteckt hat, starb? Das ist etwas Großes. Damals wollte sie in kindlichem Ehrgeiz „Jungfrau und Märtyrin werden". Jetzt erklärt sie: „Ich will Ordensfrau werden." Zwischen den damals beengenden Konventionen einer bürgerlichen Ehe ihres Standes und dem hemmungslosen Ausleben ihrer Freiheit und Leidenschaft erkennt sie eine Alternative: „Mich Gott hinzugeben, um meinen Brüdern zu dienen, schien mir der einzige Weg zur vollständigen Selbstverwirklichung und zu einem sinnvollen Leben."

Dieser plötzliche Idealismus erscheint der Mutter nicht ganz geheuer. 1929 schickt sie ihre Madeleine nach London, wo sie Englisch lernen und mit ihrer Cousine, die einem Konvent von Schwestern Unserer Lieben Frau von Sion vorsteht, ihre Zukunftspläne

klären soll. Diese rät ihr, mehrere Ordenshäuser in London an-
zuschauen, um herauszufinden, was sie letztlich sucht. Dabei wird
ihr klar: Sie will in einer Gemeinschaft leben, die sie in ein tiefes
Gebetsleben einführt, ihr Ungestüm in geordnete Bahnen lenkt
und sich für Benachteiligte einsetzt. Und diese findet sie am ehesten bei den Schwestern von Sion, die in einem Armenviertel von
London Straßenkindern eine Schulbildung ermöglichen.

Istanbul: Lehrerin mit Herz für die Benachteiligten

Mit diesem Entschluss fährt sie über den Ärmelkanal zurück nach
Belgien. Auf der Fähre raucht sie eine Zigarette. Rauchen in der
Öffentlichkeit war damals etwas Ungehöriges, das hat ihr auch
ihre Mutter eingeschärft; aber von ihr will sie sich ja emanzipie-
ren, auch wenn das Nikotin ihrer Migräne nicht guttut. Ein schö-
ner junger Mann spricht sie an:

> „Sie rauchen, Mademoiselle?" „Wie Sie sehen, Monsieur." „Und wo-
> hin fahren Sie, Mademoiselle?" „Ins Kloster, Monsieur." „Mit die-
> sen Augen, Mademoiselle?" „Ich werde sie nicht an der Pforte zu-
> rücklassen, Monsieur." „Ich reise nach Berlin, Mademoiselle." „Um
> so besser für Sie, Monsieur." „Wollen Sie nicht mit mir kommen,
> Mademoiselle?" „Wollen Sie auch ins Kloster eintreten, Monsi-
> eur?" „Sicher nicht, Mademoiselle." „Dann wird man sich nicht
> mehr wieder sehen, Monsieur."[2]

Die Mutter sowie der geistliche Begleiter von Madeleine sind fest
überzeugt, dass sie für ein Ordensleben ungeeignet ist. Sie setzt
sich aber durch und beginnt mit zwanzigeinhalb Jahren bei den
Schwestern von Sion in Paris ihr zweijähriges Noviziat. Diesem
geht eine Probezeit voraus, und Madeleines Mutter hat die Oberin gewarnt: Was ihre Tochter brauche, sei „ein Mann, der ihr Halt
gibt". Ihre Lebhaftigkeit und ihre Späße bleiben der Ordensleitung nicht verborgen, und sie fragt sich, ob die Kandidatin nicht

zu leichtfertig sei. Eine Oberin, die sie versteht, meint: „Vielleicht können wir aus dieser glühenden Lava etwas Ernsthaftes formen. Wir wollen es versuchen."

Im Mai 1931 legt Madeleine in Paris ihre Ordensgelübde ab und nimmt den Namen Emmanuelle (Gott mit uns) an. Die etwa 1800 Schwestern ihrer Ordensgemeinschaft unterhalten in verschiedenen Ländern höhere Schulen und Grundschulen für Mädchen, und die Generaloberin wünscht, dass Sœur Emmanuelle an der Universität Sorbonne für die Lehrbefähigung an höheren Schulen studiert. Ihre Antwort: „Sie wissen, dass ich zu den Armen gehen will." So wird sie in der Türkei, in Istanbul eingesetzt, wo der Orden neben einem Gymnasium für die höheren Töchter auch eine Grundschule für arme Kinder führt.

40 Jahre, von 1931 bis 1971, ist Schwester Emmanuelle als Lehrerin tätig: in Istanbul, Tunesien und Ägypten – und fühlt sich dabei immer zu den Benachteiligten hingezogen. Das ist ihr erstes Leben. Drei Jahre lang betreut sie sechs- bis siebenjährige Buben und Mädchen aus armen Familien – mehr oder weniger Straßenkinder. Ohne pädagogische Ausbildung, muss sie improvisieren. Unterstützt von einer Helferin, die übersetzt, vermittelt sie den Kleinen mit einer Puppe Grundbegriffe der Hygiene, Lernstoff der Grundschule und singt und tanzt mit ihnen. „Den Herrn lieben und diese Kinder lieben war ein und dasselbe. Ich war glücklich." Auch eine lebensgefährliche Typhusinfektion mindert ihre Freude nicht.

Doch ihre Oberin bittet sie, in der höheren Schule (Lyzeum) des Ordens zu unterrichten. Dort werden Töchter aus den besten Familien, die die französische Kultur schätzen, ausgebildet; sogar der Gründer der türkischen Republik, Kemal Atatürk, schickt seine drei Adoptivtöchter in dieses Gymnasium. Es sei doch eine wichtige Aufgabe, so die Oberin, diesen Mädchen, die zur zukünftigen Führungsschicht des Landes gehören werden, soziales Verantwortungsbewusstsein zu vermitteln. Das überzeugt Schwester Emmanuelle; sie übernimmt eine Klasse von mehrheitlich muslimischen 12- bis 13-Jährigen und erteilt später auch türkischen, griechischen, armenischen und jüdischen Mädchen, die dies nach dem Lyzeum wünschen, Französischunterricht.

Dabei sind ihr zwei Anliegen wichtig: das Wecken einer sozialen Einstellung und der Respekt gegenüber anderen Religionen. Jede Woche geht sie mit einigen Freiwilligen in ein Elendsviertel, macht alten Leuten in einem Heim eine Freude und arbeitet mit den Mädchen auch einmal einen ganzen Tag in einer Textilfabrik, damit sie die Arbeitsbedingungen der dort beschäftigten Frauen kennenlernen.

> „Den Arbeiterinnen war es nicht gestattet, sich zu setzen, außerdem hätten sie dazu gar keine Zeit gehabt, immer wieder mussten sie abgerissene Fäden verknüpfen. Zu Mittag aßen wir mit ihnen in der Kantine.
>
> Auf unserem Heimweg trafen wir im Hafen jene Schülerinnen, die den Tag auf einer Insel verbracht hatten. Sie trugen wunderschöne Seidenkleider. Wir dagegen waren schmutzig und erschöpft. Hier standen sich wirklich zwei Welten gegenüber, die gehobene Gesellschaft und das Volk."[3]

Tunis: „Wüste der Anfechtung"

Die Sion-Schwestern sind gehalten, in dieser Stadt, in der sie als Katholikinnen mit Muslimen, Griechisch-Orthodoxen und Juden zusammenleben, keine Propaganda für ihren Glauben zu versuchen, sondern ihn – wie ihre Oberin sagt – durch ihr Tun zu „transpirieren". Das entspricht ganz der Einstellung von Schwester Emmanuelle. Die Schülerinnen bitten von sich aus, sie religiös zu unterweisen. Also liest sie außerhalb des Pflichtunterrichts mit den Musliminnen den Koran, mit den Juden die Bibel und besucht jedes Jahr – gegen die Regeln ihres Ordens – mit den Griechisch-Orthodoxen die Kirche des Ökumenischen Patriarchen Athenagoras, dem sie dort mehrmals begegnet.

„Ich habe die Religion der anderen immer zutiefst respektiert. Die langen Jahre in Istanbul unter Moslems und Orthodoxen hatten nur meinen Wunsch verstärkt, diesen Weg weiterzugehen. Wir sind nicht zum Bekehren da. Wir sind da, um Zeugnis zu geben. Wir sind da, um zu lieben. [...] Wenn man liebt, respektiert man den andern in seiner Ganzheit. Deswegen habe ich auch Freunde aller Art: Katholiken, Protestanten, Orthodoxe, Moslems, Atheisten, Kommunisten, Buddhisten ...“[4]

Ein solcher Freund wird für sie auch der muslimische Sprachlehrer, bei dem sie Türkisch lernt. Der ist sogar bereit, mit ihr den katholischen Katechismus ins Türkische zu übersetzen. Nach dem Tod der Oberin, die für sie Mutter und Freundin war, kommt es zu Spannungen mit deren Nachfolgerin. Als sie in Istanbul Mutter Madeleine de Jésus, die Gründerin der Kleinen Schwestern von Charles de Foucauld, kennenlernt, die wie die Armen arbeiten, wohnen und sich ernähren, bittet sie sie um Aufnahme in deren Gemeinschaft: So könnte sie Ordensfrau bleiben, aber ihr Ideal reiner verwirklichen. Doch Mutter Madeleine vertröstet sie: „Vielleicht später.“ Mit ihren kleinen Regelverstößen und ihrer unverblümten Sprache eckt Schwester Emmanuelle auch bei einer weiteren Oberin an, „die nicht bereit war, meinen aufsässigen Geist zu ertragen“; diese erreicht, dass sie 1955 nach Tunis versetzt wird.

Die tiefreligiöse Ordensfrau versucht, die Order aus Paris wie den Ruf Gottes an Abram zu verstehen: „Zieh weg aus deinem Land, von deiner Verwandtschaft und aus deinem Vaterhaus“ (Buch Genesis 12,1), doch führt sie dieser Ruf nicht ins Land der Verheißung, sondern in eine „Wüste der Anfechtung“. Hatte sie in Istanbul keinerlei Disziplinschwierigkeiten mit den wissbegierigen älteren Schülerinnen, die sie wie eine Königin verehrten, so hat sie jetzt zwei große Klassen von blasierten 12- bis 13-jährigen Töchtern französischer Siedler gleichzeitig zu führen.

„Nichts funktionierte. Für meine Schülerinnen war ich eine lächerliche Aufpasserin; für meine Oberin eine unfähige Lehrerin;

für meine Gemeinschaft eine Schwester, mit der man Mitleid hat, ohne ihr helfen zu können."[5]

In Tunis kann sie auch nichts für Benachteiligte tun. Darum schreibt sie ihrer Generaloberin, sie wolle zu den Kleinen Schwestern wechseln: „Sie kennen meinen Wunsch, arm mit den Armen zu leben, der in Sion unmöglich ist, aber bei den Schwestern von Foucauld verwirklicht wird." Die Oberin lädt sie zu einem Gespräch nach Paris ein und ist bereit, sie für einen Ordenswechsel freizugeben. Doch dann schreibt ihr Mutter Madeleine, dass ihre Gemeinschaft beschlossen hat, keine Schwestern aus anderen Orden mehr aufzunehmen.

„Also ist dein Platz bei den Sion-Schwestern", sagt sich Emmanuelle. Bei älteren Schülerinnen im Lyzeum hätte sie sicher Erfolg, doch dazu braucht sie ein Staatsexamen (licence) in Literatur. Einen Abschluss in Philosophie hat sie bereits in Istanbul erworben; jetzt nimmt sie ein Fernstudium an der Pariser Universität Sorbonne auf, unterrichtet gleichzeitig ab 1959 wieder in Istanbul und hat mit 55 Jahren ihr Staatsexamen in der Tasche.

Alexandria: Familienanschluss im Armenviertel

Im selben Jahr (1963) wird sie an die Schule des Ordens in Alexandria (Ägypten) berufen. Die 500 Schülerinnen, die meisten von ihnen sind Musliminnen, kommen aus den besten Familien; auch die erste Frau von König Faruk ist durch diese Internatsschule gegangen. Der Unterricht bereitet Sœur Emmanuelle keine Probleme, wohl aber die Gleichgültigkeit ihrer höheren Töchter gegenüber der sozialen Not ihrer Landsleute. Als sie bei einem Ausflug nach Gizeh auf die zerlumpten Kinder hinweist, die sie sehen, meinen sie, das sei doch nur Abschaum, und als eine Mitschwester bei den Mädchen, die mindestens 10 bis 20 ägyptische Pfund Taschengeld bekommen, für eine Spende sammelt, damit sich arme Familien zum muslimischen Hammelfest Fleisch kaufen können, sind am Ende gerade mal 50 Piaster (ein halbes Pfund) in der Schachtel. Wieder schreibt sie ihrer Generaloberin:

> „Ich bin nicht in den Orden eingetreten, damit junge, im übrigen intelligente Mädchen in den Salons der guten ägyptischen Gesellschaft gebildet wirken können, weil ich sie mit Voltaire, Rousseau, Camus und Malraux vertraut gemacht habe."[6]

Sie erreicht einen Kompromiss: Sie muss weiterhin einige Stunden bei den Abschlussklassen unterrichten, darf aber die meiste Zeit in einer Grundschule arbeiten, die der Orden gegen geringes Entgelt für Schülerinnen aus bedürftigen Familien unterhält. Im Ordenshaus ist sie gut versorgt, doch ihr vergeht der Appetit, wenn sie beim Essen an die Kinder denkt, die ihr erzählen, dass sie oft hungrig ins Bett gehen müssen. Sie besucht Familien, wo zehn Personen in zwei winzigen Zimmern wohnen – und dieses Leben will sie teilen. Sie holt sich von der Ordensleitung die Erlaubnis, im Zimmer einer Familie zu schlafen, das leer steht, weil es feucht ist. Sie lässt sich das Geld, das ihre Verpflegung im Ordenshaus kosten würde, auszahlen – etwa neun Pfund im Monat.

> „Das Zimmer war feucht und ohne Komfort. Ich stellte ein Bett, einen Tisch und einen Sessel hinein. [...] Ich beschloss, mittags in einem Nebenraum in der Schule zu essen. Beim Kaufmann an der Ecke kaufte ich einen Teller ‚Foul‘, Bohnenpüree, das Grundnahrungsmittel des Volkes, das einen Piaster kostete. Ein rundes Brötchen: ein halber Piaster. Dazu noch ein wenig Öl für das Foul und eine Orange. Summe: 2 Piaster. Ein Pfund hat 100 Piaster, also müssten mir am Monatsende noch acht Pfund übrig bleiben. Wenn ich am Abend zu meiner Familie kam, ging ich mit einem der Mädchen einkaufen, dann saßen wir alle elf (Vater, Mutter, acht Kinder und ich) um den Tisch und teilten ein karges Mahl, aber jeder bekam seinen Teil. Wie köstlich erschienen mir diese geteilten Mahlzeiten! Brot, Käse, Datteln, an manchen Abenden gab es Eier, Oliven, Sardinen. Welche brüderliche Gemeinschaft! Welcher Frohsinn!"[7]

Morgens um sechs Uhr besucht sie in ihrem Kloster die Messe und ist auch zu den Gebetszeiten dort. So lebt sie fünf Jahre, bis 1970. Da übergibt ihr Orden die Schule in Alexandria einer koptischen Schwesterngemeinschaft, und die Sion-Schwestern können Vorschläge machen, welche andere Tätigkeit sie übernehmen wollen, sofern sie nicht in den Ruhestand gehen möchten. Ruhestand? „Ich bin 62 Jahre alt und fühle mich voll in Form, mich zur Ruhe setzen kommt nicht in Frage."

Ihr erster Gedanke ist, in einer Leprakolonie nahe Kairo ähnlich wie Damian de Veuster Kranke zu betreuen; doch als Ausländerin darf sie das militärische Sperrgebiet, in dem diese Ansiedlung liegt, nicht betreten. Der Apostolische Nuntius schlägt ihr vor, sich um die Lumpensammler in einem Elendsviertel zu kümmern. Ein koptischer Priester, der von ihrem Wunsch hört, zeigt ihr im Osten von Kairo einen der Slums dieser Metropole: Azbet el Nakhl.

Kairo: Entwicklungsarbeit von null auf

Dort leben 4000 Menschen in elenden Hütten. Die meisten kommen als landlose Bauern aus Oberägypten, wo das winzige Stück, das ihnen als Erbteil zufiel, sie nicht mehr ernähren konnte. Ohne lesen und schreiben zu können und ohne berufliche Ausbildung schlagen sie sich mit dem Sammeln und Trennen von Müll durch. Tagsüber ziehen die Männer mit ihren Jungen in bestimmten Straßen Kairos von Haus zu Haus, lassen sich den Müll geben und fahren ihn auf Eselkarren vor ihre Hütte, wo sie ihn mit der Frau und den Kindern trennen. Das wiederverwertbare Material – Papier, Metall, Plastik – wird an Recyclingunternehmen verkauft und der organische Müll Schweinen zum Fressen gegeben, sofern man die Essensreste nicht für den eigenen Verzehr herausfischt. Was übrig bleibt, verfault und wird von Zeit zu Zeit auf Lastwagen weggefahren. Am besten ernährt sind hier die Ratten.

Viele Bewohner werden Opfer einer Tetanus- oder Hepatitis-
infektion, und die unsäglichen hygienischen Verhältnisse führen
zu einer hohen Kindersterblichkeit. Das Ansehen der Zabbalin
(Müllsammler) in der ägyptischen Gesellschaft ist kaum zu un-
terbieten: Das Wort ist für viele gleichbedeutend mit Dreckeimer,
unreines Tier (wegen des vom Koran verbotenen Schweinefleischs),
Schweinezüchter, Dieb und Drogenhändler.

Der Priester macht Emmanuelle mit einem führenden Müllsammler, Labib, bekannt, der ihr Mentor wird. Er stellt ihr einen
Stall zur Verfügung, aus dem er die bisherigen Bewohnerinnen,
zwei Ziegen, zu den Schweinen treibt: vier Quadratmeter groß,
feuchter Boden, die Wände aus alten Holzlatten, darüber ein Dach
aus trockenen Palmzweigen, dessen Luke die einzige Lichtquelle
ist. Schwester Emmanuelle zieht mit einem Bett, einem Tischchen,
einem Spirituskocher und zwei Aluminiumtöpfen ein und befes-
tigt über dem Kopfende des Betts einen Druck der Marien-Ikone
von Rubljow und einen Auszug aus der Regel der Mönche von Tai-
zé, der mit dem Satz beginnt: „Sei unter den Menschen ein Zei-
chen brüderlicher Liebe und der Freude ...“ – das Programm für
ihr zweites Leben.

Sie besucht die Müllmenschen in ihren Behausungen und redet mit ihnen in einem Arabisch mit französischem Akzent, das
sie durch einen Kurs noch verbessern muss. Bald kommen die
Frauen mit ihren Sorgen zu ihr. Mit den Jahren versteht sie die
Bedürfnisse dieser Menschen immer besser und wird aktiv. Die
Lebensverhältnisse der Slumbewohner müssen verbessert werden,
für alle Altersstufen, beginnend mit der Geburt – und zwar in allen drei Slums um Kairo, in die sie nacheinander einzieht.

Viele Neugeborene sterben an Tetanus, die Mütter an Kindbett-
fieber, weil die Hebammen die Nabelschnur mit verunreinigten
Gegenständen durchtrennen und die Gebärenden auch nicht sach-
kundig betreuen. Darum gründet Schwester Emmanuelle Entbin-
dungsstationen.

Um Hygiene, soziales Verhalten und die Arbeitschancen zu verbessern, will sie den Bewohnern die nötige Schulbildung vermit-

teln. Sie richtet neben ihrer Hütte einen Kindergarten ein, dem noch viele andere folgen werden. Sie baut Schulen und überzeugt mit der ihr eigenen Direktheit die Eltern, dass es für ihren Nachwuchs von Vorteil ist, wenn sie etwas lernen. Nach 20 Jahren gehen fast 2000 Müllsammler-Kinder zur Schule; nach Emmanuelles Rückzug ins Altenheim eröffnet ihr Hilfswerk sogar ein Mädchengymnasium. Manche Eltern lernen nun auch lesen und schreiben. Die Schule und die Erwachsenenkurse schaffen eine Grundlage, um über eine bessere Behandlung von Frauen, über die Schäden der Genitalverstümmelung und über Familienplanung zu reden und so die Situation der Frauen, die großenteils wie Sklavinnen gehalten und geschlagen werden, zu verbessern.

Die Jugendlichen, die keine attraktive Freizeitbeschäftigung kennen und sich oft sinnlos betrinken und verprügeln, lässt sie durch die Schüler eines Jesuitenkollegs in die Geheimnisse des Fußballspiels einweihen. Ein Fußballklub entsteht. „Der Fußball bewirkt Wunder": Koptische Christen und Muslime spielen in derselben Mannschaft und erleben zum ersten Mal Gemeinschaft über die Religionsgrenzen hinweg.

Um die medizinische Versorgung zu verbessern, errichtet sie in jedem ihrer drei Slums ein medizinisch-soziales Zentrum.

Wie kann man Arbeitsplätze beschaffen? Sie gründet eine Handwerksschule und eine Fabrik. Mit einem Schweizer Recyclingfachmann entwickelt sie den Plan, Restabfälle, die in den Slums liegen bleiben, bis sie auf Lastwagen wegtransportiert werden, in Dünger umzuwandeln. Sie lässt eine Düngerfabrik bauen. Es entsteht auch eine Teppichmanufaktur, die Arbeitsplätze für 150 Frauen bietet.

„Ich habe an alle Türen geklopft"

Beide Unternehmen kann sie nicht selbst aufbauen und leiten, doch das besorgen für sie Teams von ägyptischen Hauptamtlichen, die sie gewinnt, zusammen mit europäischen Freiwilligen. Gerade beim Düngerwerk-Projekt erkennt sie, wie wichtig die Zusammenarbeit mit einheimischen Kräften für ein Gelingen ist – eine Erkenntnis, von der sich auch Ruth Pfau und Rosi Gollmann bei ihren Hilfswerken haben leiten lassen. Während manche Unterstützer in Europa ihren Fabrikplan nicht verstehen können, sind die Ägypter, die sie anspricht, begeistert.

> „Ich habe besser verstanden, dass es notwendig ist, mich auf die Leute des Landes zu stützen: auf Ägypter in Ägypten, Sudanesen im Sudan, Libanesen im Libanon und so weiter, überall, wo ich veranlasst wurde, zu agieren."[8]

Auf dieser Linie übergibt sie auch immer mehr Verantwortung an Schwester Sara, die sie mit ihrer neu gegründeten koptischen Ordensgemeinschaft der Töchter Mariens unter der Schirmherrschaft des koptischen Bischofs Athanasios von Beni Suef in den Slums unterstützt. Sara wird auch ihre Nachfolgerin. Wenn man Schwester Emmanuelle rät, für ihr Werk einen eigenen Orden ins Leben zu rufen, nennt sie mehrere Gründe, die dagegen sprechen: Erstens sei sie mit ihrem resoluten, unausgeglichenen Wesen dafür ungeeignet, zweitens habe Mutter Teresa bereits einen Orden gegründet, der ihrem Ideal entspricht, drittens habe sie ihre spirituelle Quelle immer in ihrer Sion-Gemeinschaft gefunden und viertens könne sie sich keine besseren Mitarbeiterinnen vorstellen als den Orden von Schwester Sara.

Die Gründungen von Schwester Emmanuelle kosten Geld. Allein für den Bau der Düngerfabrik muss sie 600 000 Dollar zusammenbringen. Einen Teil finanziert die Europäische Kommission; das Übrige kommt durch Benefizveranstaltungen von Freunden in Europa und durch ihre Rundreisen zusammen. 15 Jahre lang reist sie immer wieder nach Europa, Amerika, Australien:

> „Ich habe an alle Türen geklopft: Vereinigungen, Schulen, Kirchen, private und öffentliche Säle. Ich habe die Zahl der Vorträge erhöht, Privatpersonen belagert. Ich ging zum Vatikan, zur Europäischen Gemeinschaft mit Jacques Delors, zum Gesundheitsmi-

nister und zur Humanitären Aktion mit Bernard Kouchner, zur amerikanischen Regierung mit George Bush, zur Weltbank mit Jean-Loup Dherse. Ich kann sagen: Ich wurde auf wirksame Weise aufgenommen. Die Spenden nahmen zu. Die stets multikonfessionellen Projekte in den drei Elendsvierteln von Kairo schossen wie Pilze aus dem Boden."[9]

1979 entstehen in Österreich, Belgien und der Schweiz Hilfswerke, die ihre Initiativen ideell und finanziell unterstützen. In Frankreich gründet die Unermüdliche 1980 die Vereinigung Les Amis de Sœur Emmanuelle und 1985 Asmae (Aide socio-médical à l'enfance/medizinisch-soziale Hilfe für Kinder). Beide Hilfsorganisationen fusionieren 1987 zur Association Asmae Sœur Emmanuelle, die heute in neun Ländern aktiv ist und deren Projekte mehreren Zehntausend Kindern zugutekommen. Es ist ein nichtkonfessionelles Hilfswerk, das Menschen mit unterschiedlichen Weltanschauungen offenstehen soll, so wie die Gründerin Notleidenden unabhängig von ihrer Herkunft und Religion helfen will. Für ihre Freunde und Spender in Europa berichtet sie regelmäßig in ihrem *Brief aus Kairo*.

Was hat Schwester Emmanuelle für ihre Müllmenschen in Kairo erreicht? Rückblickend meint sie:

„Die Tatsache, Seite an Seite mit ihnen zu leben und mich als ‚Lumpensammlerin' zu bekennen, hat sie irgendwie aufgerichtet. Die Achtung, die ich jedem von ihnen erwies, hat ihnen ihre Würde als Menschen zurückgegeben. Wenn ich mit ihnen auch nicht bis zur tiefsten Ebene hinabsteigen konnte, habe ich in ihnen doch das Verlangen ausgelöst, davon loszukommen, vor allem dank der Bildung ihrer Kinder. Darum bleibt die Zeit, die ich mit meinen Müllsammler-Brüdern und -Schwestern verbracht habe, auch wenn ich nur einen Teil meines Ideals verwirklicht habe, für mich ‚die Zeit der größten Liebe'."[10]

Hilfe für Kriegswaisen im Sudan und im Libanon

1985, während des Unabhängigkeitskriegs, den der Südsudan gegen die Zentralregierung im Norden führt, schreiben ihr Freunde aus Khartum: „Tausende Flüchtlinge kommen täglich an, sterben in Massen, zu Hilfe!" Gemeinsam mit dem Diakon Kamal Tadros baut Schwester Emmanuelle ein Hilfswerk für Flüchtlinge auf, mobilisiert in Frankreich die Medien sowie ihre Hilfsorganisationen und kann für die halbverhungerten und vom Krieg traumatisierten Kinder, die auf den Straßen herumstreunen, Schulen mit Schilfrohrwänden einrichten, in denen sie auch täglich eine warme Mahlzeit erhalten. Etwa 30 000 Kinder werden mit Essen versorgt. Außerdem werden Waisenhäuser und Ausbildungszentren eingerichtet.

Als im Libanon der Bürgerkrieg tobt (1975–1990), erreichen Schwester Emmanuelle erneut Hilferufe. Sie besucht mehrmals das Land. Das fünfjährige Kind einer Flüchtlingsfamilie, das sie am Tag zuvor noch auf den Armen gehalten hat, wird von Heckenschützen erschossen, als es auf den Balkon geht; Emmanuelle ist tief erschüttert. Sie leitet Hilfsmaßnahmen für Kriegswaisen im Land ein.

Zu Weihnachten, so sagt sie sich, werden im Libanon etwa 25 000 Kinder nichts geschenkt bekommen. Sie ruft in Frankreich über Rundfunk, Fernsehen, Presse, Pfarreien und Schulen Kinder dazu auf, auf einige Geschenkwünsche zu verzichten und dafür Fünf-Kilo-Päckchen zu packen. Die Angestellten einer Transportgesellschaft organisieren die Verladung unentgeltlich, und Sœur Emmanuelles Mitarbeiterinnen im Libanon verteilen die Liebesgaben an christliche und muslimische Kinder.

Andere Bitten um Hilfe führen sie nach Senegal und auf die Philippinen. Ist sie eine Macherin geworden? Bei allem Management, das sie entfaltet, und trotz ihrer – wie sie selbstkritisch bekennt – despotischen Art, die manche Mitarbeiterin vertreibt, berichtet sie immer wieder eindrucksvoll, wie sehr sie mit den Notleidenden, denen sie begegnet, mitfühlt. In ihren Lebenserinnerungen berichtet sie wenig Zahlen, aber viele Einzelschicksale. Bezeichnend für ihr Einfühlungsvermögen ist auch folgende Begebenheit: Nach einem ihrer Vorträge über den Kampf gegen den Hunger in der Welt schreiben die Zuhörerinnen und Zuhörer Fragen an sie auf Zettel. Der Moderator sammelt sie ein und liest sie vor – auch die völlig überraschende Frage: „Vor Kurzem ist mein Kind gestorben, was können Sie mir sagen?" Schweigen. Alle warten auf ihre Antwort.

> „Die Sekunden vergingen wie Jahrhunderte. Schließlich habe ich mit einem Würgen im Hals gesagt: ‚Ein Kind ist gestorben. Die Mutter ist da, sie erwartet ein Wort. Möge sie mir verzeihen, ich finde nichts, was ich sagen könnte. Verweilen wir einige Augenblicke in Stille. Möge Gott uns geben, dass wir seinen Schmerz in uns eindringen lassen.'"[11]

„Und was machst du für die Armen?"

Inzwischen ist sie über 80. Ihre Oberin mahnt, sie müsse sich schonen und solle sich in das Altenheim der Ordensgemeinschaft in Callian (Südfrankreich) zurückziehen. 1993, mit 85 Jahren, gibt Schwester Emmanuelle ihrem Drängen nach und verlässt Ägypten. In Callian beginnt sie ihr drittes Leben. Sie betet viel, aber inzwischen ist sie in Frankreich bekannt und gefragt. Die Universität Löwen verleiht ihr – zusammen mit dem Präsidenten der Europäischen Kommission, Jacques Delors – die Ehrendoktorwürde. Von Präsident Mubarak erhält sie die ägyptische Staatsbürgerschaft. Im Jahr 2001 wird ihr die höchste Auszeichnung der Republik Frankreich zuteil: Sie wird zum Kommandeur der Ehrenlegion ernannt.

Man lädt sie zu Rundfunk- und Fernsehinterviews ein, wobei die Medien vor allem ihre Appelle an Papst Johannes Paul II., er solle seine Ansichten zu Zölibat, Empfängnisverhütung und Homosexualität überdenken, feiern. Bei einer Umfrage werden sie und der Armenpriester Abbé Pierre im Jahr 2003 zu den beliebtesten Persönlichkeiten in Frankreich gewählt. Sie spürt die Gefahr, ein Star zu werden und durch den Ruhm ihre Seele zu verlieren. Im Gebet sucht sie ein Gegenmittel.

Sie nutzt ihre Beliebtheit, um durch Vorträge ihre Helferorganisationen zu unterstützen und die Staatspräsidenten Jacques Chirac und Nicolas Sarkozy an die Not der Obdachlosen und „illegalen" Flüchtlinge in Frankreich zu erinnern. Sie beteiligt sich an einem Projekt zur Rehabilitierung von alkoholkranken Menschen ohne festen Wohnsitz. Und sie schreibt. Sie verfasst ihre Lebenserinnerungen, die aber erst nach ihrem Tod veröffentlicht werden dürfen. Es erscheinen ihre Gespräche mit einer Journalistin, und sie schreibt Bücher über ihre Beziehung zu Jesus, über die hoch motivierten Jugendlichen, die sie unterstützen, über ihre Erfahrungen mit humanitärer Hilfe und über die Überwindung von Lebensangst und Sinnlosigkeit.

Am 20. Oktober 2008, kurz vor ihrem 100. Geburtstag, stirbt sie im Altenheim ihres Ordens. In ihrem letzten Interview, das sie im Rollstuhl sitzend gibt, spricht sie noch einmal von ihrem Lebensthema, der Hilfe für die Armen. Am Ende fragt sie, die jeden duzt, die Journalisten: „Und was machst du für die Armen?"

Lea Ackermann
(* 1937)

Gegen Armutsprostitution und Frauenhandel

Frauenhandel und Zwangsprostitution in Europa. Bei einer Razzia im Bordell einer deutschen Großstadt greift die Polizei die junge Rumänin Sladjana auf. Anwerber hatten ihr in ihrer Heimat Arbeit in Deutschland versprochen, sie dann aber wie eine Ware an deutsche Zuhälter verkauft. Die haben ihr die Papiere abgenommen und sie zur Prostitution gezwungen. Die junge Frau ist völlig verängstigt und von den Schlägen, mit denen sie traktiert wurde, schwer traumatisiert. Was soll aus ihr werden? Ohne Berufsausbildung kann sie keine normale Beschäftigung finden. Sie müsste auch damit rechnen, dass sie die Zuhälter, die für sie bezahlt haben, aufspüren und zurückholen würden.

Zum Glück können die Beamten Sladjana einer Frauenhilfsorganisation übergeben, die sie in eine ihrer Schutzwohnungen aufnimmt. Auf die Betreuerinnen wartet nun eine schwierige Aufgabe. Sladjana ist so verstört, dass sie sich sofort unter einer Bettdecke verkriecht, wenn von der Straße her durch das offene Fenster eine Männerstimme zu hören ist. Erst im Lauf einer Psychotherapie, zu der man sie anfangs noch begleiten muss, traut sie sich, die schützende Wohnung allein zu verlassen. Eine ehrenamtliche Mitarbeiterin der Schutzorganisation bereitet sie in Einzelunterricht auf den Hauptschulabschluss vor. Weil man keine Lehrstelle für sie findet, besucht sie an einer berufsbildenden Schule einen Berufsförderungskurs. Obwohl sie mit Depressionen und Angst vor den männlichen Mitschülern und Lehrern zu kämpfen hat, schafft sie ihren Abschluss, wenn auch nur mit mäßigen Noten. Jetzt beginnt sie an einem Ort, den ihre Zwangsherren nicht kennen, eine Lehre als Schneiderin.[1]

Die Frauenschutzorganisation, die solche Befreiungen zu einem selbstbestimmten Leben ermöglicht, nennt sich „Solidarität für Frauen in Not", abgekürzt SOLWODI, nach den Anfangsbuchstaben der englischen Bezeichnung **Sol**idarity with **Wo**men in **Di**stress. Sie wurde 1985 von Lea Ackermann gegründet.

Als sie diese Initiative ergreift, ist sie 48 Jahre alt und hat bereits vielfältige Berufserfahrung gesammelt.[2] Geboren wird sie am 2. Februar 1937 in Völklingen/Saar und wächst in Klarenthal auf, das heute ein Stadtteil von Saarbrücken ist. Von der tiefreligiösen Mutter, meint sie rückblickend, habe sie die Frömmigkeit, vom Vater, einem kleinen Bauunternehmer, die Sturheit und von beiden ihren Gerechtigkeitssinn geerbt. An ihrem zwölften Geburtstag verkündet das aufmüpfige und abenteuerlustige Mädchen: „Ich habe mich entschlossen, ins Kloster zu gehen!" Der Vater: „Das kommt überhaupt nicht in Frage." Die Mutter, wissend, dass Mädchen, die vom religiösen Leben begeistert sind, schon mal so etwas sagen: „Das verwächst sich wieder."

Mit 16 Jahren möchte sie Lehrerin werden, doch der Vater arrangiert – vielleicht in der Hoffnung, dass die Tochter einmal in sein Unternehmen einsteigt – eine Banklehre an der Landesbank Saar, die sie 1953 antritt. Als man dort jemanden sucht, der in Paris an der Französisch-saarländischen Bank mitarbeitet, meldet sich Lea, die fließend Französisch spricht, seit sie ein Jahr auf einer französischen Internatsschule hat verbringen dürfen, für diesen Posten. Die ausgebildete Bankkauffrau verdient gut und genießt das Leben in der französischen Hauptstadt: Theater, Museen, Konzerte, Modellkleider und Schlemmen in feinen Restaurants.

Getanzt hat sie ohnehin schon immer gern. Doch all das erfüllt sie nicht, und der Gedanke an ein Ordensleben wird wieder lebendig.

Von der Bankkauffrau zur Lehrerin in Ruanda

Sie kehrt nach Saarbrücken zurück, um sich über ihre Zukunftspläne Klarheit zu verschaffen. Ihr schwebt ein Missionsorden vor, in dem sie die große weite Welt kennenlernt, mit Vorliebe Afrika, und in dem sie vielleicht doch noch als Lehrerin arbeiten und sich auch sozial engagieren kann. Um einen ersten Eindruck von Afrika zu gewinnen, unternimmt sie eine Kreuzfahrt, die sie über die Kanaren und an der nordwestafrikanischen Küste entlangführt. Sie macht Exerzitien, betet am Wallfahrtsort Lourdes, verliebt sich kurz in einen geschiedenen, 20 Jahre älteren Mann und informiert sich in einem Büchlein über Missionsorden. Ihre Wahl fällt auf die Missionsschwestern Unserer Lieben Frau von Afrika, die auch Weiße Schwestern heißen. Deren Motto spricht sie besonders an: „Die Liebe Gottes spürbar machen durch den Dienst an den Menschen Afrikas".

Zum Vorstellungsgespräch bei der Oberin in Trier erscheint sie in einem teuren Pariser Modellkleid und mit Stöckelschuhen. 1960 kündigt sie bei der Landesbank. Dann (erst) unterrichtet sie die Eltern von ihrem Entschluss. Die sind entsetzt, doch der Vater tröstet die Mutter: „Das hält die sowieso nicht durch." Als sich später die Vorhersage als falsch erweist, nennt er auch den Grund: „Die ist so stur, die bleibt sogar." Tapfer fahren die Eltern Lea nach Trier, wo sie ihre Probezeit (Postulat) und das Noviziat verbringt. Der Vater warnt die Oberin: „Sie wissen gar nicht, was Sie sich da eingehandelt haben! Die hat ihren eigenen Kopf."

Mit diesem Kopf und der Unterstützung des Ordens und vieler Freunde wird sie alles erreichen: Lehrerin, Afrika, soziale Arbeit – in vielen Schritten: Zuerst absolviert sie ein einjähriges Theologiestudium in Toulouse – klassisch gekleidet in Ordenstracht und mit Schleier, bis sie nach Abschluss des Zweiten Vatikanischen Konzils (1962–1965) in Zivil geht. Es folgen von 1963 bis 1967 ein Studium an der Frauenfachschule der Armen Schulschwestern und ein pädagogischer Lehrgang in München.

Danach schickt sie ihr Orden nach Nyanza (Ruanda), wo sie fünf Jahre (1967–1972) als Lehrerin und Direktorin an einer Internats-Mittelschule für Mädchen mit angeschlossenem Lehrerinnenseminar wirkt. Sie motiviert ihre Schülerinnen, an Wochenenden und in Schulferien armen Leuten Essen und selbstgenähte Kleidung zu bringen oder im Krankenhaus mitzuhelfen. Um der traditionellen Benachteiligung von Frauen entgegenzuwirken, erweitert sie das Fächerspektrum so, dass ihre Schülerinnen nicht nur Volksschullehrerinnen werden, sondern auch eine Laufbahn als Beamtinnen, Technikerinnen oder Akademikerinnen einschlagen können.

Da sie für das Amt einer Direktorin eigentlich nicht die erforderlichen Studienabschlüsse hat, will sie noch ein Aufbaustudium beginnen und kehrt 1972 nach München zurück, wo sie an der Universität Pädagogik mit den Nebenfächern Psychologie und Theologie studiert. 1977 erwirbt sie mit einer Arbeit über *Erziehung und Bildung in Ruanda – Probleme und Möglichkeiten eines eigenständigen Weges* ihren Doktortitel.

Bildungsreferentin in München und ein Schlüsselerlebnis in Bangkok

In diesen Studienjahren setzt sie sich mit den Reformideen des Zweiten Vatikanischen Konzils und den Ansätzen der lateinamerikanischen Befreiungstheologie auseinander und lernt auch den Pallottinerpater Fritz Köster kennen, der bereits in Kamerun tätig war und sie bis zu seinem Tod beraten und unterstützen wird. Er holt sie in das Bildungsreferat von „Missio", das er leitet:

„Dieses katholische Missionswerk fühlt sich der Kirche in der Dritten Welt verpflichtet und versteht sich als Anwalt ihrer Interessen in Deutschland. Das faszinierte mich. Stärker als meine Sehnsucht nach Ruanda war inzwischen der sehnliche Wunsch geworden, hierzulande darüber aufzuklären, dass die Menschen in Afrika ihr eigenes Christsein leben wollen, statt unhinterfragt unser Christentum nachzubeten."[3]

Sie reist in die bayerischen Priesterseminare und versucht, die zukünftigen Seelsorger mit Problemen und Initiativen der jungen Kirchen in der Dritten Welt vertraut zu machen – gelegentlich auch mit einer Kostprobe afrikanischen Essens. Einen Lehrauftrag für Sozialpädagogik an der Katholischen Universität Eichstätt nutzt sie, um angehende Sozialarbeiter/-innen auf die Arbeit mit Armutsflüchtlingen aus Afrika, Asien und Lateinamerika vorzubereiten.

Sie hat auch Theologen, die in der kirchlichen Entwicklungsarbeit engagiert sind, bei Reisen in die Dritte Welt zu begleiten. Bei einer dieser Reisen widerfährt ihr das Schlüsselerlebnis, das sie für ihre spätere Lebensaufgabe vorbereitet. 1980 bereitet sie die Reise eines österreichischen Bischofs auf die Philippinen vor und begleitet ihn sowie seinen Sekretär und einen Journalisten. In Bangkok muss die Reisegruppe wegen eines ausgefallenen Anschlussfluges übernachten und fährt in einem Taxi zu einem Hotel. Der Taxichauffeur vergewissert sich bei Lea, ob einer der drei Männer, die in Zivilkleidung auf dem Rücksitz mitfahren, ihr Ehemann sei. Sie sagt, es seien Freunde. Darauf wendet er sich ungeniert an die drei Herren: „Ich biete meine Schwester. Ganz jung, ganz schön, sehr billig, die ganze Nacht." Am nächsten Tag erlebt sie in Manila bei der Fahrt vom Flughafen zum Bischofssitz eine ähnliche Szene. Nun weiß sie: So funktioniert Sextourismus.

In Manila lernt sie aber auch eine Gruppe von Ordensfrauen kennen, die am Busbahnhof versuchen, Mädchen vor der Prostitution zu bewahren: Wenn junge, naive Frauen vom Land kommen, um hier Arbeit zu suchen, und beim Aussteigen von Zuhäl-

tern und Menschenhändlern mit falschen Versprechungen empfangen werden, gehen sie, sooft sie können, dazwischen.

Diese Erfahrungen wirken in Lea weiter, als sie 1985 von ihrer
Generaloberin in Rom nach Mombasa in Kenia entsandt wird,
um dort Lehrer fortzubilden, die befähigt werden sollen, zusätzlich zu den weltlichen Fächern, für die sie ausgebildet sind, auch
Religion zu unterrichten. Um Kisuaheli zu lernen, fliegt sie zuerst
nach Nairobi und nutzt die Gelegenheit, dort an der 3. Weltfrauenkonferenz der Vereinten Nationen teilzunehmen. Die Frauenbewegung interessiert sie schon seit Jahren. Die Konferenz beflügelt sie mit ihrer Leitidee der „Ermächtigung" (Empowerment),
dem Ziel, die Rolle und das Selbstbewusstsein der Frau zu stärken:

> „Obwohl wir Frauen mehr als 50 Prozent der Menschheit ausma-
> chen, maßen sich Männer an, alles zu bestimmen, dachte ich. Es
> erschien mir richtig und wichtig, dass wir endlich mitbestimmen
> und unser Geschick selbst in die Hand nehmen – auch in der ka-
> tholischen Kirche."[4]

Wie kann sie etwas dafür tun? Als sie bei ihrer Schwesterngemeinschaft in Mombasa ankommt, erfährt sie, dass eine ihrer Mitschwestern für die Aufgabe, die Lea zugedacht war, bereits eine
gute Lösung gefunden hat und dass es genügt, wenn sie gelegentlich einen Vortrag übernimmt. Sie schildert ihre Lage der Provinzialoberin und schlägt vor: „Ich würde gerne was für die Frauen
und Mädchen hier tun, die sich wegen ihrer Armut prostituieren
müssen." Obwohl diese Art Sozialarbeit keinerlei Tradition in ihrem Orden hat, stimmt die Oberin dem Vorhaben begeistert zu,
allerdings mit dem Zusatz, dass sie dafür kein Geld hat.

„Wie eine Ordensschwester, die nackt in der Wüste ausgesetzt ist"

Schwester Lea sucht im Brainstorming mit ihren Mitschwestern einen Namen für ihr geplantes Werk; sie kommen auf „Solidarity with Women in Distress", „Solidarität mit Frauen in Not" (SOL-WODI). Sie schaut sich ein Hilfszentrum an, in dem ein Priester mit einem Team Alte, Behinderte, Kranke und auch alte Ex-Prostituierte betreut. Aber sie möchte ein Ausstiegsprojekt und begründet dieses Vorhaben befreiungstheologisch:

> „Ich wollte nicht ‚karitativ‘ die erbarmungswürdige Not von alten Frauen lindern, für die es kaum noch Hoffnung gab; ich wollte etwas für Frauen tun, die noch jung genug waren, ihr Leben selbst in die Hand zu nehmen und es zu verändern; ich wollte etwas aufbauen, das auf eine bessere Zukunft hoffen ließ – auf den Anfang des Reiches Gottes im Hier und Jetzt."[5]

Ähnlich wie Mutter Teresa und Sœur Emmanuelle wird Schwester Lea nun von der Lehrerin zur Sozialarbeiterin, ja zur Streetworkerin. Um herauszufinden, was die Frauen, denen sie helfen will, brauchen, geht sie in Kontakt-Cafés, Bars und Diskotheken, wo die Prostitutionstouristen ihre Opfer suchen, und unterhält sich mit den Mädchen und Frauen oder lädt manche von ihnen zum Gespräch in ihr Kloster ein.

Sie erfährt, dass die Prostituierten – entgegen einem verbreiteten Vorurteil – keineswegs bessergestellt sind als beispielsweise Dienstmädchen, die (1985) etwa 75 D-Mark im Monat verdienen. Denn viele Freier bezahlen zu wenig oder gar nicht, und korrupte Polizisten nehmen die Frauen wegen „Bummelns zum Zweck der Prostitution" in Haft, wenn man sie nicht mit Geld schmiert. (Prostitution in Hotels ist mit einer Bestätigung, dass man infektionsfrei ist, erlaubt.) Die meisten Prostituierten haben Kinder, aber keine Ehemänner, die sie schützen. Oft müssen sie auch noch jüngere Geschwister oder ältere Verwandte ernähren.

Kaum eine hat eine Schule besucht oder eine Berufsausbildung erhalten. Wenn die Sextouristen sie als zu alt empfinden, müssen viele im Rotlichtviertel der armen Einheimischen anschaffen, das man sarkastisch „Tanu tanu" (fünf, fünf) nennt: fünf Minuten für fünf Kenia-Schilling. Sie lernt erschütternde Schicksale kennen: etwa das der 17-jährigen Katharina, die mit ihrem dreijährigen Sohn auf der Straße lebt, weil sie keine Miete bezahlen kann, oder das der 22-jährigen Theresia, die seit ihrem neunten Lebensjahr auf den Strich gehen musste und Desinfektionsmittel getrunken hat, um diesem Leben ein Ende zu setzen.

Schwester Lea braucht Räume und Mitarbeiterinnen, hat aber kein Geld. Bis Weihnachten 1985 schreibt sie von Hand, da ihr keine Schreibmaschine und kein Kopiergerät zur Verfügung stehen, 100 Briefe an Verwandte und Bekannte in Deutschland und bittet sie um eine Spende für ein Frauenzentrum.

> „Ständig betete ich: ‚Lieber Gott, ich will Deinen verlorenen Kindern helfen, nun lass Du mich nicht im Stich.' Das Gebet ist auch heute noch nach 20 Jahren mein ständiger Begleiter. So ist aus dem Nichts eine Initiative und ein Werk geworden.
>
> Trotzdem kam ich mir vor wie eine Ordensschwester, die nackt in der Wüste ausgesetzt ist und anfängt, ein Kloster um sich herum zu bauen."[6]

Doch die Freunde spenden großzügig; nur zwei Antworten sind abschlägig. Der Bischof von Mombasa stellt ihr in einer Pfarrei ein halb verfallenes Lagerhaus zur Verfügung. Sie räumt mit einheimischen Frauen, mit denen sie Kontakt aufgenommen hat, Schutt und Unrat weg; die Mitschwestern nennen ihr zuverlässige Handwerker, und so baut sie den Schuppen zu einem Zentrum („Women's Club") um, das Frauen Ausbildungs- und Verdienstmöglichkeiten sowie Beratung bietet: eine Küche, in der Speiseeis, Kuchen und Schwarzbrot zum Verkauf hergestellt werden; ein Raum mit zwei Nähmaschinen, an denen Einheimische unter der Anleitung von einigen Studentinnen Leas in Eichstätt, die ihre Semesterferien dort verbringen, nähen lernen, um in Schneiderwerkstätten und Textilfabriken Arbeit zu finden, und ein weiterer Raum für Beratung. Keramikperlen werden auf der Veranda gebrannt, und die Kinder finden in einem Container eine Tagesstätte. Manchen Frauen kann Schwester Lea einen Kleinkredit gewähren, mit dem sie sich selbstständig machen. Alle 18 Frauen der ersten Stunde sind aus der Prostitution ausgestiegen. Sie sind zwar arm geblieben, können aber in Häusern wohnen und ihre Kinder zur Schule schicken.

Wieder in Deutschland: Kampf gegen Sextourismus und Frauenhandel

Mehrere Prostituierte, die die Polizisten nicht bestechen können und vor Gericht kommen, begleitet Schwester Lea.

> „Diese Frauen haben überhaupt kein Ansehen; sie gelten als der letzte Dreck; wenn ich mich, eine Weiße wie die hofierten Sextouristen und noch dazu eine deutsche Ordensfrau, im Gerichtssaal neben sie setze, gebe ich ihnen etwas von meinem Ansehen ab. Ob es geholfen hat, weiß ich nicht. Jedenfalls habe ich nie eine Verurteilung erlebt, aber oft einen Freispruch, meistens die Einstellung des Verfahrens."[7]

Im Jahr 1987 wird sie von der berüchtigten Geheimpolizei des Diktators Daniel arap Moi, die auch Wangari Maathai zwei Mal ins Gefängnis sperrte, der Spionage verdächtigt und muss Kenia Hals über Kopf verlassen. Sie will nun in Deutschland über die verheerenden Folgen des Prostitutionstourismus aufklären. Von hier aus unterstützt sie weiterhin das Frauenzentrum in Mombasa, das von Mitschwestern und anderen Frauen weitergeführt wird und seine Arbeit ausweitet. Das katholische Hilfswerk Misereor übernimmt die Personal- und Verwaltungskosten für SOLWODI Kenia.

Im Jahr 2015 ist es eine eigenständige Nichtregierungsorganisation, die in 34 Beratungsstellen gesundheitliche Aufklärung

(Aids-Prävention) anbietet, die Berufsausbildung von Frauen fördert, Darlehen für eine Existenzgründung (Werkstatt, Friseursalon) gewährt und traumatisierte Mädchen und Straßenkinder betreut. Für Töchter von Frauen in der Armutsprostitution gründet SOLWODI Deutschland e. V. im Jahr 2002 das Hilfswerk „Solidarität mit Mädchen in Not" (SOLGIDI, **Sol**idarity with **Gir**ls in **Di**stress). In Ruanda unterstützt SOLWODI ein Witwen- und Waisenprojekt.

Der Tatendrang der 50-jährigen Schwester Lea ist auch nach dem unfreiwilligen Abschied aus Kenia ungebrochen. Im ersten Jahr nach ihrer Rückkehr bestreitet sie 85 Vorträge auf Abendveranstaltungen, 16 Sonntagspredigten mit anschließenden Diskussionsrunden, 23 Rundfunkinterviews und Fernsehauftritte und 35 Tagungen, um auf die Folgen des Tourismus und die Not der Frauen in Afrika aufmerksam zu machen. Nach Ausstrahlung des ZDF-Films *Allein gegen Sextourismus* erhält sie mehr Anfragen für Vorträge, als sie annehmen kann.

Im Oktober 1987 gründet sie einen Verein, dabei hat sie noch nicht einmal ein eigenes Büro. Pater Köster, inzwischen Pfarrer von Baldham bei München, stellt ihr einen kleinen Saal zur Verfügung, den sie jeden Abend räumen muss, bevor er für Veranstaltungen der Gemeinde gebraucht wird; die Pfarrsekretärin nimmt für sie Telefonate entgegen und vereinbart Termine.

Ihre Arbeitsbedingungen verbessern sich, als Pater Köster Vorlesungen an der Theologischen Hochschule Vallendar bei Koblenz übernimmt und als Nebentätigkeit die Pfarrei in Boppard-Hirzenach betreut. Dort kann er Schwester Lea im viel zu großen Pfarrhaus Räume zur Verfügung stellen; die Miete erlässt ihr der Bischof. Ihre Provinzialoberin ist mit dem Umzug einverstanden, bleibt Lea doch mit den Mitschwestern, die in der Nähe wohnen, verbunden. „Sie unterstützen mich, wo sie nur können, bei meiner *Solwodi*-Arbeit. Als meine Mutter pflegebedürftig wurde, haben sie mir auch geholfen."

Schon bald wird Schwester Lea mit „Fällen" konfrontiert, die sie vor neue Aufgaben stellen. Einer der ersten ist das Schicksal einer erst 17-jährigen Kenianerin – in Deutschland: Noch in Baldham wird sie von einer Frauengruppe aus Düsseldorf wegen dieser jungen Afrikanerin, Theresa, angerufen, die man mit aufgeschnittenen Pulsadern bewusstlos in einem Park gefunden hat. Schwester Lea fährt zu ihr und erfährt, dass sie sich schon vier Jahre in Deutschland aufhält. Mit 13 Jahren haben sie gut gekleidete kenianische Männer in ihrem Dorf als „Fotomodell" für Deutschland angeworben; vielleicht bekamen ihre Eltern dafür auch Geld. Am Frankfurter Flughafen wurde sie von ebenfalls gut gekleideten deutschen Männern in Empfang genommen und gezwungen, in Nobelhotels Männern zur Verfügung zu stehen.

Wie kann man Theresa aus diesem Sklavendasein, dem sie durch den Tod ein Ende setzen wollte, befreien? Mithilfe einer engagierten Rechtsanwältin kann ihr Schwester Lea eine befristete Aufenthaltserlaubnis (eine „Duldung") für sechs Monate erwirken. Sie muss aber auch eine Schutzwohnung für sie suchen sowie einen Kreis von Ansprechpartnerinnen, denen Theresa vertrauen kann. Sie sammelt Spenden für eine Therapie und für einen Alphabetisierungskurs, damit sie einen Beruf erlernen und sich in Deutschland zurechtfinden kann. Nach diesem Grundmuster wird die Frauenschutzorganisation arbeiten, die Schwester Lea nun aufbaut.

Auch Deutschland braucht SOLWODI

Denn ihr wird klar: „Auch hier in Deutschland musste ich für Frauen kämpfen." Dazu braucht sie mindestens eine Sekretärin und eine Sozialarbeiterin – zusätzlich zu den Ehrenamtlichen, die sie unterstützen. Sie stellt Anträge über Anträge, um Zuschüsse zu Personalkosten zu erhalten. 1988 gründet sie in Hirzenach offiziell den Verein SOLWODI Deutschland e. V. als Anlaufstelle für Migrantinnen in Notsituationen und erhält 1989 vom Land Rheinland-Pfalz die ersten Mittel, um zwei Mitarbeiterinnen einstellen zu können.

Das wohlhabende Deutschland gilt als Bordell Europas. Der Jahresumsatz im Prostitutionsgeschäft wird auf 15 Milliarden Euro geschätzt. Die Frauen werden nicht nur aus Asien und Afrika ins Land gelockt, sondern seit dem Ende des Kalten Krieges mehr und mehr aus Osteuropa. Nicht mehr die „schillernde Exotin", sondern die „willfährige Slawin" ist gefragt. Einem Polizei-Experten zufolge wurden allein aus der Ukraine innerhalb von 15 Jahren etwa 100 000 Frauen an Zuhälter verkauft, die meisten von ihnen unter 18 Jahren. Die Anwerber versprechen ihnen gut bezahlte Arbeit, mit der sie auch ihre Familie daheim unterstützen können, oder spielen ihnen Freundschaft und Liebe vor. Die Frauen reisen mit Touristenvisum oder gefälschtem Pass ein. In Deutschland nehmen die Vermittler ihren Opfern die Pässe ab und zwingen sie zur Prostitution. Nun müssen sie die Reise- oder Schleusungskosten „abarbeiten".

Mancher Deutsche bestellt sich auch über eine internationale Partneragentur nach Katalog oder Internet eine Ausländerin, die mit einem Besuchervisum einreist und nach dessen Ablaufen dem Mann ausgeliefert ist. Wenn er sie heiratet, bekommt sie nach zwei Jahren ein eigenständiges Aufenthaltsrecht – in den ersten Jahren von SOLWODI war dies erst nach fünf Jahren Ehe der Fall.

Frauen in Not beraten, Härtefälle bei Abschiebungen verhindern, Schutzwohnungen finden, juristische und medizinische Hilfe vermitteln, traumatisierten Frauen eine Psychotherapie ermöglichen, bei Gerichtsverhandlungen gegen Menschenhändler den Opferzeuginnen Schutz gewährleisten, Kleinkinder betreuen, wenn die Mütter eine Ausbildung oder Kurse absolvieren, die Rückkehr ins Heimatland unterstützen: Die Arbeit von Schwester Lea und SOLWODI wird immer komplexer. Sie und ihr Verein kümmern sich zusätzlich noch um von Zwangsheirat bedrohte sowie aus Zwangsehen geflohene Frauen und Mädchen, um ausländische Opfer von Beziehungsgewalt und Arbeitskräftehandel.

Ein typisches Beispiel für Letzteres ist eine Frau aus den Philippinen, die sich auf Kosten von Vermittlern nach Deutschland fliegen lässt und als Hausmädchen in einer reichen Familie arbeitet, aber wie eine Sklavin gehalten wird. Für ihre anstrengende Arbeit erhält sie bloß einen Hungerlohn, der ihr auch noch von den Menschenhändlern abgenommen wird. Als ihr Touristenvisum nach drei Monaten abgelaufen ist und sie ihre Schulden bei ihnen immer noch nicht ganz abbezahlt hat, wollen sie sie zur Prostitution zwingen. Ihr Aufenthalt wäre nun illegal, und sie könnten sie jederzeit anzeigen und erpressen. Zum Glück findet sie den Weg zu SOLWODI.

Großen Wert legt Schwester Lea auf eine gute Zusammenarbeit mit Polizei, Justiz-, Ausländer- und Sozialbehörden. Sie gewinnt auch Ehrenamtliche und findet Mitstreiterinnen: bei Kommunalpolitikerinnen, Gewerkschafterinnen, Schwestern anderer Orden, der Katholischen Frauengemeinschaft Deutschland und bei Feministinnen. In mehreren Bundesländern werden SOLWODI-Vereine gegründet; im Jahr 2012 wird auch SOLWODI Österreich aus der Taufe gehoben. Wenn SOLWODI Deutschland im Jahr 2015 über 17 Beratungsstellen und sechs Schutzwohnungen verfügt, sind an diesem Erfolg viele Gleichgesinnte beteiligt; inspiriert werden sie aber von Schwester Lea, die sich – neben anderen Autorinnen – in ihren Rundbriefen zu Wort meldet. In Vorträgen und Medienauftritten wirbt sie die notwendigen Spenden ein und kann mit größeren Beträgen im Jahr 2002 die SOLWODI-Stiftung einrichten. Ihre Arbeit wird auch von kirchlichen und staatlichen Stellen unterstützt.

Fernziel: „Ein Europa ohne Prostitution"

Allein im Jahr 2009 können die 48 Mitarbeiterinnen der deutschen SOLWODI-Beratungsstellen 1464 Frauen und Kindern weiterhelfen. Doch Schwester Lea will nicht nur Einzelne unterstützen, sondern in Vorträgen und Veröffentlichungen auch die Öffentlichkeit und die Politik für die Not ausländischer Frauen sensibilisieren. Sie referiert über einschlägige Probleme auf Fortbildungstagungen für Kriminalbeamte, Staatsanwälte und Richter. 1993 verfasst sie für das Bundesministerium für Familie und Jugend eine Studie über *Umfeld und Ausmaß des Menschenhandels mit ausländischen Mädchen und Frauen*, 2001 ein Buch über *Probleme der Strafverfolgung und des Zeuginnenschutzes in Menschenhandelsprozessen* (mit B. Koelges, B. Thoma, G. Welter-Kaschub) sowie über *Schutz, Beratung und Betreuung von Gewalt- und Menschenhandelsopfern*, 2005 über *Solidarität mit Frauen in Not* (mit R. Engelmann) und *Verkauft, versklavt, zum Sex gezwungen* (mit I. Bell, B. Koelges).

Vor der Bundestagswahl 2013 laden Schwester Lea und ihr SOLWODI-Verein, den sie als Vorsitzende leitet, in einer Unterschriftenaktion zur Unterstützung einer Petition an die neue Bundesregierung ein, in der gefordert wird: „Der Kauf sexueller Dienstleistungen in Deutschland muss gesetzlich verboten werden." Hintergrund ist die Unzufriedenheit mit dem Gesetz, das im Jahr 2002 die Prostitution legalisiert hat, wobei man davon ausging, dass Frauen dieses Gewerbe aus freiem Entschluss wählen und – wie bei einem anderen Beruf – Arbeitsverträge abschließen und kranken- sowie sozialversichert sein können. In Wirklichkeit brachte es nur wenigen legal arbeitenden Prostituierten eine Verbesserung, führte aber dazu, dass in Bordellen und auf dem Straßenstrich weniger Kontrollen durchgeführt wurden, was den Menschenhandel begünstigte. Vorbild für die Forderung eines Verbots, das die Freier und Zuhälter, nicht in erster Linie die Frauen trifft, sind einschlägige Gesetze in Schweden, Norwegen und Frankreich. Im Koalitionsvertrag von 2013 vereinbaren Union und SPD eine umfassende Überarbeitung des Prostitutionsgesetzes; die Grundzüge, auf die sich ihre Fachpolitiker im Februar 2015 einigen, hält Schwester Lea allerdings für unzureichend. Ihr Fernziel und das von SOLWODI ist „ein Europa ohne Prostitution".

Ihr Einsatz, den sie als Menschenrechtsarbeit versteht, findet mehr und mehr Anerkennung. Sie erhält die Ehrenbezeichnung „Frau Europas" (1997), den Verdienstorden Bul le Mérite des Bundes Deutscher Kriminalbeamter (2002), den Verdienstorden von

Rheinland-Pfalz und von Bayern (2005/2010), den Romano-Guardini-Preis (2008), das Große Bundesverdienstkreuz (2012) und den Augsburger Friedenspreis (2014), der vor ihr schon Michail Gorbatschow und Richard von Weizsäcker verliehen wurde. Im Mai 2005 feiert sie in Hirzenach den 20. Geburtstag von SOLWODI mit 300 Gästen und einem Festakt in der Kirche, bei dem Deutschlands bekannteste und umstrittenste Feministin, Alice Schwarzer, die Festrede hält. Beifall also von allen Seiten. Vermutlich freut sich Schwester Lea von allen Ehrungen, die ihr zuteilwerden, am meisten über den Empfang, der ihr im selben Jahr bei einem Besuch des neu gebauten Frauenzentrums in Mombasa bereitet wird:

„100 Frauen und Mädchen haben sich versammelt, um mir zu gratulieren. Ein Chor singt ein Geburtstagslied, speziell für mich komponiert und getextet. Auf einer großen Torte brennen 20 Kerzen. 20 Jahre kenianische *Solwodi*-Geschichte werden in Sketchen präsentiert. Und dann bekomme ich auch noch ein Gemälde geschenkt, auf dem das neue Zentrum abgebildet ist."[8]

Anmerkungen

Hedwig Dransfeld

1 Maria Richartz, *Hedwig Dransfeld*, Meitingen 1949, 22.
2 Margarete Huch (Hg.), *Frauenlyrik der Gegenwart: Eine Anthologie*, Leipzig 1911. Zit. nach www.wortblume.de/dichterinnen/dransf_i.htm.
3 Zit. nach: Hedwig Wassenberg, *Von der Volksschullehrerin zur Volkslehrerin. Die Pädagogin Hedwig Dransfeld (1871–1925)*, Frankfurt 1994, 89f.
4 Vgl. Annika Thiem, Katholikinnen zur Zeit der Weimarer Republik (1918–1933) an Beispielen des Katholischen Frauenbundes, in: Lydia Bendel-Maidl (Hg.), *Katholikinnen im 20. Jahrhundert. Bilder, Rollen, Aufgaben*, Berlin 2007, 61–85.
5 Maria Richartz (Anm. 1), 44.
6 Ebd., 38.
7 Vgl. Hedwig Wassenberg (Anm. 3), 100f.
8 *Die Christliche Frau*, 1917, 241ff.
9 Vgl. Elisabeth Prégardier, Anne Mohr, *Politik als Aufgabe. Engagement christlicher Frauen in der Weimarer Republik*, Annweiler/Essen 1990, 103–117.
10 Ebd., 256.
11 Ebd., 259.
12 Ebd., 157.
13 Hedwig Dransfeld, *Erwachen. Neue Gedichte*, Köln 1903, 89.

Helene Weber

1 Elisabeth Prégardier, Anne Mohr, *Helene Weber (1881–1962). Ernte eines Lebens. Weg einer Politikerin*, Annweiler/Essen 1991, 123.
2 Luise Jörissen, Als Oberlehrerin in Köln, in: Elisabeth Prégardier, Anne Mohr (Anm. 1), 13–21.

3 Maria Offenberg, Der Weckruf, in: Elisabeth Prégardier, Anne Mohr (Anm. 1), 31–36.

4 Idamarie Solltmann, Die Unruhe des Herzens – Quellort sozialer Arbeit, in: Elisabeth Prégardier, Anne Mohr (Anm. 1), 53–58.

5 Helene Weber in: *Die Christliche Frau* und *Frauenland* 1932. Vgl. Elisabeth Prégardier, Anne Mohr, *Politik als Aufgabe. Engagement christlicher Frauen in der Weimarer Republik*, Annweiler/Essen 1990, 358f.

6 Helene Weber, Vom ‚Amt‘ zur ‚Aufgabe‘, in: Elisabeth Prégardier, Anne Mohr (Anm. 1), 99–104.

7 Hermann Josef Schmitt, Begegnungen mit Frau Dr. h. c. Helene Weber, in: Elisabeth Prégardier, Anne Mohr (Anm. 1), 91–97.

8 Rede vor dem Parlamentarischen Rat, 10. Mai 1949. Vgl. Elisabeth Prégardier, Anne Mohr (Anm. 5), 22.

9 Elisabeth Denis, in: Elisabeth Prégardier, Anne Mohr (Anm. 1), 84.

10 H. G. (anonym), Einige persönliche Erinnerungen, in: Elisabeth Prégardier, Anne Mohr (Anm. 1), 51f.

11 Ebd., 52.

12 Theodor Heuss, Antonie Nopitsch, Das Deutsche Mütter-Genesungswerk – ein Vermächtnis von Elly Heuss-Knapp, in: Elisabeth Prégardier, Anne Mohr (Anm. 1), 121–127.

Hildegard Burjan

1 Grundlage für dieses Porträt sind folgende Publikationen: Ingeborg Schödl, *Hildegard Burjan. Frau zwischen Politik und Kirche*, Wien 2008 (abgekürzt: Schödl); Michaela Kronthaler, *Die Frauenfrage als treibende Kraft. Hildegard Burjans innovative Rolle im Sozialkatholizismus und Politischen Katholizismus vom Ende der Monarchie bis zur „Selbstausschaltung" des Parlamentes*, Graz 1995 (abgekürzt: Kronthaler); Gisbert Greshake, *Selig die nach der Gerechtigkeit dürsten. Hildegard Burjan. Leben Werk Spiritualität*, Innsbruck 2008 (abgekürzt: Greshake).

2 Greshake, 21.

3 Kronthaler, 25f.

4 Schödl, 30.

5 Ebd., 43.

6 Kronthaler, 77.

7 Ebd., 96.

8 Ebd., 84.

9 Ebd., 100–103.

10 Ebd., 154.

11 Ebd., 170–185.
12 http://www.cs.or.at/deutsch/caritas-socialis/unternehmen/leitbild.htlm
13 Schödl, 208.
14 Ebd., 29.

Dorothy Day

1 Die folgende Darstellung stützt sich auf: Dorothy Day, *Ich konnte nicht vorüber. Ein Lebensbericht*, Freiburg 1957 (abgekürzt: Day. Original: *The long loneliness*, New York 1952); Robert Coles, *Dorothy Day: A radical devotion*, Reading 1987; Jim Forest, *Das Mass ist Liebe. Die Biografie*, Zürich 1989 (abgekürzt: Forest); Ronny Baier, Dorothy Day, in: Friedrich Wilhelm Bautz, Traugott Bautz (Hg.), *Biographisch-Bibliographisches Kirchenlexikon*, Bd. XXI. Ergänzungen VII, Nordhausen 2003, 308–322; Angelika Sirch, *Der ganze Weg zum Himmel ist Himmel. Über Gotteserfahrung und Weltverantwortung bei Dorothy Day*, Frankfurt 2010 (abgekürzt: Sirch).
2 Day, 52.
3 Ebd., 157f.
4 Ebd., 157.
5 Ebd., 177.
6 Ebd., 99.
7 Ebd., 195.
8 Sirch, 156.
9 Ebd., 163.
10 Ebd., 168.
11 Zit. nach: Mark und Louise Zwick, Was die *New York Times* über die Heiligsprechung von Dorothy Day nicht sagte, in: *Concilium* 49 (2013) 356–360.
12 Forest, 102.
13 Sirch, 179.
14 Ebd., 205.

Freya von Moltke

1 Diese Ausführungen folgen im Wesentlichen der Biografie von Frauke Geyken, *Freya von Moltke. Ein Jahrhundertleben 1911–2010*, München 2012 (abgekürzt: Geyken), ergänzt durch: Freya von Moltke, *Erinnerungen an Kreisau 1930–1945*, München 1997; Sylke Tempel, *Freya von Moltke. Ein Leben. Ein Jahrhundert*, Berlin 2011.

2 Freya von Moltke, Michael Balfour und Julian Frisby, *Helmuth James von Moltke 1907–1945. Anwalt der Zukunft*, Stuttgart 1975, 61.

3 Freya von Moltke, *Erinnerungen an Kreisau 1930–1945*, München 1997, 41, 53.

4 Ebd., 65.

5 Matthias Kroeger, *Über die Kostbarkeit von Mut und Klarheit. Die politische und religiöse Botschaft der Grafen Helmuth James von Moltke und Peter Yorck von Wartenburg aus dem Kreisauer Widerstandskreis gegen Hitler und den Nationalsozialismus*, Stuttgart 2010, 109f.

6 Geyken, 106.

7 Freya an Helmuth James, 29. September 1944, in: Helmuth James und Freya von Moltke, *Abschiedsbriefe Gefängnis Tegel September 1944–Januar 1945*, hg. von Helmuth Caspar von Moltke und Ulrike von Moltke, München 2011, 37.

8 Ebd., 144.

9 Sie wurden später in folgenden Ausgaben veröffentlicht: Helmuth James von Moltke, *Briefe an Freya 1939–1945*, hg. von Beate Ruhm von Oppen, München 1988 (erweiterte Auflage ebd. 2007); Helmuth James von Moltke, *Im Land der Gottlosen. Tagebuch und Briefe aus der Haft 1944/45*, hg. von Günter Brakelmann, München 2009; Helmuth James und Freya von Moltke, *Abschiedsbriefe Gefängnis Tegel September 1944–Januar 1945*, hg. von Helmuth Caspar von Moltke und Ulrike von Moltke, München 2011.

10 Annedore Leber, Freya von Moltke, *Für und Wider. Entscheidungen in Deutschland 1918–1945*, Berlin 1961.

11 Freya von Moltke, Michael Balfour und Julian Frisby (Anm. 2).

12 Diese im Westen befremdliche Bezeichnung wurde der weitgehend oppositionellen Vereinigung von der kommunistischen Regierung 1956 aufgezwungen.

13 Zit. nach Frédéric Dantonel, Moltke Freya von, in: Friedrich Wilhelm Bautz, Traugott Bautz (Hg.), *Biographisch-Bibliographisches Kirchenlexikon*, Bd. XXXII. Ergänzungen XIX, Nordhausen 2011, 960–966.

Gertrud Luckner

1 Aus: Hans-Josef Wollasch, *„Betrifft: Nachrichtenzentrale des Erzbischofs Gröber in Freiburg". Die Ermittlungsakten der Geheimen Staatspolizei gegen Gertrud Luckner 1942–1944*, Konstanz 1999, 154.

2 Zit. nach: Hans-Josef Wollasch, *Gertrud Luckner. „Botschafterin der Menschlichkeit"*, Freiburg 2005, 22.

3 Zit. nach: Reiner Haehling von Lanzenauer, Gertrud Luckner, Helferin der Bedrängten, in: *Reinhold-Schneider-Blätter* 17 (2005) 35–57.

4 Else Behrend-Rosenfeld und Gertrud Luckner (Hg.), *Lebenszeichen aus Piaski. Briefe Deportierter aus dem Distrikt Lublin 1940–1943*, München 1968, 12.

5 Elisabeth Petuchowski, Gertrud Luckner: Widerstand und Hilfe, in: *Freiburger Rundbrief. Neue Folge* 7 (2000) 242–259.

6 Hans-Josef Wollasch (Anm. 1), 32f.

7 Else Behrend-Rosenfeld und Gertrud Luckner (Anm. 4), 9.

8 Hans-Josef Wollasch (Anm. 1), 76.

9 Ebd., 196.

10 Ebd., 41.

11 Seit 1993 vierteljährlich als *Freiburger Rundbrief. Neue Folge. Zeitschrift für christlich-jüdische Begegnung. Begründet von Dr. Gertrud Luckner.*

12 Clemens Thoma, Gertrud Luckner: Selbstzeugnisse und Anliegen, in: *Freiburger Rundbrief. Neue Folge* 7 (2000) 266–273.

13 Ebd., 266.

Betty Williams und Mairead Corrigan

1 Siehe Karl Holl, Betty Williams, Mairead Corrigan und Irlands Peace People, in: Michael Neumann (Hg.), *Der Friedens-Nobelpreis von 1975–1978: Andrej Dmitrijewitsch Sacharow, Betty Williams, Mairead Corrigan, Amnesty International, Anwar El Sadat, Menachem Begin*, Zug/Schweiz 1992, 122–143. Die folgenden Informationen sind großenteils diesem Beitrag entnommen.

2 Ebd., 137.

3 Ebd., 138.

4 Mairead Corrigan Maguire, *The Vision of Peace. Faith and Hope in Northern Ireland*, New York 1999, 6.

5 Ebd., 16.

6 http://www.nobelprize.org/nobel_prizes/peace/laureates/1976/press.

7 Mairead Corrigan Maguire (Anm. 4), 9.

8 Seine Autobiografie *The Passion of Peace* erschien 1984 in Belfast.

9 Paul Dekar, Mairead Corrigan Maguire and the Northern Irish Peace People, in: *Peace Magazine*, Juli/August 1992, 7.

Csilla von Boeselager

1 Zum Folgenden siehe Jürgen Malte Markhoff (Hg.), *Erinnerungen an Csilla Freifrau von Boeselager,* Dortmund 1994 (abgekürzt: Markhoff); Joachim Jauer, *Urbi et Gorbi. Christen als Wegbereiter der Wende,* Freiburg 2008, 103–190.
2 Markhoff, 61.
3 Joachim Jauer (Anm. 1), 148.
4 Markhoff, 26.
5 Markhoff, 28.

Rigoberta Menchú Tum

1 Elisabeth Burgos, *Rigoberta Menchú. Leben in Guatemala,* Göttingen 1992, 7 (abgekürzt: Burgos).
2 Rigoberta Menchú und Comité de Unidad Campesina, *Klage der Erde. Der Kampf der Campesinos in Guatemala,* Göttingen 1993, 65–101.
3 Burgos, 119.
4 Ebd., 146.
5 Ebd., 145.
6 Maren Rößler, *Ringen um Vielfalt in der Einheit. Rigoberta Menchú und das movimiento maya in Guatemala,* Leipzig 2004, 14.
7 Burgos, 134.
8 Ebd., 221.
9 Vgl. Luitgard Koch, „Ich blicke in den Himmel und stehe mit beiden Beinen auf der Erde". Rigoberta Menchú (1959), Friedensnobelpreis 1992, in: Charlotte Kerner (Hg.), *Madame Curie und ihre Schwestern. Frauen, die den Nobelpreis bekamen,* Weinheim 1997, 323–355.
10 Arturo Arias, Rigoberta Menchú's History within the Guatemalan Context, in: ders. (Hg.), *The Rigoberta Menchú Controversy,* Minneapolis 2001, 3–28.
11 Vgl. David Stoll, *Rigoberta Menchú and the Story of All Poor Guatemalans,* Boulder 1999; Arturo Arias (Hg.), *The Rigoberta Menchú Controversy,* Minneapolis 2001.
12 So der Titel ihres Buches: *Rigoberta: La Nieta de los Mayas,* Mexiko 1998.

Shirin Ebadi

1 Shirin Ebadi mit Azadeh Moaveni, *Mein Iran. Ein Leben zwischen Revolution und Hoffnung. Die Autobiografie der Friedensnobelpreisträgerin*, München 2006, 23 (abgekürzt: Ebadi).

2 Ebadi, 57.

3 Vgl. Shirin Ebadi, *History and Documentation of Human Rights in Iran*, New York 2000.

4 Ebadi, 171.

5 *Die Welt*, 18.10.2003, zit. nach Angelika U. Reutter und Anne Rüffer, *Frauen leben für den Frieden. Die Friedensnobelpreisträgerinnen von Bertha von Suttner bis Schirin Ebadi*, München 2004, 290f.

6 Katajun Amirpur, *Gott ist mit den Furchtlosen. Schirin Ebadi – Die Friedensnobelpreisträgerin und der Kampf um die Zukunft Irans*, Freiburg 2003, 67.

Wangari Muta Maathai

1 Zum Folgenden siehe Wangari Maathai, *Afrika, mein Leben. Erinnerungen einer Unbeugsamen*, Köln 2008 (abgekürzt: Maathai); dies., *Die Grüngürtel-Bewegung. Ansatz und Erfahrungen*, Steyr 2008; Stefan Ehlert, *Wangari Maathai. Mutter der Bäume*, Freiburg 2004.

2 Maathai, 82.

3 Ebd., 159f.

4 Ebd., 319.

5 Stefan Ehlert (Anm. 1), 142.

6 Maathai, 372f.

7 Wangari Maathai, *Die Wunden der Schöpfung heilen. Wie wir zu uns selbst finden, wenn wir unsere Erde erneuern*, Freiburg 2012.

Cicely Saunders

1 C. Sepulveda, A. Marlin, T. Yoshida und A. Ullrich, Palliative Care: the World Health Organization's global perspective, in: Journal of Pain Symptom Manage 24 (2002) 91–96. Übersetzung: http://www.dgpalliativmedizin.de/imag

2 Cicely Saunders, Eine Lebensreise im Bereich der Therapie (1996), in: dies., *Sterben und Leben. Spiritualität in der Palliative Care*, Zürich 2009, 56–65.

3 Zum Folgenden siehe Shirley du Boulay, *Cicely Saunders. Ein Leben für Sterbende*, Innsbruck 1987 (abgekürzt: du Boulay 1987) oder die von Marianne Rankin um drei Kapitel erweiterte Neuausgabe: Shirley du Boulay, *Cicely Saunders. The Founder of the Modern Hospice Movement*, London 2007.

4 du Boulay 1987, 49.

5 Cicely Saunders, *Sterben und Leben* (Anm. 2), 45f.

6 du Boulay 1987, 71.

7 Vgl. Martina Holder-Franz, „... *dass du bis zuletzt leben kannst"*. *Spiritualität und Spiritual Care bei Cicely Saunders*, Zürich 2012, 61–66.

8 du Boulay 1987, 81.

9 Ebd., 130.

10 Ebd., 142f.

11 Zit. nach Martina Holder-Franz (Anm. 7), 96.

12 Cicely Saunders, *Hospiz und Begleitung im Schmerz. Wie wir sinnlose Apparatemedizin und einsames Sterben vermeiden können*, Freiburg 1993, 123.

Mutter Teresa

1 Mutter Teresa, *Komm, sei mein Licht*, herausgegeben und kommentiert von Brian Kolodiejchuk MC, München 2007, 40 (abgekürzt: *Komm, sei*).

2 Ebd., 48.

3 Ebd., 42.

4 Mutter Teresa. *Wo die Liebe ist, da ist Gott. Die Aufzeichnungen der Heiligen von Kalkutta*, herausgegeben von Brian Kolodiejchuk, München 2011, 28.

5 *Komm, sei*, 48.

6 Ebd., 53.

7 Ebd., 58, 64.

8 Renzo Allegri, *Mutter Teresa. Ein Leben für die Ärmsten der Armen*, München 1996, 69f.

9 Malcolm Muggeridge, *Mutter Teresa*, Freiburg 1971, 73.

10 Ebd., 74.

11 Navin Chawla, *Mutter Teresa. Die autorisierte Biographie*, München 1993, 224.

12 Zit. nach Renate Ries, „Ich bin ein Werkzeug, ein kleiner Bleistift in der Hand des Herrn". Mutter Teresa, Friedensnobelpreis 1979, in: Charlotte Kerner (Hg.), *Madame Curie und ihre Schwestern. Frauen, die den Nobelpreis bekamen*, Weinheim 1997, 198–227.

13 Martin Kämpchen, Mutter Teresa – ein Leben für die Armen, in: *Stimmen der Zeit* 228 (2010) 507–518.

14 Ebd., 510f.
15 Navin Chawla (Anm. 11), 174.
16 Ebd., 205–211.
17 *Komm, sei*, 225.
18 Vgl. Marianne Sammer, *Mutter Teresa. Leben, Werk, Spiritualität*, München 2006, 96–98.
19 Gëzim Alpion, *Mother Teresa. Saint or Celebrity?* London 2007.
20 Navin Chawla (Anm. 11), 240.

Ruth Pfau

1 Inis Schönfelder, *Engel über Karachi. Wie Menschen Unmögliches möglich machen*, Stuttgart 1996, 207–209.
2 Ruth Pfau, *Verrückter kann man gar nicht leben. Ärztin, Nonne, Powerfrau*, Freiburg 1995, 45.
3 Ebd., 13.
4 Inis Schönfelder (Anm. 1), 143f.
5 Ruth Pfau (Anm. 2), 76f.
7 Ruth Pfau, *Das Herz hat seine Gründe. Mein Weg*, Freiburg 2003, 86.
8 Ebd., 88.
9 Ebd., 149f.
10 Ebd., 183.
11 Ebd., 225, 227.

Rosi Gollmann

1 Zum Folgenden siehe Rosi Gollmann mit Beate Rygiert, *Einfach Mensch. Das Unmögliche wagen für unsere Welt*, München 2012 (abgekürzt: *Einfach Mensch*, Zitat: 209); Rosi Gollmann, Praktische Entwicklungszusammenarbeit mit menschlichem Gesicht, in: Franz Alt, Rosi Gollmann und Rupert Neudeck, *Eine bessere Welt ist möglich. Ein Marshallplan für Entwicklung und Freiheit*, München 2005, 119–238 (abgekürzt: *Entwicklungszusammenarbeit*).
2 *Einfach Mensch*, 69.
3 Ebd., 71f.
4 *Entwicklungszusammenarbeit*, 154.
5 Ebd., 157.
6 Ebd., 205, 207.
7 Ebd., 232.

Sœur Emmanuelle

1 Siehe Sœur Emmanuelle, *Confessions d'une religieuse*, Paris 2008 (abge-kürzt: *Confessions*); Paul Dreyfus, *Schwester Emmanuelle. Im Dienste der Müllmenschen*, Graz 1987 (abgekürzt: Dreyfus); Pierre Lunel, *Sœur Emmanuelle. L'amour plus fort que la mort*, Paris 1993.
2 *Confessions*, 48f.
3 Dreyfus, 43.
4 Ebd., 51.
5 *Confessions*, 124.
6 Dreyfus, 60.
7 Ebd., 64f.
8 *Confessions*, 191.
9 Ebd., 179.
10 Ebd., 171.
11 Ebd., 271.

Lea Ackermann

1 Lea Ackermann, Das wahre Denken und das wahre Tun, in: *zur debatte. Themen der Katholischen Akademie in Bayern* 38 (2008) 6: 1–5.
2 Zum Folgenden siehe Lea Ackermann mit Cornelia Filter, *Um Gottes willen, Lea! Mein Einsatz für Frauen in Not*, Freiburg 2006 (abgekürzt: *Um Gottes willen*); Lea Ackermann, Gründung und Entwicklung von SOLWO-DI, in: Sr. Lea Ackermann und Reiner Engelmann (Hg.), *Solidarität mit Frauen in Not. 20 Jahre SOLWODI e. V. Ein Text- und Lesebuch*, Bad Honnef 2005; Lea Ackermann, Das Engagement von Solwodi, in: Lea Ackermann, Inge Bell und Barbara Koelges, *Verkauft, versklavt, zum Sex gezwungen. Das große Geschäft mit der Ware Frau*, München 2006, 109–145; Lea Ackermann, Mary Kreutzer und Alicia Allgäuer, *In Freiheit leben, das war lange nur ein Traum. Mutige Frauen erzählen von ihrer Flucht aus Gewalt und moderner Sklaverei*, München 2010.
3 *Um Gottes willen*, 136.
4 Ebd., 161.
5 Ebd., 162.
6 Lea Ackermann, *Gründung und Entwicklung* (Anm. 2), 129.
7 *Um Gottes willen*, 164.
8 Ebd., 220.

topos taschenbücher

Gregor Maria Hoff

Ein anderer Atheismus

Spiritualität ohne Gott

176 Seiten

Band 1020
ISBN 978-3-8367-1020-6

www.topos-taschenbuecher.de